MANUAL DE
# Direitos Humanos Internacionais
Acesso aos Sistemas Global
e Regional de Proteção dos Direitos Humanos

Jayme Benvenuto Lima Jr.
[organizador]
Fabiana Gorenstein
Leonardo Jun Ferreira Hidaka

# MANUAL DE
# Direitos Humanos Internacionais

Acesso aos Sistemas Global
e Regional de Proteção dos Direitos Humanos

Prefácio
Antônio Augusto Cançado Trindade

Apresentação
Sylvia Steiner

*Edições Loyola*

Direção
*Fidel García Rodríguez, SJ*

Diagramação
*So Wai Tam*

Preparação
*Maurício Baltazar Leal*

**Edições Loyola**
Rua 1822 n° 347 — Ipiranga
04216-000 São Paulo, SP
Caixa Postal 42.335 — 04218-970 — São Paulo, SP
✆: (0**11) 6914-1922
✍: (0**11) 6163-4275
Home page e vendas: www.loyola.com.br
Editorial: loyola@loyola.com.br
Vendas: vendas@loyola.com.br

*Todos os direitos reservados. Nenhuma parte desta obra pode ser reproduzida ou transmitida por qualquer forma e/ou quaisquer meios (eletrônico ou mecânico, incluindo fotocópia e gravação) ou arquivada em qualquer sistema ou banco de dados sem permissão escrita da Editora.*

ISBN: 85-15-02588-4

© EDIÇÕES LOYOLA, São Paulo, Brasil, 2002

# Sobre os Autores

**JAYME BENVENUTO LIMA JR.**

é advogado, coordena o Programa dhINTERNACIONAL, desenvolvido pelo Gabinete de Assessoria Jurídica às Organizações Populares (GAJOP) e pelo Movimento Nacional de Direitos Humanos — Nordeste. É mestre em Direito pela Universidade Federal de Pernambuco e doutorando em Direito Internacional na Universidade de São Paulo. É autor do livro *Os Direitos humanos econômicos, sociais e culturais* (Editora Renovar, 2001). Organizou os seguintes livros: *Execuções sumárias, arbitrárias ou extrajudiciais: uma aproximação da realidade brasileira* (GAJOP et alii, 2001); *Direitos humanos internacionais: avanços e desafios no início do século XXI* (GAJOP et alii); *Extrema pobreza no Brasil: a situação do direito à alimentação e à moradia adequada* (Edições Loyola, 2002). Organizou a presente publicação. Página pessoal: http://sites.uol.com.br/benvenutolima — E-mail: benvenutolima@uol.com.br

**FABIANA GORENSTEIN**

é advogada do Programa dhINTERNACIONAL desde novembro de 1999, quando o programa foi instituído. Graduada como bacharela em Direito pela Universidade Federal de Pernambuco, iniciou seu trabalho na área de direitos humanos no GAJOP, como advogada. Participou do I Colóquio Internacional de Direitos Humanos de São Paulo (PUC-SP, USP e Columbia University, 2001), entre outros cursos na área de Direito Internacional dos Direitos Humanos. E-mail: fgorenstein@hotmail.com

**LEONARDO JUN FERREIRA HIDAKA**
é advogado do Programa dhINTERNACIONAL desde novembro de 2000. Graduado como bacharel em Direito pela Universidade Federal do Pará, iniciou seu trabalho na área de direitos humanos na Sociedade Paraense de Defesa dos Direitos Humanos em fevereiro de 2000, como estagiário, e mais tarde como advogado do Departamento de Proteção e Defesa Internacional dos Direitos Humanos. Participou da 33ª Sessão de Ensino do International Institute of Human Rights (Strasbourg, França, 2002) e do II Colóquio Internacional de Direitos Humanos de São Paulo (PUC-SP, USP e Columbia University, 2002), entre outros cursos na área de Direito Internacional dos Direitos Humanos. É co-autor dos seguintes livros: *Direitos humanos internacionais: avanços e desafios no início do século XXI* (Gajop et alli, 2001), com o artigo "Uma Reflexão sobre a Universalidade dos Direitos Humanos e o Relativismo Cultural"; e *Manual sobre os mecanismos internacionais de proteção dos direitos humanos* (Sociedade Paraense de Defesa dos Direitos Humanos, 2000).
E-mail: junhidaka20@yahoo.com.br

# Sumário

Apresentação .................................................................................. 9

Prefácio ......................................................................................... 15

I. **Introdução ao Direito Internacional dos Direitos Humanos** ...................................................... 23
   *Leonardo Jun Ferreira Hidaka*
   A Segunda Guerra Mundial e o pós-guerra ............................ 24
   A Carta da ONU ..................................................................... 26
   A Declaração Universal dos Direitos Humanos de 1948 ....... 27
   O Pacto Internacional de Direitos Civis e Políticos ............... 29
   O Pacto Internacional de Direitos Econômicos, Sociais e Culturais .. 30
   A Conferência Mundial de Direitos Humanos de Viena, 1993 ........ 32
   Universalismo e Relativismo Cultural .................................... 33

II. **O Sistema Global de Proteção dos Direitos Humanos** ............... 37
    *Jayme Benvenuto Lima Jr.*
    1. Introdução ......................................................................... 37
    2. Principais instrumentos normativos do Sistema Global de Proteção dos Direitos Humanos ...................................... 39
    3. Mecanismos do Sistema Global de Proteção dos Direitos Humanos .. 50
    4. Conclusão .......................................................................... 74

III. **O Sistema Interamericano de Proteção dos Direitos Humanos** ....................................................... 77
     *Fabiana Gorenstein*
     1. A Criação dos Sistemas Regionais de Proteção dos Direitos Humanos: a Organização dos Estados Americanos e a Declaração Americana ................................................. 77

2. A Convenção Americana sobre Direitos Humanos
(Pacto de San José da Costa Rica) ............................................................ 81
3. A Comissão Interamericana de Direitos Humanos .......................... 83
4. Requisitos da petição no Sistema Interamericano ......................... 90
5. Os trâmites no Sistema Interamericano ............................................ 92
6. Medidas cautelares e provisórias .......................................................... 94
7. A Corte Interamericana de Proteção
aos Direitos Humanos ................................................................................. 95
8. O litígio de direitos humanos econômicos,
sociais e culturais .......................................................................................... 98

**Referências bibliográficas** ......................................................... 101

**Anexos**
Principais Tratados de Direitos Humanos do Sistema Global ............... 105

Alguns modelos de Comunicação para Relatores Especiais ou
Grupos de Trabalho da ONU ....................................................................... 229

Principais Tratados de Direitos Humanos do Sistema Regional —
Sistema Interamericano ................................................................................. 241

Modelo de Denúncia a ser apresentada
à Comissão Interamericana de Direitos Humanos ............................... 305

*Sites* para mais informações ..................................................................... 309

# Apresentação

Não foi sem surpresa que recebi o convite para fazer a apresentação deste *Manual de Direitos Humanos Internacionais*, organizado e coordenado por Jayme Benvenuto Lima Jr. A surpresa decorreu, principalmente, do fato de estarmos ambos — o organizador da obra e eu — ocupando os mesmos espaços nos bancos do curso de pós-graduação da Faculdade de Direito da Universidade de São Paulo. Assim, pareceu-me que tal convite, feito por um colega de escola, implicava uma deferência muito especial, da qual não me sentia merecedora. Não me incluía — e não me incluo, por certo — entre aqueles que se destacam na produção acadêmica, a ponto de serem merecedores de apresentar obras de conteúdo científico, e conferir-lhes maior destaque.

Mas não me passou pela cabeça declinar do honroso convite. Primeiramente, por conhecer o organizador da obra, e sabê-lo um antigo e constante militante na defesa dos direitos fundamentais da pessoa humana. Só por isso já me empenharia, com grande esforço, para atender o pedido, pois obras de pessoas efetivamente comprometidas com a defesa de direitos merecem toda a atenção. Mais que um colega de escola, estava diante de um colega de militância, o que nos torna algo semelhante a irmãos. Em segundo lugar, a simples constatação do conteúdo do trabalho fez ressaltar a sua importância, levando-me a considerar um privilégio poder apresentá-lo, assim deixando — reconheço o pecado da vaidade — meu nome a ele ligado.

O presente *Manual*, no formato em que foi concebido por seu organizador e pelos Autores que colaboraram com seus textos, faz uma abordagem completa e abrangente dos principais sistemas de proteção aos direitos fundamentais, nos planos global e regional. Por tratar-se de um manual, destinado portanto aos destinatários das normas de proteção, cuidou de temas tão amplos de uma forma simples, direta, sem grandes volteios, mas sem deixar de analisar a evolução de todo o sistema, situando-o em seus momentos históricos. Só a compreensão do momento da proclamação de determinados direitos pode levar o estudioso a melhor utilizar-se dos mecanismos de proteção e monitoramento que o sistema põe à sua disposição.

Inicia-se por adotar o critério mais comum partilhado entre os doutrinadores, no sentido de atribuir ao período posterior à Segunda Guerra Mundial o início do processo efetivo de proclamação e de internacionalização dos direitos humanos. Como afirma Fabio Comparato,

> "após três lustros de massacres e atrocidades de toda sorte, iniciados com o totalitarismo estatal nos anos 30, a humanidade compreendeu, mais do que em qualquer outra época da história, o valor supremo da dignidade humana. O sofrimento como matriz da compreensão do mundo e dos homens, segundo a lição luminosa da sabedoria grega, veio aprofundar a afirmação histórica dos direitos humanos.(...) Chegou-se, enfim, ao reconhecimento de que à própria humanidade, como um todo solidário, devem ser reconhecidos vários direitos (...)"[i].

No período que se seguiu à Declaração Universal viu-se a renovação de determinados conceitos, especialmente ligados ao direito internacional, na medida em que diversos tratados e convenções passaram a apontar um novo sujeito, um novo titular de direitos no plano internacional: a humanidade. Não mais os Estados como sujeitos típicos do direito internacional, ou mesmo os cidadãos, *vis-à-vis* os Estados, mas a comunidade, o coletivo heterogêneo ou difuso, a espécie humana.

Já a Carta das Nações Unidas, em seu Preâmbulo, aponta para a necessidade de se preservar as gerações futuras contra o flagelo da guerra, e de se criarem mecanismos para a promoção do progresso econômico e social de todos os povos. A personalização da "humanidade" como sujeito de direitos na esfera internacional vem como principal marco divisório da história do direito das gentes em nosso tempo.

A Convenção para a Prevenção e a Repressão do Crime de Genocídio, aprovada em 1948, é o tratado que primeiro incorpora e invoca o

---

[i] COMPARATO, Fabio Konder, *A afirmação histórica dos direitos humanos*. São Paulo: Saraiva, 2001, pp. 54-55

conceito de "humanidade" como sujeito de proteção das instâncias internacionais, e cria obrigações para os Estados em relação a esse novo sujeito, incitando-os à cooperação para erradicar tal crime. As Convenções de Genebra, de 1949, firmam a idéia da existência de crimes contra a humanidade.

Portanto, incorpora-se irreversivelmente ao direito internacional moderno o conceito de "humanidade" como sujeito de direitos, e firma-se a idéia da existência de direitos que dizem respeito a todos os homens, independentemente da organização estatal a que estejam vinculados, e da necessidade de estruturar-se um sistema de supervisão, controle e implementação desses direitos por todos os Estados e pelas organizações internacionais.

No capítulo em que dissertam sobre os conceitos de universalismo e relativismo cultural, lembram os Autores que a indeterminação dos sujeitos titulares desses direitos implica a indivisibilidade do próprio objeto da proteção. Como bem salientado por Carlos Weiss,

"a indivisibilidade do objeto é evidente, pois, ainda que seja do interesse de cada membro do grupo, categoria ou classe social a proteção do interesse, a prestação correspondente não pode ser realizada senão tendo em vista toda a comunidade, sem possibilidade de sua divisão em fração ou quotas"[ii].

Essa constatação do desenvolvimento de novos conceitos nas áreas de proteção aos direitos humanos em geral, e aos direitos da humanidade em especial, leva igualmente a outras conseqüências, bem avaliadas por Cançado Trindade, entre as quais a "erosão da autodenominada jurisdição doméstica. O tratamento dado pelo Estado aos seus próprios nacionais passa a ser assunto de interesse internacional"[iii]. Francisco Ortega Vicuña, em alentado artigo, sugere ainda outra grande mudança em tais postulados: aumenta a regulação internacional de matérias de interesse supranacional, vinculando os Estados, e leis domésticas passam a ser aplicadas a atividades que têm impacto ou são de propriedade

---

[ii] WEISS, Carlos, *Direitos humanos contemporâneos*. São Paulo: Malheiros Editores, 1999, p. 129.

[iii] CANÇADO TRINDADE, Antonio A., The contribution of international human rights law to environmental protection, with special reference to global environmental change, in *Environmental Change and International Law*. Edith Brown Weiss ed., Tokyo, United Nations University Press, p. 245.

supranacional, levando a uma gradual erosão da distinção dos âmbitos interno e internacionais de jurisdição[iv].
Esse um dos maiores méritos da obra que ora vem a público. Ao debruçar-se sobre os principais instrumentos de proteção das pessoas, quer os do chamado sistema global, quer os do chamado sistema regional, os Autores enfatizam a todo tempo o caráter universal e indivisível dos direitos que, em regra, costumam os doutrinadores separar em "gerações", como se o reconhecimento de uns obstasse, ou postergasse, o reconhecimento de outros. Ou como se uns fossem mais exigíveis do que outros. Daí outro grande mérito da obra: não se limitando a coletar os instrumentos de proclamação de direitos, oferece ao público uma competente abordagem dos mecanismos convencionais e extraconvencionais de proteção, tudo a demonstrar a pronta exigibilidade, nas instâncias internas e internacionais, da realização de tais direitos.

Vai mais longe a obra: fiel à destinação de um manual, oferece como anexos os modelos que facilitam o acesso das pessoas e organizações aos órgãos de controle, de monitoramento e de solução de litígios decorrentes do descumprimento das normas de direito material trazidas nos instrumentos internacionais, em especial a Convenção Americana sobre Direitos Humanos. Desta forma, viabiliza o acesso às instâncias internacionais pelos destinatários mesmos das normas de proteção: as pessoas comuns, organizadas ou não em grupos de ação, dando a exata medida de sua autonomia e legitimação para defesa dos direitos fundamentais, mesmo contra o Estado.

Sem dúvida, como dito no início desta apresentação, a consagração de um amplo rol de direitos fundamentais, inerentes a todas as pessoas e a cada uma delas, traduz uma lenta evolução no sentido de situá-las dentro de um contexto amplo de proteção. No entanto, o simples reconhecimento da pessoa e da humanidade como verdadeiros sujeitos de direito internacional não passaria de retórica se lhes faltasse legitimidade e meios eficazes de postular junto aos órgãos internacionais. Daí a feliz escolha da temática desta obra, que congrega, num só corpo e com linguagem acessível, os instrumentos de proteção dos direitos fundamentais e os mecanismos consultivos e contenciosos, convencionais e

---

[iv] ORTEGA VICUÑA, Francisco, Changing Perspectives of International Law in Areas of Global Concern: the Oceans, Antarctica and the Environment, in *O direito internacional no terceiro milênio*. BAPTISTA, Luiz Olavo, e FONSECA, Roberto Franco da Fonseca (coord.). São Paulo: LTr, 1998, pp. 903-904.

extraconvencionais para sua efetividade e proteção. Afinal, como sintetizado de forma soberba por Norberto Bobbio, "o problema fundamental em relação aos direitos do homem, hoje, não é tanto o de justificá-los, mas o de protegê-los. Trata-se de um problema não filosófico, mas político"[v].

A linha evolucionista deu, recentemente, mais um importante passo, com a criação do Tribunal Penal Internacional pelo Estatuto de Roma. Agora, além da proteção e do monitoramento dos direitos fundamentais da pessoa humana pelas diversas instâncias internacionais, consagra-se a existência de um organismo supranacional, ao qual se vinculam os Estados para processo e julgamento das pessoas acusadas da prática dos mais graves crimes contra a humanidade, a paz e a segurança. Voltando aqui a Bobbio, vemos que, efetivamente, "os direitos nascem quando devem ou podem nascer"[vi].

Nessa linha evolucionista é que a presente obra se debruça, trazendo um importante norte para todos quantos se preocupam com a efetiva proteção dos direitos cujo reconhecimento e cuja proteção representam, nestes tempos difíceis, talvez a mais importante conquista da humanidade. Resta aos destinatários de tão rico arsenal normativo utilizarem-se dos instrumentos e mecanismos postos à sua disposição, e, para isto, a presente obra traz uma importante contribuição.

Sylvia Steiner
*Desembargadora federal*
*Membro da Associação Juízes*
*para a Democracia*

---

[v] BOBBIO, Norberto, *A era dos direitos*. Rio de Janeiro: Campus, 1992, p. 24.
[vi] Idem, ibidem, p. 6.

PREFÁCIO

# O Acesso Direto dos Indivíduos à Justiça Internacional

## I

É com satisfação que escrevo este Prefácio ao *Manual* organizado por Jayme Benvenuto Lima Jr., de sua co-autoria com Fabiana Gorenstein e Leonardo Jun Ferreira Hidaka. O *Leitmotiv* do livro — o acesso do indivíduo aos sistemas internacionais de proteção dos direitos humanos — reveste-se da maior importância e atualidade. A esta causa tenho me dedicado há vários anos nos foros internacionais, nos planos tanto doutrinário como operacional. Não poderia, nesta ocasião, deixar de tecer algumas considerações a respeito, a título de introdução à evolução e ao estado atual da matéria, examinados com detalhes no volume III de meu *Tratado*[1].

Com efeito, a questão tormentosa do *acesso à justiça* (entendido este último *lato sensu* como um direito autônomo a obter a justiça) faz-se hoje presente no plano já não só nacional como também internacional. O acesso direto dos indivíduos à jurisdição internacional constitui, em nossos dias, uma grande conquista no mundo jurídico, que possibilita ao ser humano vindicar seus direitos contra as manifestações do poder arbitrário, dando um conteúdo ético às normas tanto do direito público interno como do direito internacional. Neste início do século XXI, o Direito Internacional dos Direitos Humanos vem de lograr a consolidação da capacidade jurídico-processual do indivíduo nos procedimentos

---

[1] CANÇADO TRINDADE, Antônio Augusto. *Tratado de Direito Internacional dos Direitos Humanos*, volume III, Porto Alegre, Fabris 2003, pp. 447-527.

perante os tribunais internacionais de direitos humanos, que buscam determinar a responsabilidade internacional dos Estados-partes por violações dos direitos protegidos.

A solução judicial representa efetivamente a forma mais evoluída da proteção dos direitos da pessoa humana. No continente africano, o primeiro Protocolo (de 1998) à Carta Africana de Direitos Humanos e dos Povos dispõe sobre a criação de uma Corte Africana de Direitos Humanos e dos Povos. No continente europeu, o acesso direto (*jus standi*) à nova Corte Européia de Direitos Humanos (que substituiu as antigas Corte e Comissão Européias) passou a ser outorgado a todos os indivíduos sujeitos à jurisdição dos Estados-partes pelo Protocolo n. 11 (de 1994) de Reformas à Convenção Européia de Direitos Humanos (em vigor desde 1-11-1998).

No continente americano, a Corte Interamericana de Direitos Humanos vem de dar um passo de grande transcendência: com a entrada em vigor, no dia 1º de junho de 2001, de seu novo Regulamento (adotado em 24-11-2000), passa a assegurar, pela primeira vez em sua história, a *participação direta* dos indivíduos demandantes em todas as etapas do procedimento, em denúncias — a ela enviadas pela Comissão Interamericana de Direitos Humanos — de violações dos direitos consagrados na Convenção Americana sobre Direitos Humanos.

Trata-se — como me permiti assinalar aos chanceleres dos Estados-membros da Organização dos Estados Americanos (OEA), em minhas intervenções ante o plenário das três últimas Assembléias Gerais da OEA (Windsor, Canadá, 2000; San José da Costa Rica, 2001; Bridgetown, Barbados, 2002) — de ponto culminante de um longo processo histórico de gradual emancipação do ser humano *vis-à-vis* o próprio Estado.

Como não é razoável conceber direitos sem a correspondente capacidade processual de vindicá-los, esta evolução se consolidará no dia em que se adotar — como venho sustentando há anos — um Protocolo à Convenção Americana outorgando *acesso direto* dos indivíduos à Corte Interamericana (passando, assim, do *locus standi* ao *jus standi*)[2]. Mas já com o novo Regulamento do Tribunal os indivíduos demandantes passam a desfrutar de *igualdade processual* com os Estados demandados. O

---

[2] CANÇADO TRINDADE (relator), *Bases para un Proyecto de Protocolo a la Convención Americana sobre Derechos Humanos, para fortalecer su mecanismo de protección*, volume II, San José de Costa Rica, Corte Interamericana de Derechos Humanos, 2001, pp. 1-669.

acesso direto dos indivíduos à jurisdição internacional[3] constitui uma verdadeira *revolução jurídica*, que vem consolidar a personalidade e a capacidade jurídicas internacionais do ser humano[4].

## II

A importância da participação dos indivíduos no procedimento perante a Corte Interamericana de Direitos Humanos se tem feito notar no exercício das funções tanto consultiva como contenciosa do Tribunal. Quanto à primeira, ilustra-o o Parecer de 1º de outubro de 1999, cujo procedimento consultivo foi o de maior participação (por parte de oito Estados intervenientes, e de várias ONGs e indivíduos) em toda a história da Corte. Segundo o referido Parecer, existe hoje, cristalizado ao longo dos anos, um verdadeiro direito subjetivo à informação sobre assistência consular (consagrado no artigo 36 da Convenção de Viena sobre Relações Consulares de 1963 e vinculado às garantias do devido processo legal sob o artigo 8 da Convenção Americana sobre Direitos Humanos), de que é titular todo ser humano privado de sua liberdade em outro país.

Em virtude desse direito, toda pessoa deve ser *imediatamente* informada pelo Estado receptor de que pode contar com a assistência do cônsul do país de origem, antes de prestar qualquer declaração ante a autoridade policial local. Agregou a Corte que, em caso de imposição e execução da pena de morte sem a observância prévia do direito à informação sobre a assistência consular, tal inobservância afeta as garantias

---

[3] Os tribunais internacionais de direitos humanos buscam determinar a responsabilidade internacional dos Estados-partes por violações dos direitos protegidos. Paralelamente, os tribunais penais internacionais *ad hoc* para a ex-Iugoslávia e para Ruanda (criados em 1993 e 1994, respectivamente), somados ao Estatuto de Roma de 1998 do Tribunal Penal Internacional permanente, voltam-se à determinação da responsabilidade penal internacional dos indivíduos (por crimes de genocídio, crimes contra a humanidade e crimes de guerra). Naqueles, o indivíduo figura como *sujeito ativo*, e nestes, como *sujeito passivo*, do ordenamento jurídico internacional. No entanto, tampouco perante estes últimos tribunais se pode excluir a responsabilidade internacional do Estado (certamente distinta da penal), na medida em que os crimes perpetrados por indivíduos configuraram uma política de Estado.

[4] CANÇADO TRINDADE, Antônio Augusto. *El acceso directo del individuo a los tribunales internacionales de derechos humanos*, Bilbao, Universidad de Deusto, 2001, pp. 9-104; IDEM, A personalidade e capacidade jurídicas do indivíduo como sujeito do direito internacional, in *Jornadas de Direito Internacional* (Cidade do México, dez. de 2001), Washington D.C., Subsecretaría de Asuntos Jurídicos de la OEA, 2002, pp. 311-347.

do devido processo legal, e *a fortiori* viola o próprio direito a não ser privado da vida *arbitrariamente*, nos termos do artigo 4 da Convenção Americana e do artigo 6 do Pacto de Direitos Civis e Políticos das Nações Unidas.

Este Parecer, pioneiro na jurisprudência internacional, tem tido notável impacto nos países da região, que têm buscado compatibilizar sua prática com o direito por ele estabelecido, buscando pôr um fim aos abusos policiais e às discriminações contra estrangeiros pobres e iletrados (sobretudo os trabalhadores migrantes), freqüentemente vitimados por todo tipo de discriminação (inclusive *de jure*) e injustiça. A Corte Interamericana deu assim uma considerável contribuição à própria evolução do Direito neste particular.

Mas é sobretudo no procedimento contencioso que a plena participação dos indivíduos tem se mostrado imprescindível. Sua importância, como última esperança dos esquecidos do mundo, vem de ser ilustrada, para citar apenas um exemplo, pelo contencioso dos assassinatos dos *Meninos de Rua* (caso *Villagrán Morales e Outros*). Neste caso paradigmático, as mães dos meninos assassinados (e a avó de um deles), tão pobres e abandonadas como os filhos (e o neto), tiveram acesso à jurisdição internacional, compareceram a juízo (audiências públicas de 28/29-1-1999 e 12-3-2001), e, graças às sentenças da Corte Interamericana (quanto ao mérito, de 19-11-1999, e quanto às reparações, de 26-5-2001), que as ampararam, puderam ao menos recuperar a fé na justiça humana.

Quando os pobres injustiçados e humilhados alcançam a justiça internacional, como neste caso, temos razão para crer que algo tem mudado no mundo. O reconhecimento do acesso direto dos indivíduos à justiça internacional efetivamente revela, neste início do século XXI, um notável avanço no processo histórico de *humanização* do Direito Internacional. A consciência humana alcança assim em nossos dias um grau de evolução que torna possível — como ilustrado pelo recente caso dos *Meninos de Rua* decidido pela Corte Interamericana — fazer justiça no plano internacional mediante a salvaguarda dos direitos dos marginalizados ou excluídos. A titularidade jurídica internacional dos indivíduos é hoje uma realidade irreversível. O ser humano irrompe, enfim, mesmo nas condições mais adversas, como sujeito último do Direito tanto interno como internacional, dotado de plena capacidade jurídico-processual.

Outra sentença da Corte Interamericana de transcendental importância, que em muito contribui para a evolução do sistema interamericano de proteção em particular e do Direito Internacional dos Direitos Humanos em geral, é a referente ao dramático caso dos *Bairros Altos*. Na sentença de 14 de março de 2001, determinou a Corte Interamericana que as referidas "leis", manifestamente incompatíveis com a Convenção Americana, *careciam de todo e qualquer efeito jurídico*. Emiti um contundente Voto Concordante, em que recordei precisamente os fins do Estado e as relações entre o ser humano e o poder público fundamentadas na observância dos direitos fundamentais. Em meu Voto agreguei que, de acordo com a doutrina e a jurisprudência internacional mais lúcidas, aquelas "leis de auto-anistia" — promulgadas para acobertar violações graves dos direitos humanos e perpetuar a impunidade dos responsáveis pelos atos lesivos — não eram sequer leis (não satisfaziam os pré-requisitos de verdadeiras leis), não passavam de aberrações pseudojurídicas[5].

A evolução da noção de "vítima" sob a Convenção Americana tem sido objeto de um significativo desenvolvimento na jurisprudência da Corte, tanto no caso *Blake versus Guatemala* (1998-1999) como no dos *Meninos de Rua* (*Villagrán Morales e Outros*, supracitado): em ambos os casos, a Corte endossou a ampliação da noção de vítima (direta e indireta), abarcando — em razão de seu intenso sofrimento — os familiares imediatos das vítimas assassinadas. No impressionante caso *Bámaca Velásquez versus Guatemala* (mérito, 1999, e reparações, 2001), a Corte tomou em devida conta a importância atribuída pela cultura maia ao respeito devido aos restos mortais da vítima assassinada, e aos vínculos entre os vivos e os mortos tais como concebidos naquela cultura.

O caso paradigmático da *Última Tentação de Cristo* (*Olmedo Bustos e Outros versus Chile*, 2001) se reveste de fundamental importância para a consideração das bases da responsabilidade internacional do Estado sob a Convenção Americana. Em sua sentença quanto ao mérito, a Corte estabeleceu que o Estado devia modificar seu ordenamento jurídico interno, em um prazo razoável, com o fim de suprimir a censura cinematográfica prévia (prevista em uma norma constitucional) de modo a permitir a exibição pública da referida película. Permito-me também men-

---

[5] O Estado peruano deu pronto cumprimento à Sentença, e os responsáveis pela opressão perpetrada pelo regime anterior estão hoje sendo devidamente processados. A Anistia Internacional em Londres emitiu prontamente uma circular, destacando a importância da sentença de *Bairros Altos*, e qualificando-a de "histórica". Pouco depois foi ela invocada por um juiz nacional na Argentina.

cionar a recente Sentença quanto ao mérito do caso *Hilaire, Constantine e Benjamin versus Trinidad e Tobago* (2002), em que a Corte Interamericana determinou a incompatibilidade com a Convenção Americana da chamada pena de morte "mandatória".

Igualmente destacaria as medidas provisórias de proteção ordenadas pela Corte no caso da *Comunidade de Paz de San José de Apartado* (2001), relativo à Colômbia, graças às quais se encontram hoje protegidos os 1.200 membros da referida Comunidade de Paz como um todo, além das pessoas que lhes prestam serviços (de saúde e transporte), em meio ao conflito armado interno que assola aquele país. Esta decisão foi precedida pelas medidas provisórias de proteção ordenadas pela Corte também no caso dos *Haitianos e Dominicanos de Origem Haitiana na República Dominicana* (2000), com incidência direta no livre movimento transfronteiriço de pessoas (sob o artigo 22 da Convenção Americana), constituindo-se em um embrião de um verdadeiro *habeas corpus internacional*.

Em um caso contencioso (sentença quanto ao mérito) sem precedentes, o da *Comunidade Mayagna Awas Tingni versus Nicarágua* (2001), a Corte protegeu toda uma comunidade indígena, e seu direito à propriedade comunal de suas terras (sob o artigo 21 da Convenção); determinou a Corte que a delimitação, a demarcação e a titulação das terras da referida comunidade indígena deveriam efetuar-se em conformidade com seu direito consuetudinário, seus usos e costumes. A estes casos se poderiam agregar vários outros exemplos recentes da construção jurisprudencial da mais alta instância jurisdicional em matéria de direitos humanos de nosso continente.

## III

Urge que toda esta jurisprudência seja mais conhecida em nossos círculos jurídicos, sobretudo pelos jovens, as novas gerações, que certamente levarão adiante a causa da proteção internacional dos direitos humanos. O presente *Manual*, de co-autoria de Jayme Benvenuto Lima Jr., Fabiana Gorenstein e Leonardo Jun Ferreira Hidaka, certamente contribuirá para difundir entre as novas gerações de estudiosos da disciplina em nosso país os mecanismos de proteção internacional dos direitos humanos em operação nos planos tanto global (Nações Unidas) como regional (interamericano), e o acesso a eles. Nas três partes do livro os co-autores traçam um panorama geral dos referidos mecanismos, em linguagem acessível aos leitores de distintas áreas de especialização. Acrescentam, anexos, os textos dos principais tratados de direitos humanos, e dos modelos de comunicações ou petições aos relatores especiais das Nações Unidas, assim como à Comissão Interamericana de Direitos Humanos.

A obra se insere no importante Programa dhInternacional, do GAJOP (Gabinete de Assessoria Jurídica às Organizações Populares e do Movimento Nacional de Direitos Humanos/Regional Nordeste), criado em 1999 precisamente para fomentar o acesso à jurisdição internacional, nos planos tanto global (Nações Unidas) como regional (interamericano). O livro almeja, assim, despertar maior conscientização — sobretudo entre as entidades de direitos humanos brasileiras, e, mais amplamente, entre os usuários e potenciais beneficiários dos sistemas de salvaguarda dos direitos humanos — para a importância dos mecanismos internacionais de proteção, como garantia *adicional* da salvaguarda dos direitos inerentes à pessoa humana em quaisquer circunstâncias.

Com sensatez, a obra apresenta a matéria desde as perspectivas jurisdicional assim como pedagógica, inelutavelmente interligadas. Os co-autores encontram-se particularmente habilitados a fazê-lo, não só pelos evidentes conhecimentos da temática, como também pela experiência que têm acumulado, nos últimos anos, no acompanhamento tanto dos labores da Comissão de Direitos Humanos das Nações Unidas, e dos comitês de monitoramento dos tratados de direitos humanos, no plano global (por Jayme Benvenuto Lima Jr.), como das audiências da Comissão Interamericana de Direitos Humanos, no plano regional (por Fabiana Gorenstein e Leonardo Jun Ferreira Hidaka).

## IV

Permito-me concluir este Prefácio com uma breve e derradeira reflexão. O reconhecimento do acesso direto dos indivíduos à justiça internacional revela, neste início do século XXI, o novo primado da *razão de humanidade* sobre a razão de Estado, a inspirar o processo processo histórico de *humanização* do Direito Internacional[6]. A humanidade pas-

---

[6] Os avanços até hoje logrados, como exemplificado pelo Direito Internacional dos Direitos Humanos, se devem, em grande parte, à mobilização da sociedade civil contra todas as manifestações do poder arbitrário, nos planos tanto nacional como internacional. Para

sou por padecimentos indescritíveis até alcançar o grau de evolução da consciência jurídica universal — fonte material de todo Direito — que hoje adverte que *a razão de Estado tem limites*, já não mais havendo lugar para a impunidade com seus efeitos sociais desagregadores.

A base das relações entre o Estado e os indivíduos sob sua jurisdição, assim como das relações dos Estados entre si, reside na solidariedade humana e não na soberania estatal. O Estado foi originalmente concebido para a realização do bem comum, e existe para o ser humano, e não *vice-versa*. O *ethos* de nossos tempos exige a adoção de medidas nacionais de implementação dos tratados de direitos humanos, a incluírem a criação de procedimentos de direito interno para a execução de sentenças internacionais. Impõe-se, ademais, a *aplicabilidade direta* das normas convencionais no plano do direito interno dos Estados-partes.

No presente domínio de proteção, as jurisdições nacional e internacional encontram-se em constante *interação*, motivadas pelo propósito comum e convergente de proteção da pessoa humana. Nenhum Estado pode considerar-se acima do Direito, cujas normas têm por destinatários últimos os seres humanos. A titularidade jurídica internacional dos indivíduos é hoje, em definitivo, uma realidade irreversível. O ser humano irrompe, enfim, mesmo nas condições mais adversas, como sujeito último do Direito tanto interno como internacional, dotado de plena capacidade jurídico-processual.

Brasília, 13 de novembro de 2002

ANTÔNIO AUGUSTO CANÇADO TRINDADE
*Ph.D. (Cambridge); presidente da Corte Interamericana de Direitos Humanos; professor titular da Universidade de Brasília; membro dos Conselhos Diretores do Instituto Interamericano de Direitos Humanos (Costa Rica) e do Instituto Internacional de Direitos Humanos (Estrasburgo); membro titular do Institut de Droit International e do Instituto Internacional de Direito Humanitário (San Remo)*

---

uma sistematização do novo *corpus juris* do Direito Internacional dos Direitos Humanos, cf. CANÇADO TRINDADE, Antônio Augusto. *Tratado de Direito Internacional dos Direitos Humanos*, volume I, Porto Alegre, Fabris 1997, pp. 7-486; volume II, 1999, pp. 7-440; volume III, 2003, pp. 1-663 (no prelo).

# I

# Introdução ao Direito Internacional dos Direitos Humanos

*Leonardo Jun Ferreira Hidaka*

A partir da Declaração Universal de 1948, desenvolveu-se um novo ramo do direito caracterizado como um direito de proteção: o Direito Internacional dos Direitos Humanos. O processo de universalização dos direitos humanos iniciou a sua fase legislativa com a elaboração de pactos e tratados que trouxeram caráter realmente normativo aos direitos consagrados, e de avaliação e reafirmação dos princípios mediante Conferências Mundiais sobre Direitos Humanos.

Apesar dos primeiros passos rumo à construção de um Direito Internacional dos Direitos Humanos terem sido dados logo após o fim da Primeira Guerra Mundial, com o surgimento da Liga das Nações e da Organização Internacional do Trabalho, a consolidação deste novo ramo do Direito ocorre apenas com o fim da Segunda Guerra Mundial.

Em ambos os casos, podemos encontrar progressos similares, seja pela redefinição do conceito tradicional de soberania estatal, até então tida como absoluta e ilimitada, seja pelo reconhecimento de que o indivíduo também, e não apenas o Estado, é sujeito de Direito Internacional. Com efeito, à medida que se passa a admitir intervenções internacionais em prol do indivíduo por ocasião de violação aos direitos humanos no âmbito interno dos Estados, a noção tradicional de soberania absoluta dos Estados resulta prejudicada.

A contribuição daqueles órgãos ao processo de universalização dos direitos humanos é inegável. Afinal, ao promover a paz e a segurança internacionais, e estabelecer um padrão global mínimo para as condições de trabalho, deu-se o primeiro passo rumo ao reconhecimento de que os direitos humanos devem ser protegidos independentemente de raça, credo, cor ou nacionalidade, podendo a comunidade internacional intervir no caso de os Estados furtarem-se a fornecer tal proteção a seus nacionais.

Com o advento daqueles institutos,

> "prenuncia-se o fim da era em que a forma pela qual o Estado tratava os seus nacionais era concebida como um problema de jurisdição doméstica, restrito ao domínio reservado do Estado, decorrência de sua soberania, autonomia e liberdade"[1].

## A Segunda Guerra Mundial e o pós-guerra

A Segunda Guerra Mundial fez mais vítimas, custou mais dinheiro e provocou maiores mudanças no mundo do que qualquer outra guerra de que se tem notícia. Desde o ataque à Polônia em 1939 até o fim da guerra, em setembro de 1945, o mundo testemunhou o início da era atômica e a dizimação de um número incontável de seres humanos, na sua maioria civis, estimado em mais de 55 milhões, o que significou a ruptura da ordem internacional com os direitos humanos, notadamente pela frustração do objetivo de manter a paz mundial e pelo tratamento cruel dispensado aos prisioneiros de guerra. Durante este período, a violação aos direitos humanos foi tamanha que, com o seu fim, as pessoas foram como que obrigadas a voltar a sua atenção para o tema.

O nazismo e a era Hitler, com efeito, foram marcados pela absoluta desconsideração do ser humano. Os nazistas mataram cerca de 12 milhões de civis, inclusive quase todos os judeus que viviam na Alemanha. Estas atrocidades apresentavam uma peculiaridade: desta vez era o próprio Estado o grande violador de direitos humanos, que promovia uma política de destruição de seres humanos, acobertado pela soberania nacional e pela jurisdição doméstica exclusiva.

Entendeu-se com o fim da Segunda Guerra Mundial que, se houvesse um efetivo sistema de proteção internacional dos direitos humanos, capaz de responsabilizar os Estados pelas violações por eles cometidas, ou ocorridas em seus territórios, talvez o mundo não tivesse tido que

---

[1] PIOVESAN, Flávia. *Direitos Humanos e o Direito Constitucional Internacional*. São Paulo: Max Limonad. 1999, p. 128.

vivenciar os horrores perpetrados pelos nazistas, ao menos não em tão grande escala.

Os direitos humanos passaram, então, a ser uma verdadeira preocupação em escala mundial, o que impulsionou o processo da sua universalização e o desenvolvimento do Direito Internacional dos Direitos Humanos, através de uma estrutura normativa que veio a permitir a responsabilização internacional dos Estados quando estes falharem em proteger os direitos humanos dos seus cidadãos. Passou-se a compreender que a soberania estatal, de fato, não pode ser concebida como um princípio absoluto, devendo ser limitada em prol da proteção aos direitos humanos, haja vista esta ser um problema de relevância internacional.

Outro marco do processo de universalização dos direitos humanos no pós-guerra foi a constituição e o funcionamento dos tribunais de Nuremberg e de Tóquio (1945-1949), que consistiram em tribunais internacionais *ad hoc*[2] destinados a julgar os criminosos de guerra. O Tribunal de Nuremberg, por exemplo, processou treze julgamentos, e, pela primeira vez na história, ao considerar a Alemanha culpada por violação do direito costumeiro internacional, um Estado foi julgado e condenado por violações ocorridas dentro do seu próprio território durante o Holocausto.

Apesar das críticas de que os julgamentos de Nuremberg e de Tóquio foram pura vingança dos países vitoriosos, eles sem dúvida representaram um grande avanço no desenvolvimento do Direito Internacional dos Direitos Humanos e na preservação da paz; caracterizando-se como precursores da Corte Penal Internacional[3], por terem considerado

---

[2] Os tribunais *ad hoc* foram a alternativa estabelecida no âmbito da ONU para julgar os crimes cometidos durante a Segunda Guerra Mundial. Foram *ad hoc* porque, não existindo regularmente antes da guerra, foram criados especificamente para julgar determinadas situações: as violações perpetradas pelos nazistas alemães (Nuremberg) e pelos japoneses (Tóquio).

[3] A Corte Penal Internacional (International Criminal Court) foi instituída em 17 de julho de 1998 pelo Estatuto de Roma, um tribunal permanente, independente e efetivo, que julgará indivíduos, pessoas físicas, e não Estados ou corporações, pelos crimes de genocídio, crimes de guerra e crimes contra a humanidade. Com o depósito simultâneo de dez ratificações em 21 de março de 2002, o Estatuto ultrapassou o mínimo de ratificações necessário à sua entrada em vigor, o que deverá ocorrer, de acordo com o artigo 126 do Estatuto, no 1º dia do mês seguinte ao 60º dia após o depósito do 60º instrumento de ratificação, isto é, no dia 1º de julho de 2002. A Corte terá jurisdição para julgar crimes ocorridos a partir desta data, porém só deverá estar preparada para julgar o primeiro caso doze meses depois, enquanto ajustes procedimentais e administrativos são feitos. Entre os

culpados líderes governamentais internacionalmente responsáveis, na condição de indivíduos, pela primeira vez na História.

Segundo o entendimento de Flávia Piovesan,

> "O significado do Tribunal de Nuremberg para o processo de internacionalização dos direitos humanos é duplo: não apenas consolida a idéia da necessária limitação da soberania nacional, como também reconhece que os indivíduos têm direitos protegidos pelo Direito Internacional"[4].

## A Carta da ONU

Como se fazia urgente a necessidade da reconstrução dos direitos humanos após a Segunda Guerra Mundial, pôde-se observar neste período o surgimento de diversas organizações internacionais com o objetivo de promover a cooperação internacional. Entre elas, pode-se destacar como a mais importante a Organização das Nações Unidas (ONU), criada em 26 de junho de 1945 pela Carta das Nações Unidas, e considerada a mais ambiciosa experiência em organização internacional até os nossos dias.

A ONU nasceu com diversos objetivos, como a manutenção da paz e da segurança internacionais; o alcance da cooperação internacional no plano econômico, social e cultural; assim como a proteção internacional dos direitos humanos, entre outros. Inaugura-se, então, uma nova ordem internacional, preocupada não só com a manutenção da paz entre os Estados, mas também em grande escala com a promoção universal dos direitos humanos.

Com isso, consolida-se o processo de universalização dos direitos humanos, cuja proteção e promoção passa a ser propósito básico de uma organização internacional, a ONU, que inequivocamente surgiu com a finalidade de promover e proteger os direitos humanos e as liberdades fundamentais, além de internacionalizá-los, ao estabelecer que são direcionados a todas as pessoas, independente de raça, sexo, religião e nacionalidade.

---

Estados que já ratificaram o Estatuto de Roma, podemos citar Itália, França, Noruega, Bélgica, Canadá, Espanha, África do Sul e Alemanha. Mais informações sobre o Tribunal Penal Internacional podem ser obtidas no site www.iccnow.org

[4] PIOVESAN, Flávia. *Direitos Humanos e o Direito Constitucional Internacional*, op. cit., p. 135.

## A Declaração Universal dos Direitos Humanos de 1948

A Carta das Nações Unidas abriu um grande leque de possibilidades para o contínuo desenvolvimento dos direitos humanos em nível mundial. Apesar de haver aqueles que torcessem para que o processo demorasse o máximo possível, devido às diversas posições conflitantes e o secreto desejo de muitos Estados de manter a sua soberania intacta, ele se iniciou quase de imediato.

Em 10 de dezembro de 1948, em Paris, foi adotada e proclamada, pela Resolução n. 217 A (III) da Assembléia Geral das Nações Unidas, a Declaração Universal dos Direitos Humanos (UDHR, Universal Declaration of Human Rights). Este instrumento é considerado o marco inicial do Direito Internacional dos Direitos Humanos, e conseqüentemente da tutela universal dos direitos humanos, que visa a proteção de todos os seres humanos, independente de quaisquer condições.

Delegações de diversos países reuniram-se em Paris, no biênio 1947-1948, para discutir o rascunho de uma Declaração que viesse a proteger os direitos de todos os indivíduos do mundo, num processo bastante longo e árduo. Após quase noventa reuniões, a Declaração Universal obteve a aprovação unânime de 48 Estados, com apenas oito abstenções[5], e duas ausências, totalizando os 58 Estados-membros da ONU, à época. A partir da Declaração Universal, a idéia da dignidade humana como fundamento da proteção aos direitos humanos pode ser observada em todos os instrumentos internacionais do Direito Internacional dos Direitos Humanos.

Assim sendo, o indivíduo é protegido pelo simples fato de ser um ser humano, portanto sujeito de Direito Internacional. Afinal, antes de ser cidadão de seu país, ele é cidadão do mundo, e dessa condição decorrem direitos universalmente protegidos, que não devem ser violados nem mesmo pelo Estado do qual ele é um nacional, sob pena de responsabilização daquele pelo mal sofrido. Em suma, basta a condição de pessoa para que se possua a titularidade desses direitos, pois desde o nascimento todos os homens são livres e iguais em direitos.

Além disso, a Declaração Universal busca acabar com as discussões sobre a amplitude dos direitos por ela consagrados, proclamando na quase totalidade de seus artigos a universalidade dos direitos ali menciona-

---
[5] Os Estados que se abstiveram foram Bielorússia, Tchecoslováquia, Polônia, Arábia Saudita, Ucrânia, União Soviética, África do Sul e Iugoslávia.

dos, uma vez que direcionados a "todos" ou a "todas as pessoas". Pode-se concluir, portanto, que os direitos elencados no texto da Declaração Universal têm como titulares todas as pessoas, independentemente de nacionalidade, cor, raça, sexo, religião ou regime político ao qual estão subordinadas. Isto porque os direitos humanos derivam da dignidade da pessoa humana, e não de peculiaridades sociais ou culturais de uma determinada sociedade.

Outra premissa fundamental desta nova concepção acerca dos direitos humanos é a de que eles são indivisíveis, uma vez que a Declaração Universal proclama a proteção tanto aos direitos humanos civis e políticos (arts. 3º a 21) como aos direitos humanos econômicos, sociais e culturais (arts. 22 a 28). Dessa forma, não só a liberdade, mas também a igualdade são valores indispensáveis aos seres humanos. A Declaração Universal tenta pôr um fim a esta dicotomia, consagrando que ambos os valores são imprescindíveis. Os direitos humanos, portanto, caracterizam-se como uma unidade indivisível, pelo que, sem a garantia do direito à liberdade, fica sem significado a igualdade, e vice-versa[6].

A fundamental importância da Declaração Universal dos Direitos Humanos, portanto, consiste na demarcação da nova concepção dos direitos humanos como universais e indivisíveis. Além disso, a partir dela começa a tomar forma um novo ramo do Direito, o Direito Internacional dos Direitos Humanos (*International Human Rights Law*), com o objetivo de proteger as vítimas de violações dos direitos humanos em todo mundo, com fundamento em duas premissas básicas: "os direitos humanos são inerentes ao ser humano, e como tais antecedem a todas as formas de organização política; e sua proteção não se esgota — não pode se esgotar — na ação do Estado"[7].

Por fim, temos que ressaltar que a Declaração Universal dos Direitos Humanos não é um tratado, mas uma resolução da Assembléia Geral da ONU, sem força de lei[8]. Apesar disso, a verdade é que desde cedo a Declaração Universal ganhou força, tanto no campo legal como no

---

[6] PIOVESAN, Flávia. *Direitos Humanos e o Direito Constitucional Internacional*, op. cit., p. 147.

[7] CANÇADO TRINDADE, Antônio Augusto. *Tratado de Direito Internacional dos Direitos Humanos*. Porto Alegre: Fabris, p. 26.

[8] Alguns autores entendem que a Declaração Universal de Direitos Humanos teria força jurídica vinculante, por inserir-se no direito costumeiro internacional, além de conter princípios gerais do direito.

político, sob a forma de direito costumeiro; tanto no âmbito internacional, servindo de norte à elaboração dos tratados sobre direitos humanos, como no âmbito interno, pois muitos de seus dispositivos vieram a ser incorporados por Constituições de diversos Estados e invocados por tribunais nacionais com a força de direito costumeiro e fonte de interpretação de dispositivos sobre a matéria.

Ainda assim, após a adoção da Declaração Universal houve uma preocupação em formular tratados internacionais com força jurídica obrigatória e vinculante, que pudessem garantir de forma mais efetiva o exercício dos direitos e liberdades fundamentais constantes da Declaração Universal. Foi assim que, em 1966, foram aprovados pela Assembléia Geral das Nações Unidas o Pacto Internacional de Direitos Civis e Políticos e o Pacto Internacional de Direitos Econômicos, Sociais e Culturais.

## O Pacto Internacional de Direitos Civis e Políticos

Em primeiro lugar, deve ser esclarecido que foram elaborados dois Pactos, um para os direitos humanos civis e políticos, e outro para os direitos humanos econômicos, sociais e culturais, em decorrência do maior poder político das nações ocidentais, que, conforme a sua natureza capitalista e liberal, alegavam que deveriam ser elaborados dois Pactos distintos, visto que a implementação dos direitos humanos civis e políticos poderia ocorrer de imediato, enquanto os direitos humanos econômicos, sociais e culturais só poderiam ser concretizados a longo prazo.

Por outro lado, as nações socialistas, tradicionalmente regidas pelo forte intervencionismo estatal, como forma de garantir os direitos sociais, defendiam uma posição exatamente contrária quanto à auto-aplicação e à implementação a longo prazo dos direitos.

O Pacto Internacional de Direitos Civis e Políticos (PIDCP, ou ICCPR, International Covenant on Civil and Political Rights) só entrou em vigor em 23 de março de 1976, após as 35 ratificações mínimas exigidas pelo seu art. 49 (1).

O Pacto, em seu Preâmbulo, reiterou a universalidade e a indivisibilidade dos direitos humanos, princípios já consagrados pela Declaração Universal. Em seguida, estabeleceu direitos direcionados aos indivíduos, reforçando a proteção a vários direitos constantes da Declaração Universal, como o direito à vida (art. 6º), o direito a não ser submetido a tortura (art. 7º) e o direito a não ser submetido a escravidão ou a servidão (art. 8º, 1 e 2), entre outros.

Outrossim, elenca direitos que não constavam da Declaração Universal, reconhecendo, assim, a sua importância, como é o caso do direito à autodeterminação (art. 1º), o direito de não ser preso por descumprimento de obrigação contratual (art. 11), e o direito das minorias à identidade cultural, religiosa e lingüística (art. 27).

Todos os direitos constantes do Pacto são garantidos a todas as pessoas, independentemente de cor, raça, nacionalidade, sexo ou qualquer outra característica pessoal ou peculiaridade cultural.

Até maio de 2002, o Pacto Internacional dos Direitos Civis e Políticos já havia sido ratificado por 148 Estados, que, com isso, se comprometeram a promover e garantir os direitos nele constantes. Tal número comprova a dimensão tomada pelo Pacto e o reconhecimento da importância de se garantir direitos como a vida e a liberdade.

## O Pacto Internacional de Direitos Econômicos, Sociais e Culturais

A exemplo do Pacto Internacional de Direitos Civis e Políticos, o Pacto Internacional de Direitos Econômicos, Sociais e Culturais (PIDESC, ou ICESCR, International Covenant on Economic, Social and Cultural Rights) só entrou em vigor dez anos após a sua aprovação, em 3 de janeiro de 1976, após conseguir o número mínimo de 35 ratificações necessário para o início da sua vigência, de acordo com o seu art. 27 (1). Trinta e quatro anos depois, este Pacto reafirma a sua força como um consenso mundial, tendo obtido até maio de 2002 um total de 145 ratificações.

Em seu Preâmbulo, este Pacto também reafirma as qualidades de universalidade e indivisibilidade dos direitos humanos, assim como o fez o Preâmbulo do Pacto Internacional de Direitos Civis e Políticos.

O PIDESC também reiterou a importância de diversos direitos incluídos na Declaração Universal; entre eles destacamos o direito ao trabalho e à justa remuneração (arts. 6º e 7º), o direito à educação (art. 13), o direito à saúde (art. 12) e o direito a um nível de vida adequado quanto a moradia, vestimenta e alimentação (art. 11). Tal qual o PIDCP, este Pacto também expandiu a gama de direitos humanos econômicos, sociais e culturais incluídos na Declaração Universal, algumas vezes aumentando a sua abrangência.

De acordo com o disposto no PIDESC, os direitos nele incluídos devem ser realizados progressivamente e a longo prazo, mediante a atuação e o investimento dos Estados (sujeitos destes deveres), inclusive com a adoção das medidas legislativas cabíveis, comprometendo-se a investir no sentido de progredir em direção à sua completa realização.

Observa-se, portanto, que em relação à implementação destes direitos o pensamento ocidental, capitalista e liberal realmente prevaleceu, uma vez que, enquanto os direitos humanos civis e políticos mereciam aplicabilidade imediata, os direitos humanos econômicos, sociais e culturais só alcançariam esta condição em sua plenitude a longo prazo.

Segundo a redação do art. 2º (1) do Pacto, os Estados comprometem-se

"a adotar medidas, tanto por esforço próprio como pela assistência e cooperação internacionais, principalmente nos planos econômico e técnico, até o máximo de recursos disponíveis, que visem a assegurar, progressivamente, por todos os meios apropriados, o pleno exercício dos direitos reconhecidos no presente Pacto, incluindo, em particular, a adoção de medidas legislativas".

No mesmo art. 2º (2), mais uma vez é consagrado o princípio da não-discriminação, pelo qual os direitos humanos devem ser garantidos a todas as pessoas, independente de particularismos de qualquer espécie, isto é, universalmente. A obrigação de não discriminar, aliás, consiste num dispositivo de aplicação imediata.

O problema da proteção e realização dos direitos humanos econômicos, sociais e culturais, decorrente do disposto no PIDESC, tem na implementação progressiva apenas a primeira das dificuldades. Como refletem preocupações consideradas mais relevantes pelos países do Oriente, principalmente os socialistas, acabam por perder a sua visibilidade dentro de um cenário internacional onde os grandes atores são os poderosos Estados capitalistas desenvolvidos.

Além disso, a necessidade de um mínimo de recursos econômicos disponíveis para possibilitar a efetiva realização dos direitos estabelecidos no PIDESC, diante de uma realidade socioeconômica mundial em que a miséria ainda é corriqueira e dominante em muitos países, faz com que muitos Estados violem tais direitos sem que se possa responsabilizá-los com base no Pacto.

Apesar da exigência de progressividade constante da efetivação dos parâmetros estabelecidos pelo Pacto pressupor que fica proibido o retrocesso nos investimentos na área social, o que se observa em diversas partes do mundo é o vaivém dos investimentos à mercê dos interesses dos governantes e de crises econômicas internas ou externas.

Em suma, o desrespeito aos direitos humanos econômicos, sociais e culturais sempre parece ser mais tolerado, e até tolerável pela maioria das pessoas, do que o desrespeito aos direitos humanos civis e políticos. Por exemplo, o caso de uma pessoa que é arbitrariamente presa, torturada e morta por policiais sempre causa mais comoção do que o de uma pessoa que morre por falta de atendimento médico, em que o hospital procurado não aceitava pacientes do sistema público de saúde.

No entanto, a noção de uma nova ordem internacional voltada à promoção e proteção dos direitos humanos universalmente reconhecidos, sejam eles de natureza civil e política, ou econômica, social e cultural, com o surgimento da responsabilização internacional dos Estados pela violação, exige que os Estados sejam compelidos a evitar ou, em caso de inevitabilidade, punir as violações, garantindo na sua integralidade todos os direitos estabelecidos pelos instrumentos internacionais. Dentro desse processo, a mobilização e a pressão da comunidade internacional são fatores muito importantes.

## A Conferência Mundial de Direitos Humanos de Viena, 1993

Se havia críticos que se referiam à Declaração Universal dos Direitos Humanos como um instrumento produzido por um reduzido número de Estados, e que não configurava, de maneira alguma, um consenso mundial, principalmente devido ao processo de descolonização que permeou toda a segunda metade do século XX e fez surgir diversos novos Estados, as Conferências Mundiais que se seguiram à adoção dos dois Pactos de 1966 vieram a enfraquecer tais críticas.

Anteriormente à Conferência de Viena, que é considerada a mais importante pela sua maior amplitude, ocorreu a I Conferência Mundial de Direitos Humanos, de 22 de abril a 13 de maio de 1968, em Teerã (Irã), com a participação de 84 Estados, além de representantes de organismos internacionais e organizações não-governamentais. A maior contribuição da Conferência de Teerã para a proteção dos direitos humanos foi a "asserção de uma nova visão, global e integrada, de todos os direitos humanos"[9].

De 14 a 25 de junho de 1993, realizou-se em Viena (Áustria) a II Conferência Mundial de Direitos Humanos, que teve como resultados práticos a Declaração de Viena e o Programa de Ação, na verdade um só instrumento dividido em duas partes operativas: o primeiro reavaliou princípios básicos do Direito Internacional dos Direitos Humanos, com destaque para sua universalidade; enquanto o último foi direcionado aos órgãos de supervisão dos direitos humanos, tendo como ponto principal a ratificação universal e sem reservas dos instrumentos internacionais de direitos humanos.

Ambos foram adotados pelo consenso de 171 Estados, perfazendo como objetivo comum da comunidade internacional o fortalecimento e o aperfeiçoamento da proteção dos direitos humanos em nível mundial, de modo a assegurar a observância universal dos direitos humanos decorrentes da dignidade inerente à pessoa humana.

Tanto a Conferência de Teerã, de 1968, como a de Viena, de 1993, foram importantes para a avaliação global de questões relacionadas aos direitos humanos e para a reafirmação de sua universalidade. Conforme as palavras do mestre Antônio Augusto Cançado Trindade:

> "Ambas representam, além de avaliações globais da evolução da matéria, passos decisivos na construção de uma cultura universal dos direitos humanos. Da Conferência de Teerã resultou fortalecida a universalidade dos direitos humanos, mediante sobretudo a asserção enfática da indivisibilidade destes. Ao se encerrar a Conferência de Viena, reconhece-se que o tema em apreço diz respeito a todos os seres humanos e permeia todas as esferas da atividade humana"[10].

## Universalismo e relativismo cultural

Segundo o processo histórico através do qual se desenvolveu o Direito Internacional dos Direitos Humanos, o termo "direitos humanos" implica necessariamente a noção de que todos os seres humanos são

---

[9] CANÇADO TRINDADE, Antônio Augusto. *Tratado de Direito Internacional dos Direitos Humanos*, op. cit., p. 57.
[10] Idem, ibidem, p. 178.

merecedores do respeito a tais direitos. São universais, pois abrangem todos os indivíduos em todas as partes do mundo; são iguais para todos, visto que ninguém é mais ou menos humano que ninguém, e por isso todos devem ter os mesmos direitos; e são inalienáveis, pois da mesma maneira que ninguém pode deixar de ser humano ou tornar-se mais ou menos humano, tampouco pode perder estes direitos[11].

Conforme o entendimento dos adeptos do relativismo cultural, no entanto, a moral tem as suas origens intimamente ligadas ao desenvolvimento histórico e sociocultural de cada sociedade, não se podendo, portanto, tentar estabelecer uma moral universal e impô-la a todos os povos, visto que cada um tem os seus valores e o seu entendimento peculiar sobre a moral. Além disso, segundo os relativistas, os valores de cada sociedade são também influenciados pelo nível de desenvolvimento econômico e pelo sistema político sob o qual vivem as pessoas. Assim sendo, ante a diversidade cultural não pode prevalecer o universalismo.

Os universalistas, por sua vez, defendem a legitimidade dos instrumentos internacionais, que, uma vez ratificados por determinado Estado, o obrigam a agir em concordância com o que neles é disposto, sob pena de ser responsabilizado perante a comunidade internacional. Eles acreditam que o próprio caráter universal conferido aos direitos humanos fundamentais foi fruto de um processo histórico, no qual a comunidade internacional teve que se curvar à necessidade de um parâmetro universal mínimo de respeito à dignidade humana, em face de tantas violações aberrantes, principalmente com o ocorrido durante a Segunda Guerra Mundial. Dessa forma, ainda que se admita que a diversidade de culturas existe, ela não pode ser considerada justificativa para a prática de atos contrários à dignidade humana.

Todas as culturas possuem concepções de dignidade humana, e a maioria, de direitos humanos, mas todas são incompletas e problemáticas, sendo necessário aumentar a consciência de incompletude para a construção de uma concepção multicultural de direitos humanos. A diversidade cultural, em vez de empecilho, deve ser um motivo para incrementar o conteúdo dos direitos humanos, pois, quanto maior a discussão em torno deles sob diversos pontos de vista, mais completos e multiaplicáveis eles se tornariam. Boaventura de Souza Santos fala de uma

---

[11] DONNELLY, Jack. *Universal Human Rights in Theory and Practice*. Ithaca: Cornell University Press, 1989, p. 61.

"concepção mestiça de direitos humanos (...) que (...) se organiza como uma constelação de sentidos locais mutuamente inteligíveis (...)"[12].

O universalismo que se pretende implantar de maneira alguma implica a destruição de culturas para a criação de uma cultura universal, pois o que é estabelecido nos instrumentos internacionais de direitos humanos é um padrão dentro do qual há espaço para variações, adaptações e diferentes interpretações e maneiras de implementação. Estas, no entanto, devem estar dentro dos limites permitidos por tais instrumentos para serem consideradas legítimas.

Apesar dos argumentos dos relativistas quanto à inexistência de uma comunidade ética universal, o que impossibilitaria a universalidade dos direitos humanos, Ken Booth afirma que há, sim, comunidades éticas universais, como a das mulheres oprimidas, a dos miseráveis, a dos discriminados, entre outras[13]. São as comunidades de vítimas de violações de direitos humanos.

Mas o que realmente consagra a universalidade dos direitos humanos (*human rights*) é a universalidade dos chamados *human wrongs*, que podem ser entendidos como aqueles atos que não devem ser praticados contra um outro ser humano. Estes ocorrem em toda parte, e são mais facilmente identificáveis e condenáveis por todas as sociedades. No caso dos *human wrongs*, o foco é na vítima, naquele que sofre uma violência, e o seu reconhecimento deriva de fatos sociais universais, pois todos sabem que sofrer é ruim e ser amado é bom, e que é doloroso passar fome, ser torturado, odiado, humilhado.

---

[12] SOUZA SANTOS, Boaventura. Uma concepção multicultural de direitos humanos, *Revista Lua Nova*. São Paulo, n. 39: 105-124, 1997, p. 115.

[13] BOOTH, Ken. Three Tyrannies, in: DUNNE, Tim; WHEELER, Nicholas J. (orgs.). *Human Rights in Global Politics*. Cambridge: Cambridge University Press, 1999, p. 61.

# II

# O Sistema Global de Proteção dos Direitos Humanos

*Jayme Benvenuto Lima Jr.*

## 1. Introdução

Como vimos na primeira parte deste *Manual*, após as duas guerras mundiais ocorridas no século XX, em que inúmeras atrocidades foram cometidas em nome da soberania nacional, a criação de um sistema internacional de proteção dos direitos humanos foi a resposta para que se pudesse reconstruir a esperança de paz duradoura no mundo. Com o fim da Segunda Guerra Mundial, crescia a consciência de que os direitos humanos são universais e indivisíveis. Universais na medida em que se busca a aquisição e o exercício de direitos para "todos e todas", e indivisíveis no sentido de que os direitos humanos devem possuir igual validade, independentemente de serem classificados como civis, políticos, econômicos, sociais ou culturais[1,2].

Com base nessa construção histórica, é crescente a demanda das Nações Unidas em torno dos direitos humanos. Entidades da sociedade civil de todo o mundo acionam o sistema global de proteção dos direitos humanos, diante da consciência de que os Estados são, muitas vezes,

---

[1] Sobre a universalidade e a indivisibilidade dos direitos humanos, ver LIMA Jr., Jayme Benvenuto. *Os direitos humanos econômicos, sociais e culturais*. Rio de Janeiro — São Paulo: Editora Renovar, 2001, p. 76.

[2] Sobre a crítica à classificação geracional dos direitos humanos ver diversos trabalhos do prof. Cançado Trindade, entre os quais a seguinte entrevista com aquele jurista: FASE. Entrevista com Antônio Augusto Cançado Trindade, revista *Proposta*, ano 31, n. 92, março/maio de 2002, Rio de Janeiro, pp. 46-48.

coniventes ou ineficientes para dar respostas às violações dos direitos humanos. Por outro lado, o sistema da ONU tem sido uma grande possibilidade de "prevenir conflitos internos", razão pela qual "maior ênfase deveria ser dada para os recentes mecanismos de proteção dos direitos humanos, assim como ao fortalecimento de instituições nacionais para solucionar questões relacionadas a direitos humanos"[3].

A utilização dos sistemas internacionais de proteção dos direitos humanos não implica, portanto, o abandono do uso dos sistemas nacionais. Ambos devem ser fortalecidos, na perspectiva do pleno respeito aos direitos humanos. No plano internacional, o desafio é, através de instrumentos e mecanismos de proteção, ampliar o respeito aos direitos humanos.

O sistema de proteção dos direitos humanos das Nações Unidas tem como principais órgãos a Assembléia Geral — a cujo organismo compete, principalmente, legislar em matéria de direitos humanos —, o Conselho Econômico e Social (ECOSOC) — a cujo organismo cabe promover o respeito dos direitos humanos; coordenar as atividades da ONU e suas agências especializadas; elaborar estudos, relatórios e recomendações sobre assuntos de interesse social, econômico, cultural e educacional — e o Conselho de Segurança — a cujo organismo compete desenvolver operações pela manutenção da paz; decidir sobre "graves violações" aos direitos humanos que ponham em risco a paz mundial; e estabelecer tribunais penais internacionais *ad hoc*.

Na estrutura do Conselho Econômico e Social, a Comissão de Direitos Humanos é o espaço por meio do qual a ONU monitora a situação dos direitos humanos no mundo. Suas propostas, recomendações e relatórios são submetidos ao Conselho Econômico e Social, com o que a Comissão de Direitos Humanos presta assistência àquele na coordenação das atividades relacionadas a direitos humanos no sistema das Nações Unidas[4].

O sistema da ONU de proteção dos direitos humanos é formado por instrumentos normativos e mecanismos práticos de realização de tais direitos.

---

[3] OFFICE OF THE UNITED NATIONS HIGH COMMISSIONER FOR HUMAN RIGHTS. *Seventeen Frequently Asked Questions About United Nations Special Rapporteurs.* Fact Sheet n. 27. Geneva. P. 1. 2000. P. 1.

[4] A Comissão de Direitos Humanos das Nações Unidas reúne-se uma vez por ano, em Genebra, durante seis semanas (de março a abril), e é formada por 53 países membros, escolhidos em sistema rotativo e por representação geopolítica.

A seguir, apresentamos um panorama dos principais organismos e instrumentos internacionais normativos de proteção dos direitos humanos. Em seguida, damos atenção aos mecanismos convencionais e extraconvencionais de proteção dos direitos humanos. A partir do trabalho realizado por tais mecanismos, a comunidade internacional tem conhecimento de muitos assuntos de seu interesse, como a

"violência policial, as execuções sumárias, o assassinato de mulheres em nome da honra, o sofrimento de crianças e adolescentes, a perseguição a minorias étnicas em muitas sociedades, o papel de atores não estatais em torno de violações a direitos humanos, a relação entre extrema pobreza e o respeito aos direitos humanos, e o impacto das violações aos direitos humanos sobre a sociedade civil"[5].

Para além do conhecimento da situação dos direitos humanos, nos planos nacional[6] e internacional, veremos como o sistema global permite o fortalecimento da própria idéia de direitos humanos e dos meios para se ampliar e fortalecer a realização de direitos.

## 2. Principais instrumentos normativos do Sistema Global de Proteção dos Direitos Humanos

Apresentaremos aqui alguns pontos relacionados aos principais instrumentos normativos de proteção dos direitos humanos, no plano das Nações Unidas[7], a saber: a Declaração Universal de Direitos Humanos,

---

[5] OFFICE OF THE UNITED NATIONS HIGH COMMISSIONER FOR HUMAN RIGHTS. *Seventeen Frequently Asked Questions About United Nations Special Rapporteurs.* Fact Sheet n. 27. Geneva. P. 1. 2000. P. 1-2.

[6] "Embora o Comitê de Direitos Econômicos, Sociais e Culturais possa ajudar a aplicar o Pacto de uma perspectiva internacional, em última instância a eficácia deste instrumento depende das medidas adotadas pelos governos para dar cumprimento efetivo a suas obrigações legais internacionais. A este respeito, o Comitê tem reconhecido a importância essencial de que os Estados adotem medidas legislativas apropriadas e instituam recursos legais, o que indica o verdadeiro caráter legal dos direitos econômicos, sociais e culturais" (CRAVEN, Mattew. The domestic application of the International Covenant on Economic, Social and Cultural Rights, *Neethelands International Law Review*, vol. XL, 1993, p. 367.

[7] "A base primordial das atividades das Nações Unidas encaminhadas a promover, proteger e vigiar a observância dos direitos humanos e as liberdades fundamentais é a Carta Internacional de Direitos Humanos, que é um conjunto integrado por três textos: a Declaração Universal de Direitos Humanos (1948), o Pacto Internacional de Direitos Econômicos, Sociais e Culturais (1966) e o Pacto Internacional de Direitos Civis e Políticos (1966)

o Pacto Internacional de Direitos Civis e Políticos, o Pacto Internacional de Direitos Econômicos, Sociais e Culturais, a Declaração sobre o Direito ao Desenvolvimento, a Convenção sobre a Eliminação de Todas as Formas de Discriminação contra a Mulher, a Convenção sobre os Direitos da Criança, a Convenção Internacional sobre a Eliminação de Todas as Formas de Discriminação Racial e a Convenção contra a Tortura e Outros Tratamentos ou Penas Cruéis, Desumanos ou Degradantes.

Em seu preâmbulo, a Declaração Universal dos Direitos Humanos (1948) assegura o princípio da indivisibilidade dos direitos humanos:

> Considerando que os povos das Nações Unidas reafirmaram, na Carta, sua fé nos direitos humanos fundamentais, na dignidade e no valor da pessoa humana e na igualdade do homem e da mulher, e que decidiram promover o progresso social e melhores condições de vida em uma liberdade mais ampla.

Com base no princípio da indivisibilidade dos direitos humanos, a Declaração dedica os artigos 1º ao 21 aos direitos humanos civis e políticos; e os artigos 22 a 27 aos direitos humanos econômicos, sociais e culturais. Entre os direitos humanos civis e políticos estão relacionados o direito às liberdades — de locomoção, de associação, de reunião e de expressão — (arts. 1º, 2º, 3º, 4º, 13, 18, 19 e 20), à igualdade (arts. 1º e 7º), à vida (art. 3º), à segurança pessoal e à integridade física (arts. 3º e 5º), à personalidade (art. 6º), ao julgamento justo e ao devido processo legal (arts. 8º, 9º, 10º, 11), ao respeito à privacidade (art. 12), ao asilo (art. 14), à nacionalidade (art. 15), ao casamento (art. 16), à propriedade (art. 17) e à livre escolha dos governantes (art. 21).

Entre os direitos humanos econômicos, sociais e culturais encontram-se o direito à segurança social e ao bem-estar social (art. 22), direito ao trabalho, a condições justas de trabalho e igual e justa remuneração para trabalho igual, assim como a proteção contra o desemprego e a organização sindical para a proteção de seus interesses (art. 23), direito ao repouso e ao lazer, à limitação das horas de trabalho e férias remune-

---

e seus dois protocolos facultativos. Os dois Pactos mencionados são instrumentos jurídicos internacionais. Isto significa que quando os Estados Membros e os Estados não-membros das Nações Unidas ratificam um Pacto e se convertem em 'Estado-Parte', estão aceitando voluntariamente uma série de obrigações jurídicas de defender e promover os direitos e disposições proclamados no texto em questão". (texto em http://www.unhchr.ch/spanish/html/menu6/2/fs16_sp.htm#1).

radas (art. 24), direito à saúde, à alimentação, ao vestuário, à habitação, a serviços sociais e previdência social, à proteção especial à maternidade e à infância (art. 25), direito à educação, à gratuidade e obrigatoriedade do ensino fundamental, e educação para promover a paz e a tolerância racial e religiosa (art. 26), e direito à cultura e à proteção histórica e promoção cultural (art. 27).

Apesar da maior prevalência, inclusive em termos do número de artigos — ao todo são 21 — relacionados diretamente aos direitos humanos civis e políticos, a Declaração Universal enuncia muitos dos direitos que hoje são considerados fundamentais direitos humanos econômicos, sociais e culturais.

Tanto o Pacto Internacional de Direitos Civis e Políticos como o Pacto Internacional de Direitos Econômicos, Sociais e Culturais foram aprovados pela Assembléia Geral em 1966, e entraram em vigor em 1976, reconhecendo e reforçando o princípio da indivisibilidade dos direitos humanos, presente no preâmbulo de ambos:

> Reconhecendo que, em conformidade com a Declaração Universal dos Direitos Humanos, o ideal do ser humano livre, no gozo das liberdades civis e políticas e liberto do temor e da miséria, não pode ser realizado, a menos que se criem as condições que permitam a cada um gozar de seus direitos civis e políticos, assim como de seus direitos econômicos, sociais e culturais.

Os Pactos Internacionais, diga-se de passagem, deveriam ser um só, a detalhar a Declaração Universal dos Direitos Humanos, não o sendo em função da Guerra Fria, que impedia os blocos socialista e liberal de verem — como hoje não resta dúvida — os direitos humanos numa perspectiva integral. De qualquer forma, os pactos representam a jurisdicização da Declaração Universal de Direitos Humanos, na medida em que detalham e ampliam os direitos nela contidos.

O Pacto Internacional de Direitos Civis e Políticos enuncia os seguintes direitos: 1) à igualdade; 2) às liberdades (de locomoção, de associação, de reunião e de expressão); 3) ao julgamento justo e ao devido processo legal; 4) à vida; 5) à integridade física e à segurança pessoal; 6) à privacidade; 7) à paz; 8) à família; 9) ao casamento. Além de detalhar e ampliar direitos em relação à Declaração Universal, o Pacto Internacional de Direitos Civis e Políticos institui o Comitê de Direitos Humanos, com a competência de monitorar a sua implementação, por meio do recebimento e da análise de relatórios periódicos dos Estados e da apresentação de comunicações pelos Estados em relação a outros (que tenham aceitado formalmente essa possibilidade).

Os dois Protocolos Facultativos foram adotados pelas Nações Unidas com a finalidade de ampliar as conquistas em torno dos direitos humanos civis e políticos: o Protocolo I, que estabelece a possibilidade de apresentação de comunicações individuais ao Comitê de Direitos Humanos; e o Protocolo II, que proíbe a pena de morte[8].

São os seguintes os direitos constantes do Pacto Internacional de Direitos Econômicos, Sociais e Culturais: 1) ao trabalho; 2) à associação em sindicatos; 3) à greve; 4) à previdência social; 5) à constituição e manutenção da família; 6) à proteção especial de crianças e adolescentes contra a exploração econômica e no trabalho; 7) à proteção contra a fome; 8) à cooperação internacional; 9) à saúde física e mental; 10) à educação; 11) ao respeito à cultura de cada povo e região; 12) ao progresso científico e técnico: 13) à alimentação; 14) ao vestuário; 15) à moradia adequada.

Diferentemente do que aconteceu com o Pacto Internacional de Direitos Civis e Políticos, o Pacto Internacional de Direitos Econômicos, Sociais e Culturais (PIDESC) estabeleceu um sistema de monitoramento restrito à apresentação de relatórios periódicos elaborados pelos Estados, a serem apresentados, a partir do primeiro ano da entrada em vigor do Pacto, ao secretário geral, que encaminhará cópia ao Conselho Econômico e Social:

> Art. 16 — 1. Os Estados-partes no presente Pacto comprometem-se a apresentar, de acordo com as disposições da presente parte do Pacto, relatórios sobre as medidas que tenham adotado e sobre o progresso realizado, com o objetivo de assegurar a observância dos direitos reconhecidos no Pacto.

Só em 1987, por meio de resolução, é que foi criado o Comitê de Direitos Econômicos, Sociais e Culturais com a atribuição de monitorar a implementação do PIDESC, mediante a elaboração de relatórios ou pareceres com conclusões e recomendações para os Estados. Ao comitê foi dada também a prerrogativa de receber relatórios alternativos da sociedade civil dos Estados ratificantes do Pacto, o que resultou num aper-

---

[8] O Brasil ainda não ratificou os referidos protocolos.

feiçoamento do sistema, num esforço por atribuir igualdade aos direitos humanos econômicos, sociais e culturais, em relação aos direitos humanos civis e políticos, que já contavam, e de modo convencional, com um sistema de monitoramento.

Os elementos-chave para a interpretação do PIDESC estão contidos no seu artigo 2º:

> Os Estados-partes no presente Pacto comprometem-se a adotar medidas, tanto por esforço próprio como pela assistência e cooperação internacionais, principalmente nos planos econômico e técnico, até o máximo de seus recursos disponíveis, que visem a assegurar, progressivamente, por todos os meios apropriados, o pleno exercício dos direitos reconhecidos no presente Pacto, incluindo, em particular, a adoção de medidas legislativas[9,10].

Há alguns anos, encontra-se em discussão na Comissão de Direitos Humanos da ONU um projeto de Protocolo Facultativo ao PIDESC, elaborado pelo Comitê de Direitos Econômicos, Sociais e Culturais, que busca, em primeiro lugar, atribuir *status* convencional ao comitê e estabelecer um sistema de petições individuais relacionado a direitos humanos econômicos, sociais e culturais, ampliando, assim, as possibilidades de justiciabilidade para tais direitos. Há vozes defendendo também a apresentação de petições pelos países, proposta que encontra sérias resistências no âmbito da ONU. Apesar de encontrar-se em negociação há cerca de cinco anos, não há previsão de aprovação do Protocolo.

A Declaração sobre o Direito ao Desenvolvimento, de 1986, buscou ampliar as ferramentas direcionadas à proteção dos direitos humanos econômicos, sociais e culturais, embora seja uma declaração — e não um tratado —, portanto desprovida de capacidade jurídica de obrigatoriedade em relação aos Estados. Apesar dessa limitação, a Declaração conta com a mais clara definição para o princípio da indivisibilidade dos direitos humanos contida num instrumento internacional. Seu preâmbulo diz:

---

[9] Ver Princípios de Limburgo, que detalham a interpretação do art. 2º do Pacto Internacional de Direitos Econômicos, Sociais e Culturais. United Nations. Documento E.CN. 4, *Human Rights Quarterly*, vol. 9, n. 2.

[10] Sobre os Princípios de Limburgo ver também: E. ROBERTSON, Robert. Measuring State Compliance with the Obligation to devoter the "Maximum Available Resources" to Realizing Economic, Social and Cultural Rights, *Human Rights Quarterly*, vol. 16, n. 4. Cincinnatti: The Johns Hopkins University Press, 1994.

Preocupada com a existência de sérios obstáculos ao desenvolvimento, assim como à completa realização dos seres humanos e dos povos, constituídos, *inter alia*, pela negação dos direitos civis, políticos, econômicos, sociais e culturais, e considerando que todos os direitos humanos e as liberdades fundamentais são indivisíveis e interdependentes, e que, para promover o desenvolvimento, devem ser dadas atenção igual e consideração urgente à implementação, promoção e proteção dos direitos civis, políticos, econômicos, sociais e culturais, e que, por conseguinte, a promoção, o respeito e o gozo de certos direitos humanos e liberdades fundamentais não podem justificar a negação de outros direitos humanos e liberdades fundamentais.

Ainda em seu preâmbulo, a Declaração define "desenvolvimento" como "um processo econômico, social, cultural e político abrangente", com o que reafirma a idéia da indivisibilidade, "que visa ao constante incremento do bem-estar de toda a população e de todos os indivíduos com base em sua participação ativa, livre e significativa no desenvolvimento e na distribuição justa dos benefícios daí resultantes".

De igual importância é o reconhecimento, também contido no preâmbulo do Pacto, de que "violações massivas e flagrantes aos direitos humanos" são resultado do

"colonialismo, neocolonialismo, *apartheid*, de todas as formas de racismo e discriminação racial, dominação estrangeira e ocupação, agressão e ameaças contra a soberania nacional, à unidade nacional e à integridade territorial de ameaças de guerra".

O reconhecimento é de grande importância na perspectiva da construção de um futuro em que não sejam cometidos os erros do passado, no sentido em que abre caminho para a validação das políticas de ação afirmativa. Na Declaração consta ainda o reconhecimento de que a paz e a segurança internacionais dependem do respeito aos direitos humanos econômicos, sociais e culturais e são essenciais para a garantia do direito ao desenvolvimento.

Em remissão ao art. 2º do PIDESC, o preâmbulo da Declaração sobre o Direito ao Desenvolvimento estabelece a "responsabilidade primária dos Estados" na criação das condições favoráveis ao desenvolvimento, em vinculação com a participação ativa das sociedades nacionais:

Confirmando que o direito ao desenvolvimento é um direito humano inalienável e que a igualdade de oportunidade para o desenvolvimento é uma prerrogativa tanto das nações quanto dos indivíduos que compõem as nações;

A Convenção sobre a Eliminação de Todas as Formas de Discriminação contra a Mulher, CEDAW — (Convention on the Elimination of All Discriminations Against Women), de 1979, já em seu preâmbulo justifica os direitos da mulher como uma necessidade para a sociedade moderna se desenvolver, e demonstra a preocupação com a situação de particular vulnerabilidade da mulher (incluindo a femininização da pobreza). O art. 4º da CEDAW respalda a aplicação de políticas de ação afirmativa, enquanto forma de reparar e superar injustiças cometidas no passado:

> A adoção pelos Estados-partes de medidas especiais de caráter temporário destinadas a acelerar a igualdade de fato entre o homem e a mulher não se considerará discriminação na forma definida nesta Convenção, mas de nenhuma maneira implicará, como conseqüência, a manutenção de normas desiguais ou separadas; essas medidas cessarão quando os objetivos de igualdade de oportunidade e tratamento houverem sido alcançados.

Também importante é a definição do art. 10º da CEDAW, que estabelece a igualdade de acesso à educação para as mulheres, em todos os níveis, assim como os artigos 11 e 12, que, respectivamente, estabelecem a igualdade de acesso ao emprego e à saúde. A eliminação de barreiras na esfera da vida econômica e social está prevista no art. 13 (benefícios familiares, comércio, recreação, cultura).

A CEDAW criou o Comitê dos Direitos da Mulher, com prerrogativa de monitorar sua implementação. Formado por 18 membros, o Comitê deve examinar relatórios oferecidos pelos Estados membros da Convenção, informando sobre "as medidas legislativas, judiciárias, administrativas ou outras que adotarem para tornarem efetivas as disposições desta Convenção e os progressos alcançados a respeito", pelo menos a cada quatro anos ou sempre que o Comitê solicitar.

Em 2002, o Brasil ratificou o Protocolo Facultativo à CEDAW, que, entre outras medidas, estabelece a possibilidade de apresentação de comunicações individuais, por parte de qualquer pessoa do país membro da Convenção, ao Comitê. Esse importante passo do Brasil irá possibilitar um grande avanço na implementação dos direitos da mulher para os grupos de direitos humanos do país.

A Convenção sobre os Direitos da Criança, de 1989, que influenciou profundamente a legislação brasileira através da Constituição Federal e do Estatuto da Criança e do Adolescente, dá destaque à necessidade de respeito aos direitos humanos civis, políticos, econômicos, sociais culturais para as crianças, embora seja evidente a preocupação especial com dois desses direitos: o direito à saúde, constante do art. 24 (inclusive em suas dimensões de redução da mortalidade infantil, universalização dos serviços básicos de saúde, assistência pré e pós-natal às mães, adoção de medidas de saúde preventiva), e o direito à educação, constante do art. 28, mas desdobrado em outras partes da Convenção. O art. 4º dá bem a dimensão de busca de respeito integral aos direitos humanos econômicos, sociais e culturais, na medida em que reedita parte do art. 2º do Pacto Internacional de Direitos Econômicos, Sociais e Culturais:

> Os Estados-partes tomarão todas as medidas apropriadas, administrativas, legislativas e outras, para a implementação dos direitos reconhecidos nesta Convenção. Com relação aos direitos econômicos, sociais e culturais, os Estados-partes tomarão tais medidas no alcance máximo de seus recursos disponíveis e, quando necessário, no âmbito da cooperação internacional.

É importante mencionar, entre tantas normas com repercussão para os direitos humanos econômicos, sociais e culturais, os artigos 17, 18 e 23 da Convenção sobre os Direitos da Criança, que se referem, respectivamente, à necessidade de encorajamento, por parte do poder público, dos meios de comunicação para a difusão da informação e dados de benefício social e cultural à criança; à necessidade de manutenção de serviços de assistência social e creches para crianças e adolescentes; e ao reconhecimento das crianças portadoras de "deficiências físicas ou mentais" como devendo "desfrutar de uma vida plena e decente em condições que garantam sua dignidade, favoreçam sua autonomia e facilitem sua participação ativa na comunidade".

No campo dos direitos humanos civis e políticos, a Convenção sobre os Direitos da Criança define "criança" como todo ser humano com idade abaixo de 18 anos (art. 1º), digno de respeito sem qualquer tipo de discriminação (art. 2º) e de atenção e de proteção especial (arts. 3º, 11,

40) sempre que seu interesse estiver em jogo. Encontram-se também entre essa categoria de direitos os direitos a um nome e à nacionalidade (art. 7º), à preservação da identidade (art. 8º), a fazer parte de uma família (arts. 5º, 9º, 10º), ao respeito de sua opinião e expressão (arts. 12, 13, 14), à proteção da privacidade (art. 16), ao acesso à informação (art. 17), à integridade física e psicológica (arts. 19, 23, 34, 35, 36, 37, 38, 39).

Como dispõe a Convenção no seu art. 43, é criado o Comitê para os Direitos da Criança, integrado por dez especialistas, e dotado de competência para monitorar a implementação daquele instrumento, examinando os relatórios que devem ser apresentados pelos Estados-partes ao Comitê a cada cinco anos.

Respaldada pelas idéias de que "a doutrina da superioridade baseada em diferenças raciais é cientificamente falsa, moralmente condenável, socialmente injusta e perigosa" e de que "a discriminação entre as pessoas por motivo de raça, cor ou origem étnica é um obstáculo às relações amistosas e pacíficas entre as nações e é capaz de perturbar a paz e a segurança entre os povos e a harmonia de pessoas vivendo lado a lado", constantes de seu preâmbulo, a Convenção Internacional sobre a Eliminação de Todas as Formas de Discriminação Racial, de 1968, tem o grande mérito de convalidar as políticas de ação afirmativa enquanto remédios temporários de inclusão social de grupos étnicos e raciais. O art. 1º, 4 é claro nesse sentido, de modo semelhante ao estabelecido pela Convenção sobre a Eliminação de Todas as Formas de Discriminação contra a Mulher:

> Não serão consideradas discriminação racial as medidas especiais tomadas com o único objetivo de assegurar o progresso adequado de certos grupos raciais ou étnicos ou de indivíduos que necessitem da proteção que possa ser necessária para proporcionar a tais grupos ou indivíduos igual gozo ou exercício de direitos humanos e liberdades fundamentais, contanto que tais medidas não conduzam, em conseqüência, à manutenção de direitos separados para diferentes grupos raciais e não prossigam após terem sido alcançados os seus objetivos.

A norma em favor da aplicação de políticas de ação afirmativa é reforçada pelo art. 2º, 2 da Convenção, que dispõe:

> Os Estados-partes tomarão, se as circunstâncias o exigirem, nos campos social, econômico, cultural e outros, medidas especiais e

concretas para assegurar, como convier, o desenvolvimento ou a proteção de certos grupos raciais ou de indivíduos pertencentes a esses grupos, com o objetivo de garantir-lhes, em condições de igualdade, o pleno exercício dos direitos humanos e das liberdades fundamentais. Essas medidas não deverão, em caso algum, ter a finalidade de manter direitos desiguais ou distintos para os diversos grupos raciais, depois de alcançados os objetivos, em razão dos quais foram tomadas.

Entre os direitos humanos mencionados pela Convenção, no art. 5º, alínea *e*, encontram-se, a título exemplificativo, os direitos ao trabalho, a fundar sindicatos e a eles se filiar, à habitação, à saúde pública, à previdência social, à educação, à formação profissional e à igual participação nas atividades culturais.

Conforme descrito nos artigos 8º e 9º, a Convenção criou o Comitê sobre a Eliminação da Discriminação Racial, composto por dezoito especialistas, com o mandato de monitorar a implementação do tratado, através do exame de relatórios dos países-membros que devem ser apresentados a cada quatro anos. De acordo com o art. 14.1, o Comitê tem competência para receber e analisar comunicações individuais denunciando violações à Convenção. No entanto, isto só é possível para Estados-partes que fizeram uma declaração específica aceitando tal competência.

Por fim, a Convenção contra a Tortura e Outros Tratamentos ou Penas Cruéis, Desumanos ou Degradantes, de 1984, parte da idéia, constante de seu preâmbulo, de que os direitos humanos "emanam da dignidade inerente à pessoa humana" e da necessidade de concretizar "o artigo 5º da Declaração Universal de Direitos Humanos e o artigo 7º do Pacto Internacional de Direitos Civis e Políticos, que determinam que ninguém será sujeito a tortura ou a pena ou tratamento cruel, desumano ou degradante".

A Convenção designa como tortura, nos termos do Art. 1º:

" (...) qualquer ato pelo qual dores ou sofrimentos agudos, físicos ou mentais, são infligidos intencionalmente a uma pessoa a fim de *obter*, dela ou de terceira pessoa, *informações ou confissões*; *castigá-la* por ato que ela ou terceira pessoa tenha cometido ou seja suspeita de ter cometido; de *intimidar ou coagir* esta pessoa ou outras pessoas; ou por qualquer motivo baseado em discriminação de qualquer natureza; *quando tais dores ou sofrimentos são infligidos por um funcionário público ou outra pessoa no exercício de funções públicas, ou por sua instigação, ou com o seu consentimento ou aquiescência.* Não se considerará como tortura as dores ou sofrimentos que sejam conseqüência unicamente de sanções legítimas, ou que sejam inerentes a tais sanções ou delas decorram" (destaques nossos).

À luz do referido artigo da Convenção, portanto, internacionalmente o crime de tortura só pode ser cometido por funcionário público (ou pessoa no exercício de função pública), nas situações expostas. Ou seja, um mesmo ato de, por exemplo, infligir dores a alguém num pau-de-arara, se cometido por um policial será considerado, internacionalmente, tortura; se for praticado por um cidadão comum assim não será considerado (poderá ser uma lesão corporal, de acordo com a lei nacional do país em que se verificar). A justificativa para esse tratamento mais rigoroso com os funcionários públicos é a responsabilidade que eles têm com a garantia e a proteção dos direitos humanos. Com efeito, o ato de causar intencionalmente[11] a uma pessoa dores ou sofrimentos agudos, físicos ou mentais, com a finalidade de obter informações ou confissões, castigar, intimidar ou coagir, se reveste de maior gravidade quando cometido por um agente público, cuja missão é proteger o cidadão, zelando para que este seja processado e julgado — quando houver fato criminoso a ele imputado — com as garantias do devido processo legal (acesso a advogado, ampla defesa etc.).

É importante mencionar, de acordo com o art. 10º.1 da Convenção, o compromisso preventivo do Estado com "o ensino e a informação sobre a proibição da tortura" em seu território, por meio da inclusão desse conteúdo

> "no treinamento do pessoal civil ou militar encarregado da aplicação da lei, do pessoal médico, dos funcionários públicos e de quaisquer outras pessoas que possam participar da custódia, interrogatório ou tratamento de qualquer pessoa submetida a qualquer forma de prisão, detenção ou reclusão".

A preocupação com a prevenção da tortura está presente também no art. 11 da Convenção, que se refere à obrigatoriedade para os Esta-

---

[11] Diferentemente do que estabelece a Convenção contra a Tortura, a lei brasileira 9.455/97 considera crime de tortura não apenas os cometidos por funcionários públicos, mas por qualquer cidadão.

dos de manter o controle sobre as "normas, instruções, métodos e práticas de interrogatório, bem como as disposições sobre a custódia e o tratamento das pessoas submetidas (...) a qualquer forma de prisão, detenção ou reclusão, com vistas a evitar qualquer caso de tortura". No plano mais repressivo, o art. 12 compromete os estados-partes a "assegurar que suas autoridades competentes" procedam "imediatamente a uma investigação imparcial", sempre que houver uma alegação de tortura.

O art. 14.1 da referida Convenção busca assegurar que os Estados estabeleçam em seu sistema jurídico "o direito à reparação e à indenização justa e adequada" para as vítimas ou familiares de vítimas de tortura.

Conforme dispõe o art. 17.1, a Convenção cria o Comitê contra a Tortura, composto de dez membros especialistas no tema, com a função de monitorar a implementação do tratado, por meio da análise de relatórios periódicos fornecidos pelos Estados. Este Comitê também pode receber e encaminhar comunicações individuais sobre alegação de tortura, conforme estabelece o art. 22.1 da Convenção. Para tanto, porém, o Estado-parte onde haja ocorrido o fato deve ter declarado que reconhece esta competência do Comitê.

Além dos relatórios dos Estados-partes, os comitês de monitoramento dos tratados de direitos humanos da ONU estão autorizados a receber relatórios alternativos (também chamados relatórios paralelos ou relatórios-sombra), elaborados por entidades da sociedade civil dos Estados, os quais devem ser apreciados na qualidade de informação complementar à prestada por estes.

## 3. Mecanismos do Sistema Global de Proteção dos Direitos Humanos

Os mecanismos de proteção dos direitos humanos podem ser de dois tipos: convencionais e extraconvencionais. Seu funcionamento está sob a responsabilidade direta da Comissão de Direitos Humanos da ONU. Esta, por sua vez, tem sua atuação balizada pelo Conselho Econômico e Social (ECOSOC).

Passamos a distinguir os mecanismos convencionais e extraconvencionais:

## 3.1. Mecanismos convencionais (treaty-monitoring bodies)

Os mecanismos convencionais de proteção dos direitos humanos são assim chamados porque foram estabelecidos por meio de convenções. De uma maneira geral, são organismos compostos por especialistas que atuam em sua responsabilidade individual, portanto com independência em relação aos países dos quais são provenientes. À exceção do Comitê sobre os Direitos da Mulher, integrado por 23 membros, do Comitê sobre os Direitos da Criança e do Comitê contra a Tortura, integrados por 10 membros, os demais comitês são formados por 18 membros. Esses comitês têm a competência de examinar relatórios dos governos e da sociedade civil, na perspectiva do monitoramento da implementação dos tratados nos Estados-partes.

São os seguintes os comitês responsáveis pelo monitoramento dos tratados que constituem os *treaty-monitoring bodies* no âmbito das Nações Unidas:

- Comitê de Direitos Humanos
  *Monitora a implementação do Pacto Internacional de Direitos Civis e Políticos (art. 28)*

- Comitê contra a Tortura e Outros Tratamentos Cruéis, Desumanos ou Degradantes
  *Monitora a implementação da Convenção contra a Tortura e Outros Tratamentos Cruéis, Desumanos ou Degradantes (art. 22)*

- Comitê sobre a Eliminação de Todas as Formas de Discriminação Racial
  *Monitora a implementação da Convenção sobre a Eliminação de Todas as Formas de Discriminação Racial (art. 14)*

- Comitê sobre os Direitos da Criança
  *Monitora a implementação da Convenção sobre os Direitos da Criança (art. 43)*

- Comitê sobre a Eliminação de Todas as Formas de Discriminação contra a Mulher
  *Monitora a implementação da Convenção sobre a Eliminação de Todas as Formas de Discriminação contra a Mulher (art. 21)*

- Comitê de Direitos Econômicos, Sociais e Culturais
  *Monitora a implementação do Pacto Internacional de Direitos Econômicos, Sociais e Culturais (criado por resolução do Conselho Econômico e Social)*[12]

Ao serem responsabilizados pelo exame de relatórios fornecidos pelos Estados-partes (e pela sociedade civil desses Estados), os comitês de monitoramento dos tratados de direitos humanos elaboram pareceres que têm a finalidade de auxiliar os países a melhorar a implementação daqueles tratados, no plano interno. Na avaliação do Comitê de Direitos Econômicos, Sociais e Culturais,

> "embora as observações finais do Comitê, em particular suas sugestões e recomendações, não sejam de caráter legalmente vinculante, elas revelam a opinião do único órgão de especialistas encarregado de fazer essas declarações e capaz de fazê-las. Em conseqüência, os estados-partes que menosprezarem essas opiniões ou que não as acatarem na prática estariam demonstrando má-fé no cumprimento de suas obrigações derivadas do Pacto. Em vários casos tem-se observado mudanças em matéria de política, prática e legislação que se deveram pelo menos em parte às observações finais do Comitê"[13].

Além de observações finais, os presidentes dos comitês podem dirigir cartas aos Estados-partes com a finalidade de informá-los sobre as preocupações desses órgãos de monitoramento. Os comitês têm também a prerrogativa de adotar projetos de decisão para eventual aprovação pelo Conselho Econômico e Social. Assim acontece, por exemplo, quando o Comitê pede a um Estado-parte que o convide a visitar o país e, assim, possa proporcionar ao governo a assistência técnica ou de outro tipo que venha a ser útil com vistas à plena aplicação dos tratados.

---

[12] Embora seja o único criado por meio de resolução, o Comitê de Direitos Econômicos, Sociais e Culturais da ONU é classificado pelos autores como integrante dos mecanismos convencionais de proteção dos direitos humanos. A própria ONU, em seu *site* oficial, no entanto, deixa clara a sua origem: "Diferentemente dos outros cinco órgãos de direitos humanos criados em virtude de tratados, o Comitê de Direitos Econômicos, Sociais e Culturais não foi criado em virtude do instrumento correspondente. Antes, o Comitê foi criado pelo Conselho Econômico e Social, com base na defeituosa atuação dos órgãos aos quais se havia encomendado anteriormente a vigilância do Pacto". (texto em http://www.unhchr.ch/spanish/folletos informativos).

[13] Texto em http://www.unhchr.ch/spanish/folletos informativos

"Até o momento, o Comitê (de Direitos Econômicos, Sociais e Culturais) pediu em duas ocasiões para que fosse convidado a visitar os territórios de estados-partes (a República Dominicana e o Panamá). Entretanto, só em um desses casos (Panamá) recebeu o convite necessário para a missão, que se realizou em abril de 1995"[14].

Outra função dos comitês é a de elaborar observações gerais sobre os direitos e as disposições contidos nos tratados, com vistas a assistir os Estados-partes no cumprimento de suas obrigações concernentes à apresentação de informes e contribuir para esclarecer sobre a interpretação do significado e do conteúdo dos tratados de direitos humanos. A aprovação de observações gerais é uma maneira de promover a aplicação dos tratados pelos Estados-partes, na medida em que sejam apontadas as carências reveladas em muitos informes, e facilitar para que determinadas disposições dos tratados recebam maior atenção dos Estados, dos organismos das Nações Unidas e de outras entidades, com a finalidade de que se possa alcançar progressivamente a plena efetividade dos direitos proclamados nos tratados. Além do mais, as observações gerais são um meio de criar jurisprudência em torno da interpretação das normas incorporadas aos tratados de direitos humanos.

Até o ano 2000, o Comitê de Direitos Econômicos, Sociais e Culturais adotou quatorze observações gerais, a saber: observação geral n. 1 (1989), sobre a apresentação de informes por parte dos Estados-partes; observação geral n. 2 (1990), sobre as medidas de assistência técnica internacional (artigo 22 do Pacto); observação geral n. 3 (1990), sobre a índole das obrigações dos Estados-partes (parágrafo 1º do artigo 2º do Pacto); observação geral n. 4 (1991), sobre o direito à moradia adequada (parágrafo 1º do artigo 11 do Pacto); observação geral n. 5 (1994), sobre as pessoas portadoras de necessidades especiais; e a observação geral n. 6 (1995), sobre os direitos econômicos, sociais e culturais das pessoas idosas; observação geral n. 7 (1997), sobre o direito à moradia adequada (art. 11.1 do Pacto): despejos; observação geral n. 8 (1997), sobre a relação entre sanções econômicas e o respeito aos direitos econômicos, sociais e culturais; observação geral n. 9 (1998), sobre a aplicação doméstica do Pacto; observação geral n. 10 (1998), sobre o papel das instituições nacionais de direitos humanos na proteção dos direitos econômi-

---

[14] Texto em http://www.unhchr.ch/spanish/folletos informativos

cos, sociais e culturais; observação geral n. 11 (1999), sobre os planos de ação para a educação primária; observação geral n. 12 (1995), sobre o direito à alimentação adequada; observação n. 13 (1999), sobre o direito à educação; e observação n. 14 (2000), sobre o direito ao mais alto padrão de saúde[15].

Em seu relatório CAT/C/XXVI/Concl.6/Rev.1, de 16 de maio de 2001, o Comitê contra a Tortura considerou o seguinte sobre o Brasil, após examinar os relatórios apresentados pelo governo federal e por entidades da sociedade civil brasileira:

"I. Introdução

1. O Comitê considerou o relatório inicial do Brasil (CAT/C/9/Add.16) nos 468°, 471° e 481° encontros realizados em 8, 9 e 16 de maio de 2001 (CAT/C/SR.468, 471 e 481), e adotou as seguintes conclusões e recomendações:

2. O Comitê saúda o relatório inicial do Brasil, e nota que este relatório, que deveria ter sido submetido em outubro de 1990, chegou com um excessivo atraso de 10 anos. O Brasil ratificou a Convenção em 28 de setembro de 1989, sem nenhuma reserva. O Estado-parte não fez as declarações previstas nos artigos 21 e 22.

3. O relatório não foi redigido em plena conformidade com as orientações relativas à elaboração dos relatórios iniciais dos Estados-partes. No entanto, o Comitê expressa seu apreço quanto ao caráter notavelmente franco e autocrítico do relatório, que, além disso, foi elaborado conjuntamente com uma instituição acadêmica não-governamental. O Comitê também saúda as informações complementares fornecidas pela delegação do Estado-parte e sua apresentação oral, e o construtivo diálogo que foi estabelecido.

II. Aspectos positivos

4. O Comitê nota satisfatoriamente os seguintes aspectos em particular:

(a) a vontade política expressa pelo Estado-parte para combater a prática da tortura e sua prontidão para cooperar, para este fim, com os órgãos da Organização das Nações Unidas (ONU) e com as organizações regionais;

---

[15] Texto em http://www.unhchr.ch/spanish/folletos informativos

(b) a franqueza e a transparência com a qual o Governo reconhece a existência, a gravidade e a amplitude da prática da tortura no Brasil;

(c) os esforços do Estado-parte no que concerne à implementação de um programa de educação e uma campanha nacional pela promoção dos direitos humanos, previstos para junho de 2001, direcionados a sensibilizar a opinião pública e os atores oficiais envolvidos na luta contra a tortura. O Comitê reputa igualmente favoráveis as outras medidas tomadas pelo Estado-parte para responder às preocupações do Relator Especial sobre a tortura logo após sua visita ao país.

(d) a promulgação, em abril de 1997, da lei 9.455/97 sobre a tortura, que introduz no direito penal brasileiro a qualificação criminal da tortura associada às penas adequadas;

(e) a criação de diversos órgãos destinados a reforçar o respeito aos direitos humanos, notavelmente a Comissão de Direitos Humanos da Câmara dos Deputados, a Secretaria de Estado dos Direitos Humanos do Ministério da Justiça, a Procuradoria Federal de Direitos Humanos e, em alguns estados, as Comissões de Direitos Humanos;

(f) a legislação relativa aos refugiados, assim como a criação de um procedimento destinado a assegurar que um solicitante de asilo não seja mandado de volta a um Estado onde haja sérios motivos que levem a crer que ele ou ela esteja em perigo de ser submetido à tortura;

(g)o controle externo da polícia pelo Ministério Público e os esforços do Estado-parte para reforçar uma supervisão externa e independente mediante a criação de *ombudsmen* da polícia em diversos estados;

(h) as contribuições regularmente pagas pelo Estado-parte ao Fundo de Contribuição Voluntária das Nações Unidas para as vítimas de tortura.

### III. Temas preocupantes

5.O Comitê se declara preocupado com os seguintes aspectos:

(a) A persistência de uma cultura que aceita os abusos perpetrados pelos agentes públicos, as numerosas alegações de atos de tortura e de tratamentos cruéis, desumanos ou degradantes, tanto nas delegacias como nas prisões e estabelecimentos das forças armadas, e a impunidade de fato desfrutada pelos responsáveis por estes atos;

(b) a superpopulação e as péssimas condições materiais e higiênicas dos estabelecimentos penitenciários, a ausência de serviços essenciais, em particular de atendimento médico apropriado, e a violência entre os prisioneiros, assim como os abusos sexuais. O Comitê está particularmente preocupado com as alegações de maus-tratos e de tratamento discriminatório quanto ao acesso aos serviços essenciais já limitados, de certos grupos, notadamente em bases de origem social e orientação sexual;

(c) Os longos períodos de detenção pré-julgamento e a lentidão do procedimento judicial que, somados à superpopulação carcerária, resultam no encarceramento de condenados e acusados aguardando julgamento nas delegacias e outras casas de detenção insuficientemente equipadas para longos períodos de detenção, o que pode constituir uma violação das disposições previstas no artigo 16 da Convenção;

(d) A falta de formação dos oficiais da lei, em todos os níveis, assim como da equipe médica, conforme o artigo 10º da Convenção;

(e) a competência da polícia para conduzir as investigações das denúncias de crimes de tortura cometidos por membros das forças da polícia, sem um controle efetivo da prática pelo Ministério Público, o que resulta no impedimento de investigações imediatas e imparciais, contribuindo para a impunidade daqueles que cometeram tais atos;

(f) a ausência de um procedimento institucionalizado e acessível que garanta às vítimas dos atos de tortura o direito de obter reparação e indenização justas e de maneira adequada, como previsto no artigo 14 da Convenção;

(g) a ausência, na legislação brasileira, de uma interdição explícita do uso, como prova nos procedimentos judiciais, de qualquer confissão ou declaração sob tortura.

**IV. Recomendações**

6. O Comitê faz as seguintes recomendações:

(a) O Estado-parte deve assegurar que a interpretação da lei no crime de tortura seja efetuada em conformidade com o artigo 1 da Convenção;

(b) O Estado-parte deve tomar todas as medidas necessárias para assegurar que investigações imediatas e imparciais sejam tomadas, sob o controle efetivo do Ministério Público, em todas as denúncias de tortura ou de tratamentos cruéis, desumanos ou degradantes, incluindo atos cometidos por membros das forças policiais. No decorrer de tais investigações, os oficiais devem ser suspensos de suas funções;

(c) Todas as medidas necessárias devem ser adotadas para garantir a qualquer pessoa, privada de sua liberdade e de seu direito à defesa e, conseqüentemente, o direito de ser assistida por um advogado, se necessário às custas do Estado;

(d) Medidas urgentes devem ser tomadas para melhorar as condições das detenções nas delegacias e prisões, e o Estado-parte deve, além de tudo, redobrar seus esforços para remediar a superpopulação e estabelecer um sistema de supervisão sistemático e independente que monitore o tratamento das pessoas presas, detidas ou aprisionadas;

(e) O Estado-parte deve reforçar atividades de educação e promoção dos direitos humanos em geral, e sobre a proibição da prática de tortura em particular, para os funcionários encarregados do cumprimento da lei, assim como da equipe médica, e introduzir uma formação nestes temas nos programas de ensino oficial para benefício de gerações futuras;

(f) Medidas devem ser tomadas para regular e institucionalizar os direitos das vítimas de tortura à compensação justa e adequada, paga pelo Estado, e para estabelecer programas para o máximo de reabilitação física e mental destas;

(g) O Estado deve proibir explicitamente o uso como prova nos procedimentos judiciais de qualquer declaração obtida sob tortura;

(h) O Estado deve fazer as declarações previstas nos artigos 21 e 22 da Convenção;

(i) O segundo relatório periódico do Estado-parte deve ser submetido o mais rápido possível para ajustar-se ao prazo previsto no artigo 19 da Convenção, e incluir em particular: (I) a jurisprudência pertinente relativa à interpretação de tortura; (II) informações detalhadas das alegações investigações e condenações relativas aos atos de tortura cometidos por agentes públicos; e (III) informações concernentes às medidas tomadas pelas autoridades públicas para implementar, no país inteiro, as recomendações do Comitê e também aquelas do Relator Especial sobre a Tortura ao qual a delegação do Estado-parte se referiu durante o diálogo com o Comitê"[16].

### 3.2. Mecanismos extraconvencionais (Procedimentos especiais/ special procedures)

Os mecanismos extraconvencionais de proteção dos direitos humanos são aqueles criados por meio de resolução de órgãos legislativos da ONU, como a Comissão de Direitos Humanos, o Conselho Econômico e Social ou a Assembléia Geral. Eles não resultam de convenções, embora, em última instância, sejam autorizados por elas, no sentido de que medidas devem ser tomadas pelos Estados-partes para assegurar o cumprimento dos tratados, nos termos, por exemplo, do que estabelece o art. 2º do Pacto Internacional de Direitos Econômicos, Sociais e Culturais. Constituem os "mecanismos" "mandatos" ou "sistema de procedimentos especiais" por intermédio dos quais as Nações Unidas buscam avançar na implementação dos direitos humanos.

#### 3.2.1. Relatores especiais, representantes especiais, experts independentes

Os mecanismos extraconvencionais das Nações Unidas datam de 1979, e foram criados com a finalidade de examinar violações cometidas pelos países. Na ocasião, havia a avaliação de uma certa impotência da ONU diante das massivas e graves violações aos direitos humanos ocorridas em diversas partes do mundo. Os relatores especiais, representantes especiais ou *experts* independentes têm seu mandato estabelecido pela Comissão de Direitos Humanos das Nações Unidas, órgão ao qual devem prestar contas anualmente, durante a reunião da Comissão,

---

[16] NAÇÕES UNIDAS. Documento CAT/C/XXVI/Concl.6/Rev.1. Genebra, 2001.

em Genebra. A Comissão estabelece dois tipos de mandatos: temáticos — quando se referem a situações específicas de direitos humanos — e por países — quando se referem à situação dos direitos humanos em determinados países.

Em termos gerais, aos relatores especiais, representantes especiais ou *experts* independentes são atribuídos os poderes de investigar situações de direitos humanos, através de visitas *in loco*, receber denúncias ou comunicações, e oferecer recomendações de como solucioná-las. São, assim, uma contribuição, no plano internacional, para que os países consigam implementar seus compromissos com os direitos humanos, resultado da ratificação de instrumentos internacionais e dos seus próprios instrumentos nacionais (constituições, leis ordinárias, programas e planos de direitos humanos) de proteção dos direitos humanos.

Embora sejam considerados mecanismos extraconvencionais da ONU, os relatores especiais são os "*experts* em missão" previstos na Convenção sobre Privilégios e Imunidades das Nações Unidas, de 1946[17], instrumento que, de alguma forma, respalda convencionalmente a sua ação.

Atualmente, existem os seguintes relatores especiais, representantes especiais ou *experts* independentes relacionados a temas de direitos humanos:

— Relator especial sobre Execuções Sumárias, Arbitrárias ou Extrajudiciais
— Relator especial sobre a Independência dos Juízes
— Relator especial sobre a Tortura e Outros Tratamentos Cruéis, Desumanos ou Degradantes
— Representante especial sobre Refugiados Internos
— Relator especial sobre Intolerância Religiosa
— Relator especial sobre o Uso de Mercenários como Meio de Impedir o Exercício do Direito à Autodeterminação dos Povos
— Relator especial sobre Liberdade de Opinião e Expressão
— Relator especial sobre Racismo, Discriminação Racial e Xenofobia
— Relator especial sobre Venda de Crianças, Prostituição e Pornografia Infantil
— Relator especial sobre a Eliminação da Violência contra a Mulher

---

[17] OFFICE OF THE UNITED NATIONS HIGH COMMISSIONER FOR HUMAN RIGHTS. *Seventeen Frequently Asked Questions About United Nations Special Rapporteurs.* Fact Sheet n. 27. Geneva. P. 1. 2000. P. 4.

— Relator especial sobre os Efeitos do Lixo Tóxico e Produtos Perigosos para o Gozo dos Direitos Humanos
— Relator especial sobre o Direito à Educação
— Relator especial sobre Direitos Humanos e Extrema Pobreza
— Relator especial sobre o Direito à Alimentação
— Relator especial sobre o Direito à Moradia Adequada
— *Expert* independente sobre os Efeitos do Ajuste Estrutural nas Políticas de Direitos Econômicos, Sociais e Culturais e Direito ao Desenvolvimento
— Representante especial sobre Defensores de Direitos Humanos
— Representante especial sobre a Proteção de Crianças Afetadas por Conflitos Armados
— Relator especial sobre o Direito à Saúde[18]

Os seguintes países possuem, atualmente, relatores especiais: Afeganistão, Guiné Equatorial, República Islâmica do Irã, Iraque, Myamar, Territórios Ocupados da Palestina, Sudão, Ex-Iugoslávia, República Democrática do Congo, Ruanda, Burundi, Camboja, Haiti e Somália.

Os relatores especiais, representantes especiais ou *experts* independentes têm seu trabalho balizado por um termo de mandato estabelecido pela Comissão de Direitos Humanos das Nações Unidas. A depender do interesse da comissão, os relatores podem ter mandatos mais ou menos amplos em relação aos poderes a serem exercidos e ao tempo de execução.

Na resolução E/CN. 4/2001/52, de abril de 2002, sobre o direito à educação, a Comissão de Direitos Humanos da ONU sugere aos Estados que apresentem informação à relatora especial sobre práticas positivas para eliminar a discriminação no acesso ao ensino e promover um ensino de qualidade. Ademais, convida a relatora especial sobre o direito à educação a que prossiga seu trabalho em conformidade com seu mandato e, em particular, que redobre seus esforços por encontrar meios que permitam superar os obstáculos e as dificuldades que se opõem à realização do direito à educação. Orienta também a relatora especial no sentido de seguir colaborando com o Comitê de Direitos Econômicos, Sociais e Culturais e o Comitê de Direitos da Criança, assim como com o Fundo das Nações Unidas para a Infância (UNICEF), a Organização das Nações Unidas para a Educação, a Ciência e a Cultura (UNESCO),

---

[18] Cargo criado em abril de 2002.

a Organização Internacional do Trabalho (OIT) e o Escritório do Alto Comissariado das Nações Unidas para os Refugiados, e que prossiga o diálogo com o Banco Mundial[19].

Em seu relatório de 2002, a relatora especial sobre o direito à educação estabelece as seguintes conclusões e recomendações para o tema, por meio das quais ressalta, junto aos países, a necessidade de que priorizem os investimentos em educação pública de qualidade:

"Como adultos, todos compartilhamos a faculdade de afirmar ou negar o direito das crianças e dos adolescentes à educação. As crianças e os adolescentes só podem ter direitos se desempenharmos nossas obrigações individuais e coletivas. As obrigações estatais em matéria de direitos humanos, tanto as que garantem a segurança pública como o direito à educação, exigem a prestação de serviços públicos bem orçados. A capacidade e a disposição dos governos para levantar fundos e conceder prioridade aos direitos humanos é fundamental para a proteção dos direitos humanos. Em nível interno, a solidariedade é reforçada mediante a obrigação de pagar impostos, com os quais é possível financiar o ensino. Os impostos reduzidos podem parecer populares até que tenham como resultado uma proteção inadequada da segurança pública ou a ruína do ensino estatal. No nível internacional, a universalização do direito à educação se apóia na cooperação internacional para conceder igualdade de oportunidades no gozo do direito à educação, em complementação aos recursos insuficientes dos países pobres.

Durante os períodos de recessão econômica, cresce a importância das atividades de direitos humanos, apesar das dificuldades serem maiores. A mundialização de que se fala muito na teoria tem demonstrado na prática seus efeitos nocivos, ao mundializar o retrocesso cíclico da economia iniciado na segunda metade do ano 2000. A resistência em utilizar a 'palavra r' (recessão) se manteve até depois do 11 de setembro. É nesses momentos de crise econômica que as garantias de direitos humanos são decisivas, especialmente quando estão mais ameaçadas. A vinculação entre a Grande Depressão e a conseqüente afirmação dos direitos

---

[19] NAÇÕES UNIDAS. Documento E/CN. 4/2001/52, 2002.

econômicos e sociais na Declaração Universal de Direitos Humanos é bem conhecida e vale a pena recordá-la nesta conjuntura.

A concessão de prioridade mundial à educação exige que seus benefícios de longo prazo se coloquem à frente das prioridades de curto prazo. A perspectiva de direitos humanos permite o entrelaçamento de questões que tendem a ser tratadas isoladamente num marco jurídico amplo que se aplica em nível tanto nacional como internacional. O marco conceitual integral que constitui o critério de direitos humanos facilita os vínculos intersetoriais em função de que a educação pode se adaptar aos objetivos de erradicação da pobreza, da igualdade de gêneros ou à prevenção do terrorismo e da violência"[20].

Na resolução E/CN.4/RES/2000/9, de 17 de abril de 2000, que versa sobre os direitos humanos econômicos, sociais e culturais, a Comissão de Direitos Humanos das Nações Unidas exorta os países a fazerem os direitos humanos econômicos, sociais e culturais plenamente efetivos, sugerindo para tanto a elaboração de "planos de ação nacionais nos quais se definam as medidas que se deve adotar para melhorar a situação dos direitos humanos em geral com pontos de referência específicos destinados a fazer efetivos os níveis mínimos e essenciais de gozo dos direitos econômicos, sociais e culturais", e a apresentação de "informes regulares e no prazo devido ao Comitê de Direitos Econômicos, Sociais e Culturais", com a "participação de representantes de todos os setores da sociedade civil no processo de preparação de seus informes periódicos ao Comitê na aplicação de suas recomendações". Por fim, nomeia, por um período de três anos, um relator especial com mandato centrado no direito à moradia adequada como elemento integrante do direito a um nível de vida adequado, enunciado no parágrafo 1º do artigo 25 da Declaração Universal de Direitos Humanos, no parágrafo 1º do artigo 11 do Pacto Internacional de Direitos Econômicos, Sociais e Culturais, e no parágrafo 3º do artigo 27 da Convenção sobre os Direitos da Criança, assim como no direito a não ser discriminado, enunciado na alínea *h*) do parágrafo 2º do artigo 14 da Convenção sobre a Eliminação de Todas as Formas de Discriminação contra a Mulher, e na alínea *e*) do artigo 5º da Convenção Internacional sobre a Eliminação de Todas as Formas de Discriminação Racial.

---

[20] NAÇÕES UNIDAS. Documento E/CN. 4/2001/52, 2002, p. 27.

Ao relator especial sobre o direito à moradia adequada, a Comissão pede, entre outras coisas:

(que) "informe sobre a situação, em todo o mundo, do exercício dos direitos a que se refere o mandato, de conformidade com as disposições do instrumento pertinente, e sobre as novidades relativas a esses direitos, particularmente as leis, políticas e práticas recomendadas que redundem no seu exercício, e sobre as dificuldades e os obstáculos que se colocam nos planos nacional e internacional, levando em conta a informação proporcionada pelos governos, as organizações e órgãos do sistema das Nações Unidas, e outras organizações internacionais e organizações não governamentais pertinentes (e que) estabeleça um diálogo regular e trate das possíveis esferas de colaboração com os governos, os organismos especializados e os órgãos das Nações Unidas, as organizações internacionais que se ocupam do direito à moradia, tais como o Centro das Nações Unidas para os Assentamentos Humanos (Habitat), as organizações não governamentais e as instituições financeiras internacionais, e formule recomendações sobre o exercício dos direitos a que se refere o mandato"[21].

Em seu informe de 2002, o relator especial sobre o Direito à Moradia Adequada recomenda o que se segue aos países-membros da ONU:

"A partir do conjunto de análises e recomendações que se tem exposto, o Relator Especial apresenta respeitosamente as sugestões expostas a seguir e solicita à Comissão novas orientações:

a) Dadas as repercussões positivas que tem tido a atuação do Relator Especial nos processos mundiais em exame, a Comissão talvez deseje alentá-lo para que siga assinalando as questões pertinentes ao direito à moradia no período extraordinário de sessões da Assembléia Geral dedicado à infância e na Cúpula Mundial sobre Desenvolvimento Sustentável, e solicitar ao Alto Comissariado das Nações Unidas para os Direitos Humanos e outros órgãos pertinentes que facilitem sua participação nessas conferências;

b) Levando em conta a grave situação de discriminação a respeito da moradia que afeta muitas pessoas e comunidades, assim como

---

[21] NAÇÕES UNIDAS. Documento E/CN.4/RES/2000/9, 2000, p. 2.

da pertinência da aplicação da Convenção Internacional sobre a Eliminação de Todas as Formas de Discriminação Racial nesse contexto, a Comissão poderia recomendar que o Comitê para a Eliminação da Discriminação Racial estude a possibilidade de adotar uma recomendação geral sobre a moradia e a discriminação/segregação em conformidade com os artigos 3º e 5º da Convenção;

c) Em resposta à necessidade urgente de compreender melhor as questões temáticas destacadas no presente informe e de formular recomendações de políticas a esse respeito, o Relator Especial deseja realizar novas investigações sobre o aceso não discriminatório à moradia, à terra e aos serviços conexos, no contexto da aplicação do acordado em Durban e da necessidade de que a globalização seja mais inclusiva. A Comissão poderia pedir ao Alto Comissariado das Nações Unidas para os Direitos Humanos e outros organismos que lhe prestem assistência a esse respeito, entre outras coisas a organização de seminários de especialistas;

d) Levando em conta o vínculo conceitual e prático existente entre o mandato do Relator Especial e a iniciativa da Comissão sobre a questão da igualdade de direitos da mulher no que diz respeito à propriedade de bens, ao acesso à terra e à moradia, e à herança (resolução 2001/34), o Relator Especial deseja contribuir com esse processo dando, no seu próximo informe à Comissão, um enfoque temático a esse respeito;

e) Considerando a necessidade de estabelecer um diálogo mais substantivo com os governos e a sociedade civil em nível regional e sub-regional, poderiam ser organizados diálogos regionais em cooperação com as comissões regionais e as organizações não-governamentais;

f) A Comissão poderia expressar seu agrado pelo estabelecimento do programa conjunto ONU-Habitat/Alto Comissariado das Nações Unidas para os Direitos Humanos sobre os direitos relacionados com a moradia e dar novo impulso a sua realização, entre outras coisas convidando a prestar apoio financeiro aos Estados que estejam em condições de fazê-lo;

g) Levando em conta o interesse que sistematicamente tem mostrado a Assembléia Geral por esta questão desde que se celebrou o

Ano Internacional da Moradia para as Pessoas sem Lar em 1987, e que manifestou também durante seu vigésimo quinto período extraordinário de sessões, celebrado em junho de 2001 (Istambul + 5), o Relator Especial pede à Comissão que lhe permita apresentar informes anuais tanto à Comissão como à Assembléia Geral"[22].

Atenção especial merece o documento E/CN.4/2001/66, de 2001, do relator especial sobre a Tortura, que reporta a visita realizada ao Brasil no ano 2000. Nesse documento, o então relator especial Nigel Rodley afirma que "a tortura e maus-tratos semelhantes são difundidos de modo generalizado e sistemático"[23], no país. A prática da tortura é encontrada

"em todas as fases de detenção: prisão, detenção preliminar, outras formas de prisão provisória, bem como em penitenciárias e instituições destinadas a menores infratores. No entanto, essa prática não acontece com todos ou em todos os lugares; acontece, principalmente, com os criminosos comuns, pobres e negros que se envolvem em crimes de menor gravidade ou na distribuição de drogas em pequena escala. E acontece nas delegacias de polícia e nas instituições prisionais pelas quais passam esses tipos de transgressores. Os propósitos variam desde a obtenção de informação e confissões até a extorsão financeira".

O relator especial afirmou, ainda:

"a Lei (brasileira) sobre a Tortura, de 1997, caracterizou a tortura como um crime grave, embora o tenha feito em termos que limitam a noção de tortura mental, em comparação à definição

---

[22] NAÇÕES UNIDAS. Documento E/CN.4/2002/59, 2002, p. 33.

[23] Com relação ao termo "sistemático", o Relator Especial fundamenta-se na definição usada pelo Comitê contra a Tortura: "O Comitê considera que a tortura é praticada sistematicamente quando fica evidente que os casos de tortura relatados não ocorreram fortuitamente em um local específico ou em um tempo específico, mas, sim, são percebidos como habituais, generalizados e deliberados em pelo menos uma considerável parte do território do país em questão. A tortura pode, com efeito, ter caráter sistemático sem decorrer da intenção direta de um Governo; pode ser conseqüência de fatores que o Governo tem dificuldade de controlar e sua existência pode ser indicativa de uma discrepância entre a política, conforme determinada pelo Governo central, e sua implementação pela administração local. Uma legislação inadequada, que, na prática, permite margem para o uso da tortura, também pode contribuir para reforçar a natureza sistemática dessa prática" (A/48/44/Ad.1, par. 39).

constante do Artigo 1º da Convenção das Nações Unidas Contra a Tortura e outros Tratamentos ou Punições Cruéis, Desumanos ou Degradantes, de 1984; (mas, o que é mais grave), não existe um caso sequer de condenação com base na lei sobre a tortura".

Em contraposição à lei, há no país uma cultura política, policial e jurídica que não favorecem o cumprimento da lei e da Convenção. Nas palavras do relator especial da ONU sobre a Tortura, "os promotores e juízes preferem usar as noções tradicionais e inadequadas de abuso de autoridade e lesão corporal" à noção internacionalmente consagrada de tortura. Essas duas constatações levam à conclusão de que é preciso, antes de mais nada, sensibilizar as autoridades que lidam diariamente com o problema para o cumprimento da lei — ou seja, o fato em si de que a tortura é crime. O momento em que vivemos é de busca da "erradicação" da tortura entre nós. Essa tarefa não só é possível, mas depende da ação articulada e livre de pressões políticas das instituições do Estado e da sociedade organizada.

Com base nessas constatações, o relator especial da ONU recomendou uma série de medidas a serem tomadas pelo Brasil com vistas a cumprir o compromisso com a erradicação da tortura, previsto na Convenção respectiva. Citemos algumas dessas recomendações[24]:

No que se refere à prevenção do crime:

- "As pessoas legitimamente presas em flagrante delito não devem ser mantidas em delegacias de polícia por um período superior a 24 horas (necessárias à obtenção de um mandado judicial de prisão provisória). Por sua vez, a ordem judicial de prisão provisória nunca deve ser executada em uma delegacia de polícia. Por trás dessa recomendação está a pressuposição de que as delegacias de polícia são lugares onde se comete (e muito) tortura nesse país".

- "A superlotação das cadeias e dos estabelecimentos prisionais, em si, constitui tortura; e por isso, deve ser superada. Se necessário, mediante ação do Executivo, exercendo clemência, por exemplo, com relação a certas categorias de presos, tais como transgressores primários não-violentos ou suspeitos de trans-

[24] NAÇÕES UNIDAS. Documento E/CN.4/2001/66.

gressão. A lei que exige a separação entre categorias de presos deveria ser implementada."

- "Faz-se imperativo um programa de conscientização no âmbito do Judiciário a fim de garantir que os operadores do direito tornem-se sensíveis à necessidade de proteger os direitos dos suspeitos e de presos condenados, tanto quanto à necessidade de reprimir a criminalidade."

- "É preciso providenciar, urgentemente, capacitação básica e treinamento de reciclagem para a polícia, o pessoal de instituições de detenção, funcionários do Ministério Público e outros envolvidos na execução da lei, incluindo-se temas de direitos humanos e matérias constitucionais, bem como técnicas científicas e as melhores práticas propícias ao desempenho profissional de suas funções. O programa de segurança humana do Programa de Desenvolvimento das Nações Unidas poderia ter uma contribuição substancial a fazer nesse particular. Em particular, o Judiciário deveria assumir alguma responsabilidade pelas condições e pelo tratamento a que ficam sujeitas as pessoas que o Judiciário ordena permaneçam sob detenção pré-julgamento ou sentenciadas ao cárcere. Em caso de crimes comuns, o Judiciário deve ser relutante em proceder a acusações que impeçam a concessão de fiança, excluir a possibilidade de sentenças alternativas, exigir custódia sob regime fechado, bem como em limitar a progressão de sentenças."

- "Os familiares próximos das pessoas detidas devem ser imediatamente informados da detenção de seus parentes e devem poder ter acesso a eles."

- "Qualquer pessoa presa deve ser informada de seu direito contínuo de consultar-se em particular com um advogado a qualquer momento e de receber assessoramento legal independente e gratuito, nos casos em que a pessoa não possa pagar um advogado particular. Nenhum policial, em qualquer momento, poderá dissuadir uma pessoa detida de obter atendimento jurídico."

- "É fundamental criar uma declaração dos direitos dos detentos, disponível em todos os lugares de detenção, para fins de consulta pelas pessoas detidas e pelo público em geral."

- "Um registro de custódia separado deve ser aberto para cada pessoa presa, indicando-se ali a hora e as razões da prisão, a identidade dos policiais que efetuaram a prisão, a hora e as razões de quaisquer transferências subseqüentes, particularmente transferências para um tribunal ou para um Instituto Médico Legal, bem como a informação sobre quando a pessoa foi solta ou transferida para um estabelecimento de prisão provisória. O registro ou uma cópia do registro deve acompanhar a pessoa detida se ela for transferida para outra delegacia de polícia ou para um estabelecimento de prisão provisória."
- "Nenhuma declaração ou confissão feita por uma pessoa privada da liberdade, que não uma declaração ou confissão feita na presença de um juiz ou de um advogado, deve ter valor probatório para fins judiciais, salvo como prova contra as pessoas acusadas de haverem obtido a confissão por meios ilícitos. O Governo é convidado a considerar urgentemente a introdução da gravação em vídeo e em áudio das sessões realizadas em salas de interrogatório de delegacias de polícia."
- "Nos casos em que as denúncias de tortura ou outras formas de maus-tratos forem levantadas por um réu durante o julgamento, o ônus da prova deveria ser transferido para a promotoria, para que esta prove, além de um nível de dúvida razoável, que a confissão não foi obtida por meios ilícitos, inclusive tortura ou maus-tratos semelhantes."
- "As queixas de maus-tratos, quer feitas à polícia ou a outro serviço, à corregedoria do serviço policial ou a seu ouvidor, ou a um promotor, devem ser investigadas com celeridade e diligência. Em particular, importa que o resultado não dependa unicamente de provas referentes ao caso individual; igualmente, devem ser investigados os padrões de maus-tratos."
- "As pessoas envolvidas em denúncia de tortura devem ser suspensas de suas atribuições até que se estabeleça o resultado da investigação e de quaisquer processos judiciais ou disciplinares subseqüentes. Nos casos em que ficar demonstrada uma denúncia específica ou um padrão de atos de tortura ou de maus-tratos semelhantes, o pessoal envolvido deve ser peremptoriamente demitido, inclusive os encarregados da instituição. Essa me-

dida envolverá uma purgação radical de alguns serviços. Um primeiro passo nesse sentido pode ser a purgação (aposentadoria) de torturadores conhecidos, remanescentes do período do governo militar."

- "Deve haver um número suficiente de defensores públicos para garantir que haja assessoramento jurídico e proteção a todas as pessoas privadas de liberdade desde o momento de sua prisão."
- "O crime de 'desacato à autoridade' (ou a funcionário público no exercício da função)[25] deve ser abolido."
- "Instituições tais como conselhos comunitários, conselhos estaduais de direitos humanos e as ouvidorias policiais e prisionais devem ser mais amplamente utilizadas; essas instituições devem ser dotadas dos recursos que lhes são necessários. Em particular, cada Estado deve estabelecer conselhos comunitários plenamente dotados de recursos, que incluam representantes da sociedade civil, sobretudo organizações não-governamentais de direitos humanos, com acesso irrestrito a todos os estabelecimentos de detenção e o poder de coletar provas de irregularidades cometidas por funcionários."
- "A polícia deveria ser unificada sob a autoridade e a justiça civis. Enquanto essa medida estiver pendente, o Congresso pode acelerar a apreciação do projeto de lei apresentado pelo Governo Federal que visa transferir para tribunais ordinários a jurisdição sobre crimes de homicídio, lesão corporal e outros crimes, inclusive o crime de tortura cometida pela polícia militar."
- "As delegacias de polícia deveriam ser transformadas em instituições que ofereçam um serviço ao público. As delegacias legais implementadas em caráter pioneiro no estado do Rio de Janeiro são um modelo a ser seguido."
- "Um profissional médico qualificado (um médico escolhido, quando possível) deveria estar disponível para examinar cada pessoa, quando de sua chegada ou saída, em um lugar de detenção. Os profissionais médicos também deveriam dispor dos medicamentos necessários para atender às necessidades médicas dos detentos e, caso não possam atender a suas necessidades,

---

[25] Artigo 331 do Código Penal.

deveriam ter autoridade para determinar que os detentos sejam transferidos para um hospital, independentemente da autoridade que efetuou a detenção. O acesso ao profissional médico não deveria depender do pessoal da autoridade que efetua a detenção. Tais profissionais que trabalham em instituições de privação de liberdade não deveriam estar sob autoridade da instituição, nem da autoridade política por ela responsável."

- "Os serviços médico-forenses deveriam estar sob a autoridade judicial ou outra autoridade independente, e não sob a mesma autoridade governamental que a polícia; nem deveriam exercer monopólio sobre as provas forenses especializadas para fins judiciais."
- "Devem ser realizadas visitas sem aviso prévio, por parte dos líderes políticos e de organizações sociais, a delegacias de polícia, centros de detenção provisória e penitenciárias conhecidas pela prevalência desse tipo de tratamento."
- "É preciso que haja uma presença de monitoramento permanente em toda instituição dessa natureza e em estabelecimentos de detenção de menores infratores, independentemente da autoridade responsável pela instituição. Em muitos lugares, essa presença exigiria proteção e segurança independentes."
- "Solicita-se ao Governo considerar convidar o Relator Especial sobre Execuções Extrajudiciais, Sumárias ou Arbitrárias a visitar o país."
- "O Fundo Voluntário das Nações Unidas para Vítimas da Tortura fica convidado a considerar com receptividade as solicitações de assistência por parte de organizações não-governamentais que trabalham em prol das necessidades médicas de pessoas que tenham sido torturadas e pela reparação legal da injustiça a elas causada."

No que se refere à punição dos responsáveis:

- "Os autores de tortura e maus-tratos devem ser pessoalmente responsabilizados pelo crime praticado, tenham eles praticado direta ou indiretamente."
- "A prática de tortura e maus-tratos deve afetar adversamente as perspectivas de promoção dos responsáveis (implicando o afas-

tamento do cargo, sem que tal afastamento consista meramente em transferência para outra instituição)."

- "Todos os Estados devem implementar programas de proteção a testemunhas nos moldes estabelecidos pelo programa PROVITA para testemunhas de incidentes de violência por parte de funcionários públicos; tais programas deveriam ser plenamente ampliados de modo a incluir pessoas que têm antecedentes criminais. Nos casos em que os atuais presos se encontram em risco, eles deveriam ser transferidos para outro centro de detenção, onde deveriam ser tomadas medidas especiais com vistas à sua segurança."

- "Os promotores devem formalizar acusações nos termos da Lei contra a Tortura de 1997, com a freqüência definida com base no alcance e na gravidade do problema, e devem requerer que os juízes apliquem as disposições legais que proíbem o uso de fiança em benefício dos acusados. Os Procuradores Gerais, com o apoio material das autoridades governamentais e outras autoridades estaduais competentes, devem destinar recursos suficientes, qualificados e comprometidos para a investigação penal de casos de tortura e maus-tratos semelhantes, bem como para quaisquer processos em grau de recurso. Em princípio, os promotores em referência não devem ser os mesmos que os responsáveis pela instauração de processos penais ordinários."

- "As investigações de crimes cometidos por policiais não devem ficar sob a autoridade da própria polícia. Em princípio, um órgão independente, dotado de seus próprios recursos de investigação e de um mínimo de pessoal — o Ministério Público — deve ter autoridade de controlar e dirigir a investigação, bem como ter acesso irrestrito às delegacias de polícia."

- "Os níveis federal e estaduais deveriam considerar positivamente a proposta de criação da função de juiz investigador, cuja tarefa consistiria em salvaguardar os direitos das pessoas privadas de liberdade."

- "Deveria ser apreciada a proposta de emenda constitucional que permitiria, em determinadas circunstâncias, que o Governo Federal solicitasse autorização do Tribunal de Recursos (Superior Tribunal de Justiça) para assumir jurisdição sobre crimes que envolvam violação de direitos humanos internacionalmente reconhecidos. As autoridades federais do Ministério Público necessitarão de um aumento substancial dos recursos a elas alocados para poderem cumprir efetivamente a nova responsabilidade."

• "O Governo deve considerar séria e positivamente a aceitação do direito de petição individual ao Comitê contra a Tortura, mediante a declaração prevista nos termos do Artigo 22 da Convenção contra a Tortura e Outros Tratamentos ou Punições Cruéis, Desumanos ou Degradantes."

As comunicações para os relatores especiais temáticos da ONU devem ser encaminhadas para o seguinte endereço:

> Alto Comissariado das Nações Unidas para os Direitos Humanos
> Relator Especial sobre "........."
> Palais des Nations
> 8-14 avenue de la Paix
> 1211 Geneva 10
> Tel: (41 22) 917 90 00
> Fax: (41 22) 917 91 83

## 3.2.2. Grupos de trabalho

Os grupos de trabalho, no sistema das Nações Unidas, são constituídos com o objetivo de receber denúncias e elaborar propostas relacionadas a situações de direitos humanos, inclusive novos instrumentos internacionais de proteção dos direitos humanos. Atualmente, há dois grupos de trabalho permanentes em funcionamento, vinculados à Comissão de Direitos Humanos, ambos relacionados à proteção dos direitos humanos civis e políticos. São eles:

• Grupo de Trabalho sobre Desaparecimentos Forçados ou Involuntários (composto por cinco membros *experts* independentes)

• Grupo de Trabalho sobre Detenção Arbitrária (composto por cinco membros *experts* independentes)

Nada impede, no entanto, que sejam estabelecidos grupos de trabalho relacionados à proteção dos direitos humanos econômicos, sociais e culturais. Além da Comissão de Direitos Humanos, outros órgãos da

ONU, como os comitês de monitoramento dos tratados de direitos humanos e a Subcomissão de Direitos Humanos, podem estabelecer grupos de trabalho investigativos e propositivos.

### 3.2.3. Procedimento 1503

O Procedimento 1503 foi estabelecido, por meio da resolução 1503, de 27 de maio de 1970, pelo Conselho Econômico e Social das Nações Unidas (ECOSOC), com a finalidade de dar resposta à grande quantidade de graves e sistemáticas violações de direitos humanos que freqüentemente chegam à ONU. O Procedimento não lida com casos individuais de violações aos direitos humanos, mas com situações que afetam grandes contingentes populacionais. Embora tenha sido criado para responder mais que tudo a violações a direitos humanos civis e políticos, nada impede que seja usado também para a proteção de direitos humanos econômicos, sociais e culturais, com base no princípio da indivisibilidade dos direitos humanos, abraçado pelas Nações Unidas.

O mecanismo de proteção é administrado pelo Grupo de Trabalho da Subcomissão de Direitos Humanos sobre a Promoção e a Proteção dos Direitos Humanos, composto por cinco *experts*. Recentemente, foi amplamente utilizado em relação aos conflitos na Chechênia e o que envolve Israel e a Palestina. A propósito desse procedimento, como assinala Cançado Trindade, "o exame de 'situações prevalentes' (afetando grupos de indivíduos em países diversos), nos termos da Resolução 1503, pode ser utilizado independentemente de ratificação por parte dos Estados-membros da ONU"[26].

As comunicações de violações a direitos humanos tanto para os Grupos de Trabalho como para o Procedimento 1503 podem ser enviadas para o seguinte endereço:

> Alto Comissariado das Nações Unidas para os Direitos Humanos
> Grupo de Trabalho "........." ou Procedimento 1503
> Palais des Nations
> 8-14 avenue de la Paix
> 1211 Geneva 10
> Tel: (41 22) 917 90 00
> Fax: (41 22) 917 91 83

---

[26] CANÇADO TRINDADE, Antônio Augusto. *Direito das Organizações Internacionais*. Belo Horizonte: Del Rey. 2ª. ed., 2002, p. 23.

## 4. Conclusão

O sistema das Nações Unidas para a proteção dos direitos humanos reflete o desenvolvimento da Organização das Nações Unidas em seu primeiro cinqüentenário. Ao longo desse tempo, apesar da enorme dificuldade em consolidar o projeto de um organismo internacional garantidor de um padrão de negociação da convivência pacífica entre os países do mundo, foi possível à ONU estabelecer um sistema de proteção — amparado nos princípios da universalidade e da indivisibilidade dos direitos humanos — que viabilizasse alguma proteção para tais direitos. É patente, no entanto, a distância que ainda existe no padrão de proteção dos direitos humanos civis e políticos em relação aos direitos humanos econômicos, sociais e culturais. É preciso, cada vez mais, que a indivisibilidade preconizada como princípio se traduza em indivisibilidade prática, com a absorção, pelo sistema da ONU de proteção dos direitos humanos, de mecanismos dotados da mesma capacidade de realizar indistintamente os direitos humanos civis, políticos, econômicos, sociais e culturais. A mesma capacidade que, por exemplo, o Procedimento 1503 tem para investigar violações massivas a direitos humanos civis e políticos (relacionadas a execuções sumárias, arbitrárias ou extrajudiciais, tortura, liberdade de expressão etc.), deve ter para investigar situações de violação aos direitos humanos econômicos, sociais e culturais (relacionadas à fome crônica, à indisponibilidade de água, à negação do direito à saúde etc). Os relatores especiais relacionados aos direitos humanos econômicos, sociais e culturais, igualmente aos relacionados aos direitos humanos civis e políticos, precisam dotar seus mandatos dos mesmos instrumentos de acesso e controle, entre os quais se insere a elaboração de modelos de comunicação ou denúncia[27].

O grande desafio que se coloca é o do estabelecimento de mecanismos de justiciabilidade para os direitos humanos econômicos, sociais e culturais. Para tanto, vem a contribuir o projeto de Protocolo Facultativo ao Pacto de Direitos Econômicos, Sociais e Culturais, há vários anos em processo de negociação no âmbito da ONU. A possibilidade de apresentação de comunicações ou denúncias individuais ao Comitê de Di-

---

[27] A tirar pelos documentos oficiais da ONU, incluindo o seu *site* oficial, nenhum relator especial relacionado a direitos humanos econômicos, sociais e culturais possui modelo de comunicação a ser oferecido pelas pessoas que se sintam ameaçadas no exercício dos seus direitos, diferentemente dos relatores especiais relacionados a direitos humanos civis e políticos. Ver http://www.unhchr.ch

reitos Econômicos, Sociais e Culturais, prevista no projeto de Protocolo, daria um sentido à capacidade de exigibilidade de tais direitos.

No plano mais geral, é importante que as Nações Unidas venham a se democratizar, inclusive na perspectiva do aumento da sua credibilidade internacional. Nesse sentido, coloca-se a exigência de ampliação do Conselho de Segurança em atendimento a uma ONU menos condicionada ao poder dos países mais ricos e militarmente poderosos. Também nessa base crítica se coloca a exigência de extinção do poder de veto do Conselho de Segurança, afinal nenhum organismo que se pretenda democrático deve evitar, pela vontade individual de um de seus membros, discussões cruciais para a realidade dos países; assim como a ampliação da capacidade da Organização de "promover condições de progresso e desenvolvimento econômico-social", por meio da "extensão da capacidade da ONU de concluir acordos de assistência técnica, dentro do âmbito de suas competências"[28]. A reforma de organismos vinculados à ONU, como o FMI e o Banco Mundial, numa perspectiva socialmente inclusiva, seria outra necessidade da qual a Organização não pode se afastar, caso queira realmente intervir positivamente para diminuir (ou acabar com) as grandes tensões sociais mundiais. Afinal, "há um claro descompasso entre a formação da agenda social da ONU e a estrutura institucional da Organização", na qual

> "as negociações com vistas à reestruturação da ONU se arrastam por muitos anos, sem resultados positivos. Os grandes poderes se apegam egoisticamente a uma estrutura institucional que consideram favorável a seus interesses, mas que é manifestamente incapaz de atender às necessidades contemporâneas da comunidade internacional. Com isso, todos saem perdendo. (...) Quanto ao Conselho de Segurança, em particular, sua atual estrutura é um resquício de um mundo que há muito já deixou de existir (...)"[29].

Esperemos que a lucidez que falta não demore muito a chegar aos dirigentes mundiais, para que uma nova ONU possa emergir e, com ela, seja fortalecido o respeito aos direitos humanos civis, políticos, econômicos, sociais e culturais.

---

[28] CANÇADO TRINDADE, Antônio Augusto. Direito das Organizações Internacionais, op. cit., p. 25.

[29] FASE. Entrevista com Antônio Augusto Cançado Trindade, revista *Proposta*, ano 31, n. 92, março/maio de 2002. Rio de Janeiro, p. 56.

## III

# O Sistema Interamericano de Proteção dos Direitos Humanos

*Fabiana Gorenstein*

## 1. A criação dos Sistemas Regionais de Proteção dos Direitos Humanos: a Organização dos Estados Americanos e a Declaração Americana

Paralelamente à criação da ONU, em 1945, a emergência da proteção dos direitos fundamentais dos indivíduos num nível intergovernamental, após a Segunda Guerra Mundial, impulsionou a criação de sistemas regionais de proteção aos direitos humanos. Esses sistemas regionais caracterizam-se por uma maior homogeneidade entre seus membros, se os compararmos à abrangência da ONU, tanto no que se refere aos seus sistemas jurídico-políticos como aos aspectos culturais. Isto acaba por tornar os seus mecanismos de proteção mais eficazes em relação àqueles do sistema global.

Por sistemas regionais de proteção aos direitos humanos deve-se entender os atuais organismos internacionais regionais existentes nos diversos continentes, como no europeu, representado pela Corte Européia de Direitos Humanos; no americano, representado pela Comissão Interamericana e pela Corte Interamericana de Direitos Humanos da Organização dos Estados Americanos; e no africano, representado pela Comissão Africana de Direitos Humanos e dos Povos.

Dentro do Sistema Africano, a Comissão Africana de Direitos Humanos e dos Povos foi criada pela Carta Africana de Direitos Humanos e dos Povos (adotada em Nairobi/Quênia, em 1981, pela Assembléia Geral da Organização da Unidade Africana), que entrou em vigor em

21 de outubro de 1986, e tem o objetivo de promover e proteger os direitos humanos e dos povos dentro do continente africano.

Esta Comissão recebe e analisa petições sobre violações de direitos humanos mediante procedimento altamente confidencial, que varia, sejam elas advindas de Estados, de pessoas físicas ou jurídicas. Além deste órgão, o Protocolo Adicional à Carta Africana, adotado na 34ª Sessão Ordinária da Assembléia da Organização da Unidade Africana, de 8 a 10 de junho de 1998, dispõe sobre a criação de uma Corte Africana de Direitos Humanos e dos Povos, com mandato complementar ao da Comissão, que terá poder jurisdicional e consultivo (interpretativo). O Protocolo está aberto a ratificações, e já recebeu seis ratificações[1], mas só entrará em vigor trinta dias após o depósito do 15º instrumento de ratificação.

No continente europeu, o marco inicial do sistema de proteção é a Convenção sobre Direitos Humanos de 1950. Ela estabeleceu a criação de três órgãos de monitoramento: a Comissão Européia de Direitos Humanos (criada em 1954), a Corte Européia de Direitos Humanos (criada em 1959) e o Comitê de Ministros do Conselho da Europa (criado em 1959).

Até o início da década de 1990, o direito de petição denunciando violações de direitos humanos era assegurado a qualquer indivíduo, grupo de indivíduos ou organizações não-governamentais, e passava primeiro pela Comissão (exame preliminar de admissibilidade e tentativa de solução amistosa), que em seguida podia enviar ao Comitê (no caso de Estados que não haviam aceitado a jurisdição da Corte, até então facultativa; além de supervisionar a execução das sentenças da Corte), ou então à Corte (competência jurisdicional e consultiva, esta última a partir do Protocolo adicional n. 2).

No entanto, o grande número de petições encaminhadas provocou a simplificação dos mecanismos, o que foi feito por meio do Protocolo n. 11 (de 1994). Este criou a atual Corte Européia de Direitos Humanos, que funciona em caráter permanente, reforçando assim o caráter judicial do sistema. Tanto a antiga Corte (em 31 de outubro de 1998) como a Comissão (um ano depois, em 31 de outubro de 1999) foram extintas.

Como o Protocolo exigia a ratificação de todos os Estados-membros para entrar em vigor, a nova Corte só começou a funcionar em 1º de novembro de 1998, em Estrasburgo, França. A partir daí, foi conferida

---

[1] Burkina Faso, Mali, Gâmbia, Senegal, Uganda e África do Sul.

a qualquer Estado ou indivíduo a capacidade de denunciar um caso diretamente à Corte.

Nos últimos anos, porém, com a ratificação da Convenção Européia pelos Estados do centro e do leste europeu, mais uma vez o grande número de petições encaminhadas à Corte Européia (13.858 em 2001) tem provocado reflexões acerca de reformas no sistema. O Comitê de Ministros tem estudado a proposta de um novo Protocolo à Convenção Européia, que conferiria poder à Corte para recusar-se a examinar em detalhe petições que tratem de assunto irrelevante, e criaria uma nova divisão para o exame preliminar de petições, mas o assunto permanece controvertido.

No âmbito das Américas, em 30 de abril de 1948, durante a IX Conferência Internacional Americana, realizada em Bogotá, foi adotada a Carta da Organização dos Estados Americanos (OEA), criando a Organização da qual fazem parte todos os 35 Estados das Américas do Norte, Central (incluindo o Caribe) e do Sul[2]. O Sistema Interamericano de Direitos Humanos tem como seu marco inicial a Declaração Americana de Direitos e Deveres do Homem, que foi aprovada na mesma ocasião, pela Resolução XXX.

Há de se destacar que a Declaração Americana foi o primeiro instrumento internacional de direitos humanos, anterior à Declaração Universal dos Direitos Humanos. A Declaração Americana sobre Direitos Humanos absorveu basicamente os mesmos conteúdos da DUDH[3]. Também na versão americana é reproduzida a divisão acerca dos direitos humanos civis e políticos em oposição aos econômicos, sociais e culturais, fruto da divisão do mundo em blocos econômicos.

---

[2] BUERGENTHAL, Thomas, NORRIS, Robert E., SHELTON, Dinah. *A proteção dos direitos humanos nas Américas*. Madrid: Editorial Civitas, 1994: "Mas houve que esperar até a IX Conferência Internacional dos Estados Americanos (Bogotá, 1948), para que se concretizasse uma perspectiva mais completa sobre os direitos humanos: na Carta da OEA, que se redigiu nesta Conferência, já que se definiram expressamente os direitos humanos entre os princípios sobre os quais se fundamentava a Organização. Além disso, a Conferência de Bogotá adotou também a Resolução XXX, melhor conhecida como Declaração Americana de Direitos e Deveres do Homem, que se converteu na pedra angular do sistema interamericano de proteção dos direitos humanos ...". Tradução livre.

[3] Embora seja de franca inspiração na Declaração Universal, há direitos previstos na Declaração Americana que não estão na Universal: direito à previdência, acesso à justiça, direito de petição, proibição da prisão civil por dívida, celeridade da justiça, proibição de instituir tribunais de exceção.

Segundo a Declaração Americana, o sistema de proteção no âmbito internacional deveria ser posteriormente fortalecido, na medida do possível com a elaboração de tratados com força vinculante obrigatória, quando as circunstâncias fossem mais propícias. Embora a Declaração Americana, como a das Nações Unidas, não fosse mais que uma carta de intenções, sem valor vinculante, constituiu-se em verdadeiro marco para a produção de futuros tratados regionais sobre direitos humanos. Anos mais tarde, os principais órgãos de proteção de direitos humanos acabaram por conceder força vinculante a ambas as Declarações.

No Preâmbulo da Declaração lê-se clara indicação de que a dignidade da pessoa humana, bem como a sua proteção seriam motes fundamentais da atuação daquele organismo regional[4]. Senão vejamos:

> Que, em repetidas ocasiões, os Estados Americanos reconhecem que os direitos essenciais do homem não derivam do fato de ser ele cidadão de determinado Estado, mas sim do fato de os direitos terem como base os atributos da pessoa humana;
>
> Que a proteção internacional dos direitos do homem deve ser a orientação principal do direito americano em evolução;
>
> Que a consagração americana dos direitos essenciais do homem, unida às garantias oferecidas pelo regime interno dos Estados, estabelece o sistema inicial de proteção que os Estados americanos consideram adequado às atuais circunstâncias sociais e jurídicas, não deixando de reconhecer, porém, que deverão fortalecê-lo cada vez mais no terreno internacional, à medida que essas circunstâncias se tornem mais propícias[5].

Já a Carta da Organização dos Estados Americanos, por sua vez, continha poucas e gerais disposições acerca de direitos humanos, apesar de trazer em um de seus artigos que "os Estados Americanos reafir-

---

[4] NIKKEN, Pedro. *La protección internacional de los derechos humanos: su desarrollo progresivo*. Madrid: Civitas Monografias. 1ª ed., 1987: "O sistema interamericano foi, de certo modo, pioneiro e propulsor do processo de internacionalização dos direitos humanos. Em 1945 a Resolução XL da Conferência de Chapultepec ressaltou a necessidade de um sistema internacional de proteção a tais direitos. A IX Conferência Internacional Americana, realizada em Bogotá meses antes da proclamação da Declaração Universal, adotou a Carta da Organização dos Estados Americanos, a Declaração Americana dos Direitos e Deveres do Homem e a Carta Americana de Garantias Sociais". Tradução livre.

[5] Esta última linha deixa clara a forte oposição enfrentada pelo Sistema quando de sua implantação.

mam e proclamam como um princípio da Organização os direitos fundamentais da pessoa humana sem distinção de raça, nacionalidade, credo ou sexo", conforme lição de T. Buergenthal, que, no entanto, adverte para a falta de identificação desses direitos. O mesmo autor lembra:

> "a conferência de Bogotá deixou claro o entendimento que a Declaração não havia sido incorporada à Carta da OEA. O Comitê Jurídico Interamericano reforçou este ponto de vista com seu ditame de 1949 no sentido de que a Declaração 'não cria obrigações contratuais jurídicas', e que carecia do caráter de 'direitos positivos substantivos'"[6].

Tal situação perdurou até à década de 1970 quando, ao se reconhecer a necessidade de dotar de bases jurídicas tanto a Declaração Americana como a Carta da OEA, entrou em vigor o Protocolo de Buenos Aires, em 1970. Este Protocolo — instrumento jurídico vinculante — absorveu expressamente os conteúdos contidos na Declaração e na Carta, dotando-os de valor normativo. Assentadas as bases legais da OEA em relação aos direitos humanos, o passo seguinte foi efetivar um "sistema" que atuasse substancialmente na proteção aos direitos humanos nas Américas.

## 2. A Convenção Americana sobre Direitos Humanos (Pacto de San José da Costa Rica)

Apesar de ser uma eficiente ferramenta na efetivação de direitos humanos, o Sistema Interamericano de Direitos Humanos é pouco conhecido, estudado e utilizado no Brasil. O conteúdo dos tratados internacionais é considerado disperso e confuso, sua utilização é reduzida, em comparação com outros países das Américas, e nem de longe é representativa das freqüentes violações ocorridas[7].

Há países na América Latina nos quais as entidades de direitos humanos vêm, há mais de quinze anos, incluindo em sua estratégia de

---

[6] BUERGENTHAL, Thomas; NORRIS, Robert E.; SHELTON, Dinah. *La protección de los derechos humanos en las Américas*, op. cit., pp. 34-35. Tradução livre.

[7] Estima-se que o Brasil tenha atualmente (2002) cerca de setenta casos, entre abertos ou arquivados, tramitando na Comissão Interamericana de Direitos Humanos, número ínfimo se comparado com os mais de quatro mil contra a Argentina, ou os doze mil recebidos pela Comissão.

ação o trabalho nas instâncias internacionais de proteção aos direitos humanos e beneficiando-se das suas decisões, que visam primordialmente fortalecer o ambiente democrático e alcançar a plena efetividade dos direitos humanos.

Em 12 de fevereiro de 1969, os países-membros da Organização dos Estados Americanos — OEA, adotaram a Convenção Americana sobre Direitos Humanos, um tratado internacional multilateral, também conhecido como "Pacto de San José da Costa Rica", porque fruto de uma conferência da OEA realizada naquele país.

A Convenção Americana só entrou em vigor em 1978, quando o décimo primeiro país ratificou aquele tratado[8]. Carecia de sentido instituir um fórum internacional com jurisdição sobre reduzido número de países, por isso a Convenção Americana demorou quase uma década para entrar em vigor. Pode-se afirmar que seu objetivo primordial era instituir órgãos com competência para supervisionar a atuação dos países integrantes em relação aos direitos humanos.

A ratificação tardia da Convenção Americana sobre os Direitos Humanos, pelo Brasil, ocorrida apenas em 1992, coincidiu com o retorno do país à tradição democrática, iniciado ao final da década de 1980. Enquanto o país vivia sob a égide da ditadura militar, era inconcebível a adesão a um sistema de monitoramento intergovernamental acerca do respeito aos direitos humanos. Com a consolidação do regime democrático, o Brasil vem, lentamente, ratificando os principais tratados internacionais[9].

O Sistema Interamericano foi concebido contando com dois órgãos de funções complementares, mas distintas: a Comissão Interamericana de Direitos Humanos e a Corte Interamericana de Direitos Humanos. O primeiro desses órgãos possui a sede em Washington, Estados Unidos, e o segundo em San José, na Costa Rica. As atribuições concernentes a

---

[8] Costa Rica (2-3-1970), Chile (10-8-1970), Venezuela (23-6-1977), Honduras (5-9-1977), Haiti (14-9-1977), Equador (8-12-1977), República Dominicana (21-1-1978), Guatemala (27-4-1978), Panamá (8-5-1978), São Salvador (20-6-1978), Peru (12-7-1978).

[9] Não se pode afirmar que o processo de internacionalização — ou de nacionalização dos padrões internacionais — está concluído. O Brasil, apenas muito recentemente, vem iniciando os trâmites relativos ao reconhecimento dos Comitês das Nações Unidas, órgãos com função semelhante à da Comissão Interamericana. (Este fato apóia-se na constatação de que apenas em junho de 2002 o Brasil depositou o documento relativo ao art. 14 da Convenção de Discriminação Racial, que permite a apresentação de casos individuais de violação ao Comitê encarregado de supervisionar o tratado; e sob intenso e acalorado debate fez o mesmo em relação ao Protocolo Opcional da Convenção para a Eliminação de Todas as Formas de Discriminação contra a Mulher.)

cada um dos órgãos do Sistema estão previstas na Convenção Americana Sobre Direitos Humanos e nos seus respectivos Regimentos Internos, recentemente remodelados e em vigor a partir de 1º de maio e 1º de junho de 2001 (Regimentos da Comissão e da Corte, respectivamente). Mesmo antes da instituição do Sistema Interamericano pelo Pacto de San José, a Comissão já estava em funcionamento desde 1959, em função da adoção da Resolução de Santiago. No entanto, prestava-se a um papel diverso e bem mais tímido que o atual porque nem sequer havia previsão regimental para o recebimento de petições individuais. Resumia-se a resguardar a "promoção" dos direitos humanos nas Américas. A partir de 1965 a Comissão passou a receber petições individuais com a edição da Resolução do Rio de Janeiro, mas apenas quando da entrada em vigor do Pacto de San José e do Protocolo de Buenos Aires seu papel foi reformulado para ganhar as feições que detém hoje, assumindo função de extrema relevância na promoção e na defesa dos direitos humanos nas Américas[10].

## 3. A Comissão Interamericana de Direitos Humanos

A Comissão Interamericana de Direitos Humanos está sediada em Washington, Estados Unidos, na sede da Organização dos Estados Americanos. É integrada por sete membros eleitos a título pessoal, mas provenientes de países integrantes da OEA. Os comissários (*comissionados*) não representam seus países de origem ou mantêm qualquer tipo de vínculo governamental; seu papel é o de assegurar o respeito aos direitos humanos pelos Estados-membros. Os comissários são eleitos pela Assembléia Geral da OEA, para um mandato que dura quatro anos e é renovável por igual período.

---

[10] NIKKEN, Pedro. *A proteção internacional dos direitos humanos. Seu desenvolvimento progressivo*, op. cit.: "A V Reunião de Consulta de Ministros de Relações Exteriores (Santiago de Chile, 1959) adotou numerosas resoluções referentes aos direitos humanos. Entre elas destacou a Resolução VIII, em virtude da qual se decidiu criar a Comissão Interamericana de Direitos Humanos e se incumbiu ao Conselho Interamericano de Jurisconsultos a preparação de um projeto de tratado regional sobre a matéria. (...) Não obstante, a Comissão foi criada como uma solução transitória até a entrada em vigor da convenção imaginada, o que, na verdade, só ocorreu quase vinte anos mais tarde. Entretanto, a prática da Comissão e da organização regional em geral foi regulamentada por reformas do Estatuto da Comissão e da Carta da OEA, com o estabelecimento de um ativo regime regional de proteção que apresenta mais de um aspecto original e que inspirou grandemente a atual Convenção Americana sobre Direitos Humanos". Tradução livre.

A Comissão, na versão atual, exerce duplo papel no Sistema Interamericano: é o órgão que recebe as petições individuais, relatando a violação a algum dos artigos da Convenção Americana sobre Direitos Humanos ou de outros tratados de alcance regional de conteúdo específico[11]; além de elaborar relatórios diversos sobre a situação dos direitos humanos nos países signatários.

Estes relatórios podem ser *temáticos*, focalizando um ponto específico, ou ainda, *geográficos*[12], quando tratam da situação dos direitos humanos num único país. Deve, ainda, a Comissão produzir relatórios anuais sobre a situação dos direitos humanos nas Américas, periodicamente submetidos à Assembléia da OEA.

Para que se perceba a importância dos relatórios, pode-se citar, a título de exemplo, as recomendações feitas pela CIDH em um de seus relatórios temáticos, sobre a Condição das Mulheres nas Américas, uma vez que muitas delas aplicam-se perfeitamente ao Brasil:

1. Os Estados devem dar cumprimento aos artigos 1°, 3° e 24 da Convenção Americana, e artigos 2° e 17 da Declaração Americana, que consagram o direito à igualdade perante a lei e o reconhecimento da personalidade jurídica e dos direitos civis da mulher. O anteriormente mencionado inclui reconhecer iguais direitos à mulher dentro e fora do matrimônio; seu direito a dispor de seus próprios bens e a igualdade em relação ao pátrio poder.

---

[11] Os tratados regionais da OEA são: Declaração Americana dos Direitos e Deveres do Homem; Convenção Americana de Direitos Humanos; Convenção Interamericana para Prevenir e Punir a Tortura; Convenção Interamericana para Prevenir, Punir e Erradicar a Violência Contra a Mulher; o Protocolo Adicional em Matéria de Direitos Econômicos Sociais e Culturais e a Convenção Interamericana sobre Desaparição Forçada de Pessoas.

[12] A CIDH elaborou um extenso relatório sobre a situação dos direitos humanos no Brasil, fruto de uma missão realizada em 1995, publicado em 1997. Tal documento contempla situações relacionadas aos problemas indígenas, de gênero, trabalhadores rurais, justiça militar etc. Sobre o assunto, ver RAMOS, André de Carvalho. *Processo internacional de direitos humanos*. Rio de Janeiro/São Paulo: Renovar, 2002: "Cite-se como exemplo a visita da Comissão ao Brasil em 1995. Com efeito, a Comissão realizou, pela primeira vez em sua história, missão geral de observação *in loco* da situação de respeito aos direitos humanos no território brasileiro em 1995. Durante a permanência da missão no Brasil (de 27 de novembro a 9 de dezembro), os integrantes da Comissão reuniram-se com membros do governo, da sociedade civil organizada, ouvindo depoimentos e coletando dados. A partir desse trabalho de campo, a Comissão elaborou um relatório (dito geográfico, por abranger a análise da situação geral dos direitos humanos em um território, no caso o brasileiro), emitindo suas recomendações para a promoção dos direitos humanos".

Desta maneira, de acordo com os artigos 20 e 24 da Declaração Americana, e artigo 23 da Convenção Americana, a Comissão reitera que os Estados devem continuar e ampliar as medidas promotoras da participação das mulheres em níveis de decisão no âmbito público, incluídas as medidas positivas. Neste mesmo intuito, seja assegurada às mulheres uma representação significativa em todos os níveis de governo, na ordem local, provincial ou estadual e nacional; sejam desenvolvidas estratégias para incrementar a integração das mulheres nos partidos políticos; e a adoção de medidas adicionais para incorporá-las plenamente aos setores da sociedade civil, incluindo aqueles que representam os seus interesses, nos processos de desenvolvimento e implementação de políticas e programas.

2. Os Estados devem eliminar graves restrições para a mulher, que surgem ao se outorgar a representação da sociedade conjugal ou a chefia do lar ao marido, e do estabelecimento de situações nas quais a mulher é limitada no âmbito doméstico. Estas restrições incluem: a faculdade do marido de opor-se a que a mulher exerça uma profissão quando considere que isto prejudicará os interesses e o cuidado dos filhos, e demais obrigações domésticas; a prevalência da opinião do marido em relação ao exercício do pátrio poder e a designação do marido como administrador único do patrimônio conjugal. Por outra parte, o dever de reconhecimento dos filhos extramatrimoniais deve ser obrigatório tanto para o homem como para a mulher.

3. A Comissão reitera que, de acordo com os artigos 1º e 11 da Declaração Americana, artigos 4º e 5º da Convenção Americana, e artigo 7º da Convenção de Belém do Pará, os Estados têm que legislar adequadamente sobre a violência contra a mulher, assegurando que a violência, intrafamiliar ou doméstica, ou causada ou tolerada por agentes do Estado, seja devidamente investigada, processada e punida. Ainda assim, deve fortalecer-se a capacidade de resposta dos setores público e privado na capacitação de agentes policiais e judiciais, para dar adequado tratamento às causas e aos efeitos da violência. Por último, os Estados devem implementar plenamente os programas e leis já existentes sobre violência doméstica, os quais, muitas vezes por recursos insuficientes, não são executados ou se cumprem apenas parcialmente.

4. Reconhecendo o direito à saúde da mulher, os Estados devem adotar medidas para ter informações estatísticas e recursos necessários capazes de assegurar planos e programas que permitam o exercício pleno deste importante direito.

   Reconhecendo a crescente participação da mulher no mercado de trabalho e nas finanças nacionais, e persistindo ainda diferenças entre os níveis de remuneração que percebem mulheres e homens pelo mesmo trabalho, a Comissão reitera aos Estados que devem adotar medidas adicionais para: corrigir as disparidades nos níveis de ingresso entre homens e mulheres, nos quais possuam iguais qualificações e desempenhem as mesmas tarefas; assegurar iguais oportunidades de trabalho para mulheres e homens; revisar a legislação e os recursos judiciais para assegurar que as funções reprodutivas da mulher não se transformem em uma causa para discriminar ao contratar, transferir, promover ou despedir a mulher; prevenir, punir e erradicar o assédio sexual nos lugares de trabalho.

5. A Comissão reitera aos Estados a necessidade de: reforma dos códigos penais que declaram livres de culpa e pena os violadores que se casem com suas vítimas; no caso de mulheres detidas/presas, assegurem que sejam tratadas com respeito à sua dignidade, que suas causas se processem com celeridade ante a autoridade judicial e sujeitas à supervisão judicial, contem com rápido acesso ao patrocínio legal e à atenção médica, e que as inspeções das detidas/presas se conduzam com garantias e cuidados apropriados; se classifiquem os delitos sexuais — até agora incluídos como delitos contra a honestidade e os bons costumes — dentro da categoria de delitos contra a integridade pessoal, liberdade e privacidade. Ainda assim, se recomenda incorporar figuras não contempladas em alguns códigos penais como o incesto; a ampliação da figura da violação a situações não consideradas tradicionalmente como tais, em razão de novas modalidades que por sua natureza violam a integridade pessoal e a liberdade e a privacidade da mulher; e a eliminação de toda menção do conceito de honestidade, honra, e afins, como elementos atenuantes da pena. A Comissão reitera aos Estados que assegurem que as mulheres mais desprovidas de proteção — trabalhadoras rurais, crianças e indígenas— tenham o devido acceso aos mecanismos que brindam os sistemas jurídicos.

A Comissão faz sua a Recomendação Geral 19 do Comitê para a Eliminação da Discriminação contra a Mulher (CEDAW) adotada em 1992, através da qual se afirma que a violência contra a mulher constitui uma violação aos direitos humanos, enfatizando que os Estados poderiam ser considerados responsáveis pelos atos privados ao se omitirem de atuar com a devida diligência para prevenir violações aos direitos ou investigar e punir atos de violência, ou não proporcionarem medidas reparatórias ou compensatórias (E/CN.4/1996/53, 5 de fevereiro de 1996, Comissão Interamericana de Direitos Humanos, p. 10, parágr. 34). Em concordância com o critério exposto pelo CEDAW, a Comissão recomenda aos Estados revisar e reformar a legislação interna, para que reflita o desenvolvimento alcançado no direito internacional com relação aos direitos da mulher, penalizando condutas ainda que não tipificadas como o assédio sexual, modificando procedimentos na etapa probatória quando resultem discriminatórios e/ou vexatórios, em razão da vítima ser uma mulher dedicada a tarefas "não honestas", e investigar e punir os casos de violência doméstica com a devida diligência e por meio de um recurso rápido e simples (tradução livre).

Como exemplo de um relatório sobre um país, aqui estão trechos de recomendações retiradas do Relatório sobre o Brasil, publicado em 1997, e reproduzidas por sua pertinência e sua atualidade:

"14. De acordo com seu mandato, a Comissão, complementando suas recomendações específicas apresentadas nos distintos capítulos que compõem este relatório, recomenda que:

a) se intensifique a implementação do Plano Nacional de Direitos Humanos, dando prioridade àquelas transformações que evitem a impunidade ante os abusos cometidos por agentes estatais e, em especial, pelas forças de segurança pública. Entre tais mudanças, a sujeição dos policiais militares estaduais à jurisdição penal comum.

b) se simplifiquem e acelerem os procedimentos judiciais e se coordenem as jurisdições interestaduais por uma investigação mais eficaz, bem como o subseqüente procedimento penal e o castigo dos responsáveis por ataques e campanhas para atemorizar a população.

c) se proteja de maneira mais efetiva as crianças em condições carentes e se tomem medidas especiais compensatórias para garantir sua igualdade de oportunidades, especialmente sobre o acesso a educação, segurança pessoal, serviços de saúde e saneamento básico.

d) se organize legislativamente e de maneira prática a defesa efetiva dos direitos dos povos indígenas do Brasil, em particular com respeito à integridade e ao controle efetivo de suas terras e culturas, sua organização e o respeito a seus direitos políticos;

e) se generalize a implementação de instituições e práticas destinadas à prevenção e solução pacífica de conflitos tais como Conselhos Tutelares Municipais para crianças e adolescentes, as delegacias da mulher e as estratégias de prevenção e negociação para situações disciplinares em estabelecimentos penais;

f) Se acelerem a solução dos problemas de acesso à propriedade da terra rural aplicando plenamente os preceitos constitucionais; prevenindo, evitando e solucionando legalmente as situações de tensão e confronto que se derivam de discriminatória desigualdade relativa às oportunidades de utilização de recursos econômicos do país".

A Comissão detém ainda, entre suas faculdades, o poder de realizar visitas *in loco*, quando julgar indispensável que um de seus membros faça pessoalmente uma verificação de condições a ela relatadas, ou ainda para fazer uma missão de verificação geral. O rol de atribuições da Comissão encontra-se descrito no art. 41 da Convenção Americana[13].

No entanto, a função primordial da Comissão é receber as denúncias individuais de violações perpetradas por Estados-partes da OEA. A legitimidade ativa dos denunciantes é amplíssima: qualquer pessoa ou grupo de pessoas ou ainda entidades não-governamentais legalmente constituídas podem levar um caso à Comissão. Não é necessária vinculação específica à violação ou ser vítima para levar uma denúncia ao órgão[14].

---

[13] É paradigmática a visita *in loco* feita pela CIDH à Argentina em 1979, em plena ditadura militar.

[14] Isto é explicado com o auxílio das lições de Direito Internacional Público sobre a natureza dos tratados de direitos humanos. Enquanto os tratados bilaterais ou multilaterais estabelecem direitos e deveres recíprocos, sem a participação de outros atores não-signatários, os tratados de direitos humanos possuem representação diversa: as exigências

A Comissão é competente para receber casos de violação perpetrados por Estados-membros da OEA que ratificaram ou não a Convenção Americana. O Protocolo de Buenos Aires dotou a Comissão de poderes para dar seguimento a denúncias de violações à Carta da OEA ou à Declaração Americana, agora dotadas de exigibilidade[15]. Alguns casos brasileiros foram apresentados antes de 1992, com base na Declaração Americana, como por exemplo o dos yanomamis[16].

Necessário é que se cumpram os requisitos estabelecidos na Convenção Americana para a apresentação de uma petição, que estão elencados no art. 46 do Pacto de San José.

Paradoxalmente, apesar de ser o órgão que recebe as denúncias individuais, a Comissão não possui competência para emitir sentenças. Ao constatar a responsabilidade do Estado por uma violação, a Comissão elabora um relatório final com recomendações ao Estado a fim de fazer retornar o *status quo ante*, ou seja, fazer cessar imediatamente a violação denunciada e indenizar a vítima por todos os prejuízos sofridos, ou ainda, nas palavras do tratado, "determina que se assegure ao prejudicado o gozo do seu direito ou liberdade violados"[17].

---

e os deveres estão apontados para todos os países signatários, mas se destinam essencialmente à proteção de seus nacionais. Assim, não pode ser utilizada a velha representação sinalagmática, na qual se vêem setas iguais superpostas em sentidos contrários.

[15] RAMOS, André Carvalho. *Processo internacional de direitos humanos*, op. cit., p. 219: "O artigo 20 'b' do Estatuto da Comissão autoriza o estabelecimento de um sistema de petição individual aplicável aos Estados americanos que não ratificaram a Convenção Americana de Direitos Humanos. Tal poder capacitou a Comissão a processar petições individuais contendo alegadas violações a direitos humanos protegidos pela Carta da OEA e pela Declaração Americana, de maneira similar ao sistema de petição individual sob a égide da Convenção Americana de Direitos Humanos. O objetivo desse sistema é a elaboração de recomendação ao Estado para a observância e garantia de direitos humanos protegidos pela Carta da OEA e pela Declaração Americana de Direitos e Deveres do Homem".

[16] Da mesma forma, violações ocorridas nos Estados Unidos, Canadá, Antigua e Barbuda, Belize, Guiana, San Kitts e Nevis, Santa Lucía, San Vicente e Grenadines, que até a presente data não ratificaram a Convenção Americana, podem ser denunciadas à Comissão Interamericana com base nos documentos supracitados.

[17] O objetivo é restaurar a situação anterior à violação da forma mais abrangente possível, com a restauração do direito violado, por exemplo liberdade — se for o caso —, e com a reparação pelos prejuízos sofridos. Entre os prejuízos incluem-se os materiais, como contratação de advogados, custas judiciais, lucro cessante ou dano emergente, acrescidos dos morais porventura sofridos pela parte.

## 4. Requisitos da petição no Sistema Interamericano

Para que uma petição seja considerada admissível perante o Sistema Interamericano, deve contemplar os requisitos previstos na Convenção Americana: o esgotamento dos recursos de direito interno, a apresentação da petição em um prazo inferior a seis meses da ciência da última decisão, e a proibição da litispendência internacional.

A regra do prévio esgotamento dos recursos de direito interno originou-se nas relações diplomáticas entre os Estados[18], mas foi incorporada pelo Direito Internacional dos Direitos Humanos. O Preâmbulo da Convenção Americana estabelece que os mecanismos internacionais "oferecem proteção internacional aos direitos essenciais da pessoa humana" de forma "coadjuvante ou complementar da que oferece o direito interno dos Estados Americanos". Por conseguinte, os órgãos internacionais não têm legitimidade para conhecer de uma violação sem que antes se tenha dado oportunidade ao Estado denunciado de solucioná-la.

Por outro lado, o propósito da regra não é incentivar situações burocráticas insolúveis para que os peticionários nunca possam ter acesso ao sistema, mas como estímulo à solução das violações de direitos humanos pelo fortalecimento das vias internas. Senão vejamos sentença da Corte Interamericana:

> 61. A regra do prévio esgotamento dos recursos internos permite ao Estado resolver o problema segundo seu Direito interno antes de se ver enfrentando um processo internacional de direitos humanos, por ser esta esfera "coadjuvante ou complementar" da interna.

E segue acrescentando:

---

[18] NIKKEN, Pedro. *A proteção internacional dos direitos humanos. Seu desenvolvimento progressivo*, op. cit., p. 232: "Segundo o Direito internacional geral, para que um Estado possa estender sua proteção diplomática aos sujeitos de sua nacionalidade, presumidamente lesionados por um fato ilícito de outro Estado, e apresentar assim uma reclamação fundada sobre a responsabilidade internacional deste, é necessário que tenha esgotado previamente todos os recursos internos para obter a reparação do dano em nível nacional. Esta é uma antiga regra consuetudinária segundo a qual se deve oferecer sempre aos Estados a oportunidade de aplicar os mecanismos soberanamente estabelecidos por seu sistema jurídico interno para remediar ou ressarcir as conseqüências de um fato ilícito, supostamente cumprido em prejuízo de um estrangeiro, antes que o Estado ao qual este nacional pertence pretenda imputar tal fato como violatório do Direito Internacional".

62. A regra do prévio esgotamento dos recursos internos na esfera do Direito internacional dos direitos humanos tem certas implicações que estão presentes na Convenção. Com efeito, segundo ela, os Estados-partes se obrigam a prover recursos judiciais efetivos a vítimas de violações de direitos humanos (art. 25), recursos que devem ser providos em conformidade com as regras do devido processo legal (art. 8.1)(...)

Velasquez Rodriguez, sentença de 29 de julho de 1988 (tradução livre).

A proibição da litispendência veda que um mesmo caso seja apresentado simultaneamente a duas instâncias internacionais de caráter convencional. Assim, uma denúncia pode ser levada a um dos mecanismos extraconvencionais das Nações Unidas e ao Sistema Interamericano, pois os mandatos não são da mesma natureza. Os mecanismos extraconvencionais possuem mandato de natureza política, enquanto os órgãos do Sistema Interamericano possuem natureza jurisdicional ou quase-jurisdicional.

Há, no entanto, exceções ao requisito do esgotamento dos recursos de direito interno, previstos no art. 46.2. As exceções podem ser invocadas em três situações distintas: quando não existam recursos previstos na legislação interna; quando estes recursos existem, mas são ineficazes ou inacessíveis; e quando haja demora injustificada na decisão de recursos interpostos. A Corte Interamericana entende o assunto da forma abaixo reproduzida:

"93. O assunto ganha outra feição, no entanto, quando se demonstra que os recursos são rejeitados sem antes chegar ao exame de sua validez, ou por razões fúteis, ou se comprova a existência de uma prática ou política ordenada ou tolerada pelo poder público cujo efeito é o de impedir a certos demandantes a utilização dos recursos internos que, normalmente, estariam ao alcance dos demais. Em tais casos socorrer-se desses recursos se converte em uma formalidade desprovida de sentido. As exceções do artigo 46.2 seriam plenamente aplicáveis nestas situações e eximiriam da necessidade de esgotar os recursos internos que, na prática, não podem alcançar seu objetivo".

*Velasquez Rodriguez, sentença de 29 de julho de 1988* (tradução livre).

## 5. Os trâmites no Sistema Interamericano

O procedimento levado a cabo perante o Sistema Interamericano visa à verificação da responsabilidade internacional do Estado diante da violação de direito estabelecido na Convenção Americana. A responsabilidade internacional difere fundamentalmente da estabelecida pelo direito interno e está assentada no compromisso de "respeitar" e "garantir" os direitos previstos no art. 1.1 da Convenção.

O binômio "respeitar" e "garantir" impõe aos Estados deveres de abstenção e de implementação, ou, como se diz, positivos e negativos. Os deveres de abstenção estão relacionados ao "respeito", de forma que o Estado deve se abster de cercear os indivíduos no exercício das liberdades individuais, seja de expressão, locomoção ou associação[19].

Já o termo "garantir" impõe uma obrigação positiva de implementar ou de fazer. O Estado deve oferecer uma legislação harmônica com a Convenção Americana, em direitos e deveres. Também deve garantir que seus agentes atuem em conformidade com estas regras, já que não é suficiente haver consonância meramente aparente. A presença de normas hipoteticamente aptas a garantir os direitos humanos não elidem o descumprimento do art. 1.1 da Convenção Americana, apenas o resultado adequado o faz[20].

A Corte Interamericana tem assentado entendimento sobre a responsabilidade internacional, bem como sobre a importância do art. 1.1 na sua configuração. Grande parte dos casos clássicos, a exemplo de Velasquez Rodrigues contra Honduras, trata do assunto:

> "162. Este artigo contém a obrigação contraída pelos Estados-partes em relação a cada um dos direitos protegidos, de tal maneira que toda pretensão de que se tenha lesado algum desses direitos implica necessariamente a de que se tenha infringido também o artigo 1.1 da Convenção. (...)

---

[19] VELAZQUES RODRIGUES, sentença 165: "A primeira obrigação assumida pelos Estados-partes, nos termos do citado artigo, é a de 'respeitar os direitos e liberdades' reconhecidos na Convenção. O exercício da função pública tem limites que derivam de que os direitos humanos são atributos inerentes à dignidade humana e, em conseqüência, superiores ao poder do Estado".

[20] Para melhor definição da responsabilidade internacional, consultar: FERREIRA, Patrícia Galvão. Responsabilidade internacional do Estado, in *Direitos Humanos Internacionais — avanços e desafios no início do século XXI*. LIMA JR., Jayme Benvenuto (org.). Recife: MNDH/GAJOP, 2001.

164. O artigo 1.1 é fundamental para determinar se uma violação dos direitos humanos reconhecida pela Convenção pode ser atribuída a um Estado-parte. Com efeito, dito artigo impõe aos Estados-partes os deveres fundamentais de respeito e de garantia, de tal modo que todo menosprezo aos direitos humanos reconhecidos na Convenção pode ser atribuído, segundo as regras do Direito Internacional, a ação ou omissão de qualquer autoridade pública, constitui um fato imputável ao Estado que implica sua responsabilidade nos termos previstos pela mesma Convenção".

No volume 13 da *Gazeta do Cejil*, tem-se sucinta descrição do procedimento renovado na Comissão Interamericana, que aqui é reproduzida:

"Antes de transmitir as partes pertinentes da petição ao Estado demandado, a Comissão fará uma revisão inicial da petição para determinar se esta reúne os requisitos estabelecidos por seu Regimento (artigo 28) e Estatuto. Se a Comissão estima que a petição reúne os requisitos básicos, transmitirá a petição ao Estado, que terá dois meses para apresentar sua resposta. O Estado poderá solicitar uma prorrogação do prazo; no entanto, a Comissão não concederá prorrogações que excedam três meses contados a partir da data do envio da primeira solicitação de informação ao Estado.

Depois desta rodada inicial, a Comissão poderá solicitar que as partes apresentem observações adicionais, seja por escrito ou em audiência, antes de pronunciar-se sobre a admissibilidade da petição. Uma vez consideradas as posições das partes quanto aos elementos pertinentes à admissibilidade (*inter alia*, esgotamento de recursos internos, cumprimento do prazo para apresentação de petições, duplicação de procedimentos), a Comissão se pronunciará sobre o assunto publicando um informe de admissibilidade ou inadmissibilidade. Se adotar o informe de admissibilidade, a petição será registrada como caso e se iniciará o procedimento de mérito.

Com a abertura do caso, a Comissão fixará um prazo de dois meses para que os peticionários apresentem suas observações sobre o mérito, que serão transmitidas ao Estado demandado a fim de que apresente suas observações dentro do prazo de dois meses. Antes de chegar a uma decisão sobre o mérito, a Comissão dará a oportunidade às partes de manifestar seu interesse em iniciar o procedimento de solução amistosa. Para tanto, de acordo com os novos regimentos, a discussão sobre o mérito precederia o gesto da Comissão de facilitar uma solução amistosa.

Caso se atinja uma solução amistosa, a Comissão aprovará um relatório com uma breve exposição dos fatos e da solução conseguida. Caso não se atinja uma solução amistosa, a Comissão prosseguirá com o trâmite do caso. A Comissão preparará um relatório sobre o mérito no qual examinará as alegações, as provas e as informações submetidas pelas partes ou coletadas pela Comissão através de visitas *in loco*.

Se a Comissão estabelecer que houve violação por parte do Estado, preparará um relatório preliminar com proposições e recomendações que será transmitido ao Estado, que terá um prazo fixado pela Comissão para apresentar sua resposta e adotar as medidas recomendadas. Assim mesmo, a Comissão notificará os peticionários, no caso dos Estados que tenham aceitado a jurisdição contenciosa da Corte Interamericana, a fim de que os peticionários apresentem sua posição a respeito do envio do caso à Corte. Se o Estado em questão aceitou a jurisdição da Corte e a Comissão considera que não cumpriu com as recomendações contidas no informe de mérito, tendo em conta o sustentado pelos peticionários, a Comissão submeterá o caso à Corte. Naqueles casos que não são submetidos à Corte e o assunto não foi solucionado, a Comissão poderá emitir um relatório definitivo que contenha sua opinião e suas conclusões finais e recomendações. Uma vez publicado um relatório sobre o mérito, assim como um informe sobre solução amistosa, a Comissão poderá tomar as medidas de seguimento que considere oportunas, solicitar informação às partes ou convocar uma audiência, com o fim de verificar o cumprimento dos acordos de solução amistosa ou das recomendações"[21].

## 6. Medidas cautelares e provisórias

Embora o procedimento no Sistema Interamericano exija, via de regra, o esgotamento dos recursos de direito interno, há casos urgentes

---

[21] Texto em www.cejil.org. Tradução livre do espanhol.

em que o risco ao qual a potencial vítima está sujeita seria de dano irreparável[22]. Não há como esperar proteção ou garantia do Estado. Nestas situações a Convenção Americana, bem como os Regimentos Internos da Comissão e da Corte, prevêem procedimentos urgentes, de forma a "evitar danos irreparáveis às pessoas", chamados de medidas cautelares e medidas provisórias.

A Comissão, de acordo com o artigo 25 do seu Regimento Interno, está autorizada a solicitar ao Estado a adoção de medidas cautelares, por iniciativa própria ou a requerimento das partes interessadas. Este procedimento, no entanto, carece de força convencional, uma vez que foi estabelecido pelo Regimento Interno daquele órgão.

Por outro lado, as medidas provisórias ordenadas pela Corte Interamericana não estão apenas previstas no art. 25 do seu Regimento, mas também no artigo 63.2 da Convenção Americana. Caso o Estado não cumpra estas medidas, isto se transforma em violação adicional da Convenção Americana, dado o seu caráter convencional.

As medidas provisórias podem ser adotada *ex officio* em relação a casos sob análise da Corte ou a requerimento da Comissão nos casos que ainda não tenham chegado à Corte, desde que o Estado envolvido tenha reconhecido a competência da Corte.

## 7. A Corte Interamericana de Proteção aos Direitos Humanos

A Corte Interamericana de Direitos Humanos é o órgão jurisdicional do Sistema por excelência. Enquanto os membros da Comissão são chamados de Comissários, os membros da Corte detêm o título de juízes; enquanto a Comissão elabora um relatório final com "recomendações", a Corte emite uma sentença "definitiva e inapelável", nas palavras da Convenção Americana. As sentenças da Corte são, ainda, obrigatórias, não podendo os Estados recusar-se a cumpri-las.

Enquanto o reconhecimento da competência da Comissão para conhecer de casos individuais decorre automaticamente da ratificação da

---

[22] Ultimamente a jurisprudência do sistema vem ampliando o rol dos direitos passíveis de serem protegidos por estas vias, pois a interpretação clássica do instituto limitava-o a resguardar violações do direito à vida ou à integridade física. No entanto, há diversos casos litigados em favor dos povos indígenas no qual esta limitação foi desconsiderada: *Tingni vs. Nicaragua*; *Maya vs. Belize e Mary and Carrie Dann* (Estados Unidos). Para mais informações consultar MACKAY, Fergus. A Guide to Indigenous People's Right in the Inter-American Human Rights System. Forest People Programme, *mimeo*.

Convenção Americana, o procedimento de aceitação da função contenciosa da Corte Interamericana depende de manifestação expressa em documento escrito depositado na sede da OEA.

Embora o Brasil tenha ratificado a Convenção Interamericana em 1992, e, portanto, automaticamente tenha se sujeitado ao monitoramento pela Comissão Interamericana, o documento relativo à Corte só foi depositado em dezembro de 1998[23].

É importante lembrar que os indivíduos não são aptos a recorrer diretamente à Corte Interamericana de Direitos Humanos, uma vez que não há tal previsão na Convenção Americana que os legitime para tanto. Apenas os Estados-partes e a própria Comissão Interamericana podem decidir submeter ou não um caso à Corte Interamericana de Direitos Humanos.

Em ambas as situações, o Estado denunciado deve expressamente haver reconhecido a competência daquele órgão. Em relação aos casos levados pela Comissão para o processo judicial na Corte, é necessário o cumprimento de todas as etapas previstas na Convenção Americana.

A Corte Interamericana de Direitos Humanos não está vinculada aos trabalhos e/ou conclusões da Comissão. Assim, pode optar por repetir toda a fase probatória, e concluí-las de forma diferenciada. Isto quer dizer que, hipoteticamente, a Comissão pode decidir pelo reconhecimento de uma violação de um dos direitos estabelecidos na Convenção Americana e a Corte Interamericana de Direitos Humanos rejeitá-lo, posteriormente.

Além da função jurisdicional, a Corte Interamericana de Direitos Humanos também produz os chamados Pareceres Consultivos (*Opiniones Consultivas*). Esses são frutos da função hermenêutica do órgão. Nestes Pareceres a Corte Interamericana faz pública e obrigatória a sua interpretação concernente a dispositivos previstos nos tratados de direitos humanos, definindo o sentido e o alcance das normas em questão; também se pronuncia sobre a compatibilidade de leis nacionais com os tratados internacionais. A leitura dos Pareceres Consultivos permite utilizar, quando da apresentação internacional de um caso, con-

---

[23] A redação dada no documento depositado na OEA diz que o Brasil reconhece a competência jurisdicional da Corte Interamericana para conhecer dos casos ocorridos posteriormente a dezembro de 1988. Isto significa que os casos que tramitam na Comissão a partir 1992 não poderão ser levados a juízo na Corte, e que os ocorridos temporalmente antes desta data, mas não levados ao Sistema Interamericano, esgotarão seu procedimento na Comissão.

ceitos que foram estabelecidos pela própria Corte na busca de um resultado semelhante[24].

A Corte Interamericana produz, como resultado de um processo sob a sua jurisdição, uma sentença que, segundo a Convenção, deve ser executada internamente como se produzida em direito interno. Ainda não há caso brasileiro tramitando na Corte para que um padrão de procedimento seja estabelecido[25].

O exemplar de número 13 da já citada *Gazeta do Cejil* também descreve os trâmites na Corte, nos padrões atualmente descritos pelos novo regimento:

> "A Comissão iniciará o processo ante a Corte Interamericana com a apresentação de uma demanda. A Corte informará sobre a interposição da demanda ao Estado demandado, ao denunciante original, assim como a presumida vítima, seus familiares ou seus representantes, que disporão de um prazo de 30 dias para apresentar autonomamente à Corte suas solicitações, argu-

---

[24] Existem dezessete Pareceres Consultivos publicados pela Corte Interamericana. São eles: OC-1/82 sobre "Outros Tratados"; OC-2/82 sobre "O efeito das reservas sobre a entrada em vigor da Convenção Americana sobre Direitos Humanos"; OC-3/83 sobre "Restrições à pena de morte"; OC-4 sobre "Proposta de modificação à Constituição Política da Costa Rica relacionada com naturalização"; OC-5/85 sobre "A filiação obrigatória de jornalistas"; OC-6/86 sobre a expressão "leis" no artigo 30 da Convenção Americana; OC-7/86 sobre a "Exigibilidade do direito de retificação ou resposta"; OC-8/87 sobre o "Habeas Corpus sob suspensão de garantias"; OC-9/87 sobre "Garantias judiciais em Estados de Emergência"; OC-10/89 sobre "Interpretação da Declaração Americana dos Direitos e Deveres do Homem no marco do artigo 64 da Convenção Americana sobre Direitos Humanos"; OC-11/90 sobre "Exceções ao esgotamento dos recursos internos"; OC-12/91 sobre a "Compatibilidade de projeto de lei com o artigo 8.2.h da Convenção Americana sobre Direitos Humanos; OC-13/83 sobre "Algumas atribuições da Comissão Interamericana de Direitos Humanos"; OC-14/94 sobre "Responsabilidade internacional por expedição e aplicação de Leis Violatórias da Convenção"; OC-15/97 sobre "Informes da Comissão Interamericana de Direitos Humanos"; OC-16/99 sobre "O direito sobre a informação sobre assistência consular no marco das garantias no devido processo legal"; OC-17/2002 sobre "Condição Jurídica e Direitos Humanos das Crianças", recentemente publicado. Por fim, foi feito um pedido de Opinião Consultiva pelos Estados Unidos do México sobre os diretos humanos dos migrantes. Para acesso aos textos integrais, ver www.oas.org.

[25] Há, no entanto, Projeto de Lei n. 3214/2000, de autoria do deputado Marcos Rolim, que busca normatizar a situação: "as decisões de caráter indenizatório constituir-se-ão em títulos executivos judiciais e estarão sujeitas à execução direta contra a Fazenda Pública Federal". Não considero a solução adequada, uma vez que exige que a vítima, depois de ter esgotado os recursos de direito interno, cumprido os trâmites no Sistema Interamericano, deve ainda mover ação de execução no Brasil para ser paga em precatórios, que podem ser pagos em até dez anos.

mentos e provas. Por sua parte, o Estado terá um prazo de dois meses para interpor as exceções preliminares junto com o escrito de contestação da demanda. Contestada a demanda, a Corte assinalará a data de abertura do procedimento oral e fixará as audiências que forem necessárias. O processo ante a Corte se desenvolve em etapas, tais como exceções preliminares, mérito, e reparações...".

## 8. O litígio de direitos humanos econômicos, sociais e culturais

Recentemente as entidades que litigam na Corte Interamericana vêm buscando o reconhecimento da superação das diferenças historicamente criadas entre os direitos humanos civis e políticos e os direitos humanos econômicos sociais e culturais[26]. Isto porque a Convenção Americana não prevê o trâmite de casos individuais relativos a DhESC no sistema interamericano.

Na Convenção Americana, há apenas um artigo, o 26, que trata dos direitos humanos econômicos, sociais e culturais, mas com as reservas de praxe: progressividade e capacidade econômica de implementação de acordo com as possibilidades de cada Estado[27].

Tal omissão foi parcialmente sanada com a edição do Protocolo Adicional à Convenção Americana em Matéria de Direitos Econômicos, Sociais e Culturais — também conhecido como Protocolo de San Salvador, que entrou em vigor em 1999[28]. Ainda assim, tal Protocolo não equalizou a matéria de forma ideal, uma vez que apenas dois artigos, o art. 8º

---

[26] Para a compreensão do problema envolvendo as classificações dos direitos em gerações, ou a tentativa de desqualificar os DhESC como verdadeiros direitos humanos, ver LIMA JR., Jayme Benvenuto. Os direitos humanos econômicos, sociais e culturais, op. cit. De qualquer sorte é triste constatar que as violações de direitos humanos decorrentes da miséria ainda não gozam do mesmo *status* que as mortes violentas.

[27] Art. 26 da Convenção Americana: Desenvolvimento Progressivo. Os Estados-partes comprometem-se a adotar as providências, tanto no âmbito interno como mediante cooperação internacional, especialmente econômica e técnica, a fim de conseguir progressivamente a plena efetividade dos direitos que decorrem das normas econômicas, sociais e sobre educação, ciência e cultura, constantes da Carta da Organização dos Estados Americanos, reformada pelo Protocolo de Buenos Aires, na medida dos recursos disponíveis, por via legislativa ou por outros meios apropriados.

[28] O Brasil ratificou o Protocolo de San Salvador em 1996. São partes: Argentina, Brasil, Bolívia, Costa Rica, República Dominicana, Equador, El Salvador, Guatemala, Haiti, México, Nicarágua, Panamá, Peru, Suriname, Uruguai e Venezuela.

e o 13, relativos à educação e aos direitos sindicais, estão expressamente previstos como passíveis de denúncia no Sistema Interamericano.

Várias estratégias para superar estas diferenciações estão sendo levadas a cabo por entidades peticionárias, com vistas a forçar os órgãos do Sistema a conhecer de violações aos direitos humanos em sua integralidade, interdependência e indivisibilidade, como recomenda a Declaração de Viena, de 1993[29].

São utilizadas as seguintes fórmulas para buscar o reconhecimento da indivisibilidade dos direitos humanos: a primeira busca construir uma ponte argumentativa entre os direitos humanos civis e políticos estabelecidos na Convenção Americana e os do Protocolo de San Salvador. Dessa forma, em alguns casos, uma violação do direito à saúde pode ser litigada como direito à vida ou à integridade física; a segunda forma é feita com base no art. 24 da Convenção Americana, que veda a discriminação, e em função disso a Comissão não pode se recusar a conhecer de casos de violação aos direitos humanos econômicos, sociais e culturais porque estaria ela própria violando o preceito; e por fim, a terceira possibilidade diz respeito a uma interpretação do Protocolo de San Salvador, afinal este afirma que os direitos à educação e os sindicais ensejam denúncias à Comissão Interamericana, mas não veda expressamente outros direitos. E, segundo o velho corolário jurídico, "tudo que não está proibido é permitido". Abre-se, portanto, uma brecha na legislação.

Ultimamente, a Corte Interamericana vem editando sentenças nas quais se percebe uma evolução da sua jurisprudência ampliando o conceito dos direitos humanos. Os principais casos são *Aloeboetoe e outros contra o Suriname*, no qual a Corte reconhece a organização social matriarcal da vítimas para efeitos do recebimento e distribuição do montante indenizatório, reconhecendo a primazia dos direitos culturais daquela tribo para efeitos de sucessões; *Villagrán Morales e outros contra Guatemala*, no qual redefine o direito à vida integrando direitos civis e econômicos, sociais e culturais; *Baena Ricardo e outros contra Panamá*, no qual são analisados direitos sociais relativos ao trabalho, desligamentos ilegais e indenizações devidas[30].

---

[29] Parágrafo 5°: "Todos os direitos humanos são universais, indivisíveis, interdependentes e inter-relacionados".

[30] Sobre a jurisprudência do Sistema Interamericano em matéria de DHESC, ver LEÃO, Renato Zerbini Ribeiro. O Protocolo de San Salvador e os direitos econômicos, sociais e culturais, in *Direitos Humanos Internacionais — avanços e desafios no início do século XXI*. LIMA Jr., Jayme Benvenuto (org.), op. cit.

Por fim, em voto conjunto proferido no caso Villagrán Morales, o juiz presidente da Corte Interamericana, Prof. Cançado Trindade, assegura que, utilizando a ponte entre os direitos, não há sentido em garantir um direito à vida sem garantir a dignidade do ser humano; senão vejamos:

> "O dever do Estado de tomar medidas positivas se acentua precisamente em relação com a proteção da vida de pessoas vulneráveis e indefesas, em situação de risco, como são as crianças de rua. A privação arbitrária da vida não se limita, pois, ao ilícito de homicídio; se estende igualmente à privação do direito de viver com dignidade. Esta visão conceitua o direito à vida como pertencente, ao mesmo tempo, ao domínio dos direitos civis e políticos, assim como ao dos direitos econômicos, sociais e culturais, ilustrando assim a inter-relação e indivisibilidade de todos os direitos humanos".

# Referências bibliográficas

AN-NA'IM, Abdullah Ahmed. Human Rights in the Muslim World, in STEINER, Henry J., ALSTON, Philip. *International Human Rights in Context: Law, Politics, Morals*. Oxford/New York: Oxford University Press, 1996, pp. 210-218.

BOOTH, Ken. Three Tyrannies, in DUNNE, Tim, WHEELER, Nicholas J. (orgs.). *Human Rights in Global Politics*. Cambridge: Cambridge University Press, 1999.

BUERGENTHAL, Thomas, NORRIS, Robert E., SHELTON, Dinah. *A proteção dos direitos humanos nas Américas*. Madrid: Civitas, 1994.

CANÇADO TRINDADE, Antônio Augusto. *Tratado de Direito Internacional dos Direitos Humanos*. Volume I. Porto Alegre: Sergio Antonio Fabris Editor, 1997.

———. *Direito das Organizações Internacionais*. Belo Horizonte: Del Rey, 2ª ed., 2002.

———. O legado da Declaração Universal e o futuro da proteção internacional dos direitos humanos, in AMARAL JUNIOR, Alberto do, PERRONE-MOISÉS, Claudia (orgs.). *O cinqüentenário da Declaração Universal dos Direitos do Homem*. São Paulo: EDUSP, 1999, pp. 13-51.

CENTRO PELA JUSTIÇA E O DIREITO INTERNACIONAL. www.cejil.org.

CRAVEN, Matthew. The Domestic Application of the International Covenant on Economic, Social and Cultural Rights, in *Netherlands International Law Review*, vol. XL, 1993.

DONNELLY, Jack. *Universal Human Rights in Theory and Practice*. Ithaca: Cornell University Press, 1989.

———. Human Rights and Asian Values: a Defense of Western Universalism, in BAUER, Joanne R., BELL, Daniel A. (edit.). *The East Asian Challenge for Human Rights*. New York: Cambridge University Press, 1999, pp. 60-87.

——. The Social Construction of International Human Rights, in DUNNE, Tim, WHEELER, Nicholas J. (orgs.). *Human Rights in Global Politics*. Cambridge: Cambridge University Press, 1999, pp. 71-101.

E. ROBERTSON, Robert. Measuring State Compliance with the Obligation to Devote the 'Maximum Available Resources' to Realizing Economic, Social and Cultural Rights, in *Human Rights Quarterly*, vol. 16, n. 4. Cincinnatti: The Johns Hopkins University Press, 1994.

FASE. Entrevista com Antônio Augusto Cançado Trindade, revista *Proposta*, ano 31, n. 92, março/maio de 2002, Rio de Janeiro, 2002.

FERREIRA, Patrícia Galvão. Responsabilidade Internacional do Estado, in LIMA JR., Jayme Benvenuto (org.). *Direitos humanos internacionais — Avanços e desafios no início do século XXI*. Recife: MNDH/GAJOP, 2001.

HATCH, Elvin. Culture and Morality: the Relativity of Values in Anthropology, in STEINER, Henry J., ALSTON, Philip. *International Human Rights in Context: Law, Politics, Morals*. Oxford/New York: Oxford University Press, 1996, pp. 194-197.

HUMAN RIGHTS INTERNET. CD-ROM: *The United Nations Human Rights System*. Ottawa, 2001.

KAUSIKAN, Bilhari. Asia's Different Standard, in STEINER, Henry J., ALSTON, Philip. *International Human Rights in Context: Law, Politics, Morals*. Oxford/New York: Oxford University Press, 1996, pp. 226-231.

LAUREN, Paul Gordon. *The Evolution of International Human Rights: Visions Seen*. Philadelphia: University of Pennsylvania Press, 1998.

LEÃO, Renato Zerbini Ribeiro. O Protocolo de San Salvador e os Direitos Econômicos, Sociais e Culturais, in LIMA JR., Jayme Benvenuto (org.). *Direitos humanos internacionais — Avanços e desafios no início do século XXI*. Recife: MNDH/GAJOP, 2001.

MACKAY, Fergus. A Guide to Indigenous People's Right in the Inter-American Human Rights System. Forest People Programme. *mimeo*.

LIMA JR., Jayme Benvenuto. *Os direitos humanos econômicos, sociais e culturais*. Rio de Janeiro/ São Paulo: Editora Renovar, 2001.

NAÇÕES UNIDAS. http://www.unhchr.ch/spanish/folletos informativos

——. Documento CAT/C/XXVI/Concl.6/Rev.1. Genebra. 2001.

——. Documento E/CN. 4/2001/52. 2002.

——. Documento E/CN.4/RES/2000/9. 2000.

——. Documento E/CN.4/2002/59. 2002.

——. Documento A/48/44/Ad.1.

——. Documento E/CN.4/2001/66.

——. Document E/CN.4. The Limburg Principles on the Implementation of the International Covenant on Economic, Social and Cultural Rights, in

Human Rights Quarterly, vol. 9, n. 2. Cincinnati: The Johns Hopkins Press, 1987.

NIKKEN, Pedro. *La protección internacional de los derechos humanos: su desarrollo progresivo*. Madrid: Civitas Monografias, 1ª ed., 1987.

OFFICE OF THE HIGH COMMISSIONER FOR HUMAN RIGHTS. *Human Rights — A Basic Handbook for UN Staff*. Geneva. 2001.

OFFICE OF THE HIGH COMMISSIONER FOR HUMAN RIGHTS. *Seventeen Frequently Asked Questions About United Nations Special Rapporteurs. Fact Sheet n. 27*, Geneva, 2000.

ORGANIZAÇÃO DOS ESTADOS AMERICANOS. www.oas.org.

OTHMAN, Norani. Grounding Human Rights Arguments in Non-western Culture: Shari'a and the Citizenship Rights of Women in a Modern Islamic State, in BAUER, Joanne R., BELL, Daniel A. (edit.). *The East Asian challenge for human rights*. New York: Cambridge University Press, 1999, pp. 169-192.

PAREKH, Bhikhu. Non-ethnocentric Universalism, in DUNNE, Tim, WHEELER, Nicholas J. (orgs.). *Human Rights in Global Politics*. Cambridge: Cambridge University Press, 1999, pp. 128-159.

PIOVESAN, Flávia. Direitos humanos globais, justiça internacional e o Brasil, in AMARAL JUNIOR, Alberto do, PERRONE-MOISÉS, Claudia (orgs.). *O cinqüentenário da Declaração Universal dos Direitos do Homem*. São Paulo: EDUSP, 1999, pp. 239-254.

———. *Direitos humanos e o direito constitucional internacional*. São Paulo: Max Limonad, 4ª ed., 2000.

RAMOS, André de Carvalho. *Processo internacional de direitos humanos*. Rio de Janeiro/São Paulo: Editora Renovar, 2002.

SEN, Amartya Kumar. *Development as Freedom*. New York: Alfred A. Knopf, 1999.

SOUZA SANTOS, Boaventura. Uma concepção multicultural de direitos humanos, revista *Lua Nova*. São Paulo, n. 39, 105-124, 1997.

STEINER, Henry J., ALSTON, Philip. *International Human Rights in Context: Law, Politics, Morals*. Oxford/New York: Oxford University Press, 1996.

VINCENT, R. J. *Human Rights and International Relations*. Cambridge: Cambridge University Press, 1999.

# ANEXOS

# Principais Tratados de Direitos Humanos do Sistema Global

### DECLARAÇÃO UNIVERSAL DOS DIREITOS HUMANOS (1948)

Considerando que o reconhecimento da dignidade inerente a todos os membros da família humana e de seus direitos iguais e inalienáveis é o fundamento da liberdade, da justiça e da paz no mundo,

Considerando que o desprezo e o desrespeito pelos direitos humanos resultam em atos bárbaros que ultrajaram a consciência da Humanidade e que o advento de um mundo em que os homens gozem de liberdade de palavra, de crença e da liberdade de viverem a salvo do temor e da necessidade foi proclamado como a mais alta aspiração do homem comum,

Considerando essencial que os direitos humanos sejam protegidos pelo Estado de Direito, para que o homem não seja compelido, como último recurso, à rebelião contra a tirania e a opressão,

Considerando essencial promover o desenvolvimento de relações amistosas entre as nações,

Considerando que os povos das Nações Unidas reafirmaram, na Carta, sua fé nos direitos humanos fundamentais, na dignidade e no valor da pessoa humana e na igualdade de direitos dos homens e das mulheres, e que decidiram promover o progresso social e melhores condições de vida em uma liberdade mais ampla,

Considerando que os Estados-membros se comprometeram a promover, em cooperação com as Nações Unidas, o respeito universal aos direitos humanos e liberdades fundamentais e a observância desses direitos e liberdades,

Considerando que uma compreensão comum desses direitos e liberdades é da mais alta importância para o pleno cumprimento desse compromisso,

A Assembléia Geral proclama:

A presente Declaração Universal dos Direitos Humanos como o ideal comum a ser atingido por todos os povos e todas as nações, com o objetivo de que cada indivíduo e cada órgão da sociedade, tendo sempre em mente esta Declaração, se esforce, através do ensino e da educação, por promover o respeito a esses direitos e liberdades, e, pela adoção de medidas progressivas de caráter nacional e internacional, por assegurar o seu reconhecimento e a sua observância universais e efetivos, tanto entre os povos dos próprios Estados-membros quanto entre os povos dos territórios sob sua jurisdição.

**Artigo I**

Todas as pessoas nascem livres e iguais em dignidade e direitos. São dotadas de razão e consciência e devem agir em relação umas às outras com espírito de fraternidade.

**Artigo II**

Toda pessoa tem capacidade para gozar os direitos e as liberdades estabelecidas nesta Declaração, sem distinção de qualquer espécie, seja de raça, cor, sexo, língua, religião, opinião política ou de outra natureza, origem nacional ou social, riqueza, nascimento, ou qualquer outra condição.

Não será tampouco feita qualquer distinção fundada na condição política, jurídica ou internacional do país ou território a que pertença uma pessoa, quer se trate de um território independente, sob tutela, sem governo próprio, quer sujeito a qualquer outra limitação de soberania.

**Artigo III**

Toda pessoa tem direito à vida, à liberdade e à segurança pessoal.

**Artigo IV**

Ninguém será mantido em escravidão ou servidão; a escravidão e o tráfico de escravos serão proibidos em todas as suas formas.

**Artigo V**

Ninguém será submetido a tortura, nem a tratamento ou castigo cruel, desumano ou degradante.

**Artigo VI**

Toda pessoa tem o direito de ser, em todos os lugares, reconhecida como pessoa perante a lei.

## Artigo VII

Todos são iguais perante a lei e têm direito, sem qualquer distinção, a igual proteção da lei. Todos têm direito a igual proteção contra qualquer discriminação que viole a presente Declaração e contra qualquer incitamento a tal discriminação.

## Artigo VIII

Toda pessoa tem direito a receber dos tribunais nacionais competentes remédio efetivo para os atos que violem os direitos fundamentais que lhe sejam reconhecidos pela constituição ou pela lei.

## Artigo IX

Ninguém será arbitrariamente preso, detido ou exilado.

## Artigo X

Toda pessoa tem direito, em plena igualdade, a uma audiência justa e pública por parte de um tribunal independente e imparcial, para decidir de seus direitos e deveres ou do fundamento de qualquer acusação criminal contra ela.

## Artigo XI

1. Toda pessoa acusada de um ato delituoso tem o direito de ser presumida inocente até que a sua culpabilidade tenha sido provada de acordo com a lei, em julgamento público no qual lhe tenham sido asseguradas todas as garantias necessárias à sua defesa.
2. Ninguém poderá ser culpado por qualquer ação ou omissão que, no momento, não constituíam delito perante o direito nacional ou internacional. Tampouco será imposta pena mais forte do que aquela que, no momento da prática, era aplicável ao ato delituoso.

## Artigo XII

Ninguém será sujeito a interferências na sua vida privada, na sua família, no seu lar ou na sua correspondência, nem a ataques à sua honra e reputação. Toda pessoa tem direito à proteção da lei contra tais interferências ou ataques.

## Artigo XIII

1. Toda pessoa tem direito à liberdade de locomoção e residência dentro das fronteiras de cada Estado.

2. Toda pessoa tem o direito de deixar qualquer país, inclusive o próprio, e a este regressar.

**Artigo XIV**

1. Toda pessoa, vítima de perseguição, tem o direito de procurar e de gozar asilo em outros países.
2. Este direito não pode ser invocado em caso de perseguição legitimamente motivada por crimes de direito comum ou por atos contrários aos propósitos e princípios das Nações Unidas.

**Artigo XV**

1. Toda pessoa tem direito a uma nacionalidade.
2. Ninguém será arbitrariamente privado de sua nacionalidade, nem do direito de mudar de nacionalidade.

**Artigo XVI**

Os homens e mulheres de maior idade, sem qualquer restrição de raça, nacionalidade ou religião, têm o direito de contrair matrimônio e fundar uma família. Gozam de iguais direitos em relação ao casamento, sua duração e sua dissolução.

1. O casamento não será válido senão com o livre e pleno consentimento dos nubentes.
2. A família é o núcleo natural e fundamental da sociedade e tem direito à proteção da sociedade e do Estado.

**Artigo XVII**

1. Toda pessoa tem direito à propriedade, só ou em sociedade com outros.
2. Ninguém será arbitrariamente privado de sua propriedade.

**Artigo XVIII**

Toda pessoa tem direito à liberdade de pensamento, consciência e religião; este direito inclui a liberdade de mudar de religião ou crença e a liberdade de manifestar essa religião ou crença, pelo ensino, pela prática, pelo culto e pela observância, isolada ou coletivamente, em público ou em particular.

**Artigo XIX**

Toda pessoa tem direito à liberdade de opinião e expressão; este direito inclui a liberdade de, sem interferência, ter opiniões e de procurar, receber e transmitir informações e idéias por quaisquer meios e independentemente de fronteiras.

## Artigo XX

1. Toda pessoa tem direito à liberdade de reunião e associação pacíficas.
2. Ninguém pode ser obrigado a fazer parte de uma associação.

## Artigo XXI

1. Toda pessoa tem o direito de tomar parte no governo de seu país, diretamente ou por intermédio de representantes livremente escolhidos.
2. Toda pessoa tem igual direito de acesso ao serviço público do seu país.
3. A vontade do povo será a base da autoridade do governo; esta vontade será expressa em eleições periódicas e legítimas, por sufrágio universal, por voto secreto ou processo equivalente que assegure a liberdade de voto.

## Artigo XXII

Toda pessoa, como membro da sociedade, tem direito à segurança social e à realização, pelo esforço nacional, pela cooperação internacional de acordo com a organização e os recursos de cada Estado, dos direitos econômicos, sociais e culturais indispensáveis à sua dignidade e ao livre desenvolvimento da sua personalidade.

## Artigo XXIII

1. Toda pessoa tem direito ao trabalho, à livre escolha de emprego, a condições justas e favoráveis de trabalho e à proteção contra o desemprego.
2. Toda pessoa, sem qualquer distinção, tem direito a igual remuneração por igual trabalho.
3. Toda pessoa que trabalha tem direito a uma remuneração justa e satisfatória, que lhe assegure, assim como à sua família, uma existência compatível com a dignidade humana, e a que se acrescentarão, se necessário, outros meios de proteção social.
4. Toda pessoa tem direito a organizar sindicatos e a neles ingressar para a proteção de seus interesses.

## Artigo XXIV

Toda pessoa tem direito a repouso e lazer, inclusive a limitação razoável das horas de trabalho e a férias periódicas remuneradas.

## Artigo XXV

1. Toda pessoa tem direito a um padrão de vida capaz de assegurar a si e a sua família saúde e bem-estar, inclusive alimentação, vestuário, habita-

ção, cuidados médicos e os serviços sociais indispensáveis, e direito à segurança em caso de desemprego, doença, invalidez, viuvez, velhice ou outros casos de perda dos meios de subsistência em circunstâncias fora de seu controle.
2. A maternidade e a infância têm direito a cuidados e assistência especiais. Todas as crianças, nascidas dentro ou fora de matrimônio, gozarão da mesma proteção social.

**Artigo XXVI**

1. Toda pessoa tem direito à instrução. A instrução será gratuita, pelo menos nos graus elementares e fundamentais. A instrução elementar será obrigatória. A instrução técnico-profissional será acessível a todos, bem como a instrução superior, esta baseada no mérito.
2. A instrução será orientada no sentido do pleno desenvolvimento da personalidade humana e do fortalecimento do respeito pelos direitos humanos e pelas liberdades fundamentais. A instrução promoverá a compreensão, a tolerância e a amizade entre todas as nações e grupos raciais ou religiosos, e coadjuvará as atividades das Nações Unidas em prol da manutenção da paz.
3. Os pais têm prioridade de direito na escolha do gênero de instrução que será ministrada a seus filhos.

**Artigo XXVII**

1. Toda pessoa tem o direito de participar livremente da vida cultural da comunidade, de fruir as artes e de participar do processo científico e de seus benefícios.
2. Toda pessoa tem direito à proteção dos interesses morais e materiais decorrentes de qualquer produção científica, literária ou artística da qual seja autor.

**Artigo XXVIII**

Toda pessoa tem direito a uma ordem social e internacional em que os direitos e liberdades estabelecidos na presente Declaração possam ser plenamente realizados.

**Artigo XXIX**

1. Toda pessoa tem deveres para com a comunidade, em que o livre e pleno desenvolvimento de sua personalidade é possível.

2. No exercício de seus direitos e liberdades, toda pessoa estará sujeita apenas às limitações determinadas por lei, exclusivamente com o fim de assegurar o devido reconhecimento e respeito dos direitos e liberdades de outrem e de satisfazer às justas exigências da moral, da ordem pública e do bem-estar de uma sociedade democrática.
3. Esses direitos e liberdades não podem, em hipótese alguma, ser exercidos contrariamente aos propósitos e princípios das Nações Unidas.

**Artigo XXX**

Nenhuma disposição da presente Declaração pode ser interpretada como o reconhecimento a qualquer Estado, grupo ou pessoa, do direito de exercer qualquer atividade ou praticar qualquer ato destinado à destruição de quaisquer dos direitos e liberdades aqui estabelecidos.

### DECLARAÇÃO SOBRE O DIREITO AO DESENVOLVIMENTO (1986)

A Assembléia Geral,

Tendo em mente os propósitos e os princípios da Carta das Nações Unidas relativos à realização da cooperação internacional para resolver os problemas internacionais de caráter econômico, social, cultural ou humanitário, e para promover e encorajar o respeito aos direitos humanos e às liberdades fundamentais para todos, sem distinção de raça, sexo, língua ou religião;

Reconhecendo que o desenvolvimento é um processo econômico, social, cultural e político abrangente, que visa o constante incremento do bem-estar de toda a população e de todos os indivíduos com base em sua participação ativa, livre e significativa no desenvolvimento e na distribuição justa dos benefícios daí resultantes;

Considerando que sob as disposições da Declaração Universal dos Direitos Humanos todos têm direito a uma ordem social e internacional em que os direitos e as liberdades consagrados nesta Declaração possam ser plenamente realizados;

Recordando os dispositivos do Pacto Internacional sobre Direitos Econômicos, Sociais e Culturais e do Pacto Internacional sobre Direitos Civis e Políticos;

Recordando ainda os importantes acordos, convenções, resoluções, recomendações e outros instrumentos das Nações Unidas e de suas agências especializadas relativos ao desenvolvimento integral do ser humano, ao progresso econômico e social e desenvolvimento de todos os povos, inclusive os instrumentos relativos à descolonização, à prevenção de discriminação, ao respeito e observância dos direitos humanos e das liberdades fundamentais, à manutenção da paz e da segurança internacionais e maior promoção das relações amistosas e da cooperação entre os Estados de acordo com a Carta;

Recordando o direito dos povos à autodeterminação, em virtude do qual eles têm o direito de determinar livremente seu *status* político e de buscar seu desenvolvimento econômico, social e cultural;

Recordando também o direito dos povos de exercer, sujeitos aos dispositivos relevantes de ambos os Pactos Internacionais sobre Direitos Humanos, soberania plena e completa sobre todas as suas riquezas e os seus recursos naturais;

Atenta à obrigação dos Estados sob a Carta de promover o respeito e a observância universais aos direitos humanos e às liberdades fundamentais para todos, sem distinção de qualquer natureza, tal como de raça, cor, sexo, língua, religião, política ou outra opinião nacional ou social, propriedade, nascimento ou outro *status*;

Considerando que a eliminação das violações maciças e flagrantes dos direitos humanos dos povos e indivíduos afetados por situações tais como as resultantes de colonialismo, neocolonialismo, *apartheid*, de todas as formas de racismo e discriminação racial, dominação estrangeira e ocupação, agressão e ameaças contra a soberania nacional, unidade nacional e integridade territorial e ameaças de guerra contribuiria para o estabelecimento de circunstâncias propícias para o desenvolvimento de grande parte da humanidade;

Preocupada com a existência de sérios obstáculos ao desenvolvimento, assim como à completa realização dos seres humanos e dos povos, constituídos, *inter alia*, pela negação dos direitos civis, políticos, econômicos, sociais e culturais, e considerando que todos os direitos humanos e as liberdades fundamentais são indivisíveis e interdependentes, e que, para promover o desenvolvimento, devem ser dadas atenção igual e consideração urgente à implementação, promoção e proteção dos direitos civis, políticos, econômicos, sociais e culturais, e que, por conseguinte, a promoção, o respeito e o gozo de certos direitos humanos e liberdades fundamentais não podem justificar a negação de outros direitos humanos e liberdades fundamentais;

Considerando que a paz e a segurança internacionais são elementos essenciais à realização do direito ao desenvolvimento;

Reafirmando que existe uma relação íntima entre desarmamento e desenvolvimento e que o progresso no campo do desarmamento promoveria consideravelmente o progresso no campo do desenvolvimento, e que os recursos liberados pelas medidas de desarmamento deveriam dedicar-se ao desenvolvimento econômico e social, ao bem-estar de todos os povos e, em particular, daqueles dos países em desenvolvimento;

Reconhecendo que a pessoa humana é o sujeito central do processo de desenvolvimento e que essa política de desenvolvimento deveria assim fazer do ser humano o principal participante e beneficiário do desenvolvimento;

Reconhecendo que a criação de condições favoráveis ao desenvolvimento dos povos e indivíduos é a responsabilidade primária de seus Estados;

Cientes de que os esforços a nível internacional para promover e proteger os direitos humanos devem ser acompanhados de esforços para estabelecer uma nova ordem econômica internacional;

Confirmando que o direito ao desenvolvimento é um direito humano inalienável e que a igualdade de oportunidade para o desenvolvimento é uma prerrogativa tanto das nações quanto dos indivíduos que compõem as nações;

Proclama a seguinte Declaração sobre o Direito ao Desenvolvimento:

**Artigo 1º**

1. O direito ao desenvolvimento é um direito humano inalienável em virtude do qual toda pessoa humana e todos os povos estão habilitados a participar do desenvolvimento econômico, social, cultural e político, a ele contribuir e dele desfrutar, no qual todos os direitos humanos e liberdades fundamentais possam ser plenamente realizados.
2. O direito humano ao desenvolvimento também implica a plena realização do direito dos povos de autodeterminação, que inclui, sujeito às disposições relevantes de ambos os Pactos Internacionais sobre Direitos Humanos, o exercício de seu direito inalienável de soberania plena sobre todas as suas riquezas e os seus recursos naturais.

**Artigo 2º**

1. A pessoa humana é o sujeito central do desenvolvimento e deveria ser participante ativa e beneficiária do direito ao desenvolvimento.
2. Todos os seres humanos têm responsabilidade pelo desenvolvimento, individual e coletivamente, levando-se em conta a necessidade de pleno respeito aos seus direitos humanos e liberdades fundamentais, bem como seus deveres para com a comunidade, que sozinhos podem assegurar a realização livre e completa do ser humano, e deveriam por isso promover e proteger uma ordem política, social e econômica apropriada para o desenvolvimento.
3. Os Estados têm o direito e o dever de formular políticas nacionais adequadas para o desenvolvimento, que visem o constante aprimoramento do bem-estar de toda a população e de todos os indivíduos, com base em sua participação ativa, livre e significativa no desenvolvimento e na distribuição eqüitativa dos benefícios daí resultantes.

## Artigo 3º

1. Os Estados têm a responsabilidade primária pela criação das condições nacionais e internacionais favoráveis à realização do direito ao desenvolvimento.
2. A realização do direito ao desenvolvimento requer pleno respeito aos princípios do direito internacional relativos às relações amistosas e cooperação entre os Estados em conformidade com a Carta das Nações Unidas.
3. Os Estados têm o dever de cooperar uns com os outros para assegurar o desenvolvimento e eliminar os obstáculos ao desenvolvimento. Os Estados deveriam realizar seus direitos e cumprir suas obrigações de modo tal a promover uma nova ordem econômica internacional baseada em igualdade soberana, interdependência, interesse mútuo e cooperação entre todos os Estados, assim como a encorajar a observância e a realização dos direitos humanos.

## Artigo 4º

1. Os Estados têm o dever de, individual e coletivamente, tomar medidas para formular as políticas internacionais de desenvolvimento, com vistas a facilitar a plena realização do direito ao desenvolvimento.
2. É necessária a ação permanente para promover um desenvolvimento mais rápido dos países em desenvolvimento. Como complemento dos esforços dos países em desenvolvimento, uma cooperação internacional efetiva é essencial para prover esses países de meios e facilidades apropriados para incrementar seu amplo desenvolvimento.

## Artigo 5º

Os Estados tomarão medidas resolutas para eliminar as violações maciças e flagrantes dos direitos humanos dos povos e dos seres humanos afetados por situações tais como as resultantes do *apartheid*, de todas as formas de racismo e discriminação racial, colonialismo, dominação estrangeira e ocupação, agressão, interferência estrangeira e ameaças contra a soberania nacional, unidade nacional e integridade territorial, ameaças de guerra e recusas de reconhecimento do direito fundamental dos povos à autodeterminação.

## Artigo 6º

1. Todos os Estados devem cooperar com vistas a promover, encorajar e fortalecer o respeito universal pela observância de todos os direitos humanos e liberdades fundamentais para todos, sem distinção de raça, sexo, língua ou religião.

2. Todos os direitos humanos e liberdades fundamentais são indivisíveis e interdependentes; atenção igual e consideração urgente devem ser dadas à implementação, promoção e proteção dos direitos civis, políticos, econômicos, sociais e culturais.
3. Os Estados devem tomar providências para eliminar os obstáculos ao desenvolvimento resultantes da falha na observância dos direitos civis e políticos, assim como dos direitos econômicos, sociais e culturais.

**Artigo 7º**

Todos os Estados devem promover o estabelecimento, a manutenção e o fortalecimento da paz e da segurança internacionais, e, para este fim, deveriam fazer o máximo para alcançar o desarmamento geral e completo do efetivo controle internacional, assim como assegurar que os recursos liberados por medidas efetivas de desarmamento sejam usados para o desenvolvimento amplo, em particular o dos países em via de desenvolvimento.

**Artigo 8º**

1. Os Estados devem tomar, a nível nacional, todas as medidas necessárias para a realização do direito ao desenvolvimento e devem assegurar, *inter alia*, igualdade de oportunidade para todos em seu acesso aos recursos básicos, educação, serviços de saúde, alimentação, habitação, emprego e distribuição eqüitativa da renda. Medidas efetivas devem ser tomadas para assegurar que as mulheres tenham um papel ativo no processo de desenvolvimento. Reformas econômicas e sociais apropriadas devem ser efetuadas com vistas à erradicação de todas as injustiças sociais.
2. Os Estados devem encorajar a participação popular em todas as esferas, como um fator importante no desenvolvimento e na plena realização de todos os direitos humanos.

**Artigo 9º**

1. Todos os aspectos do direito ao desenvolvimento estabelecidos na presente Declaração são indivisíveis e interdependentes, e cada um deles deve ser considerado no contexto do todo.
2. Nada na presente Declaração deverá ser tido como sendo contrário aos propósitos e princípios das Nações Unidas, ou como implicando que qualquer Estado, grupo ou pessoa tenha o direito de se engajar em qualquer atividade ou de desempenhar qualquer ato voltado à violação dos direitos consagrados na Declaração Universal dos Direitos Humanos e nos Pactos Internacionais sobre Direitos Humanos.

## Artigo 10°

Os Estados deverão tomar medidas para assegurar o pleno exercício e fortalecimento progressivo do direito ao desenvolvimento, incluindo a formulação, a adoção e a implementação de políticas, medidas legislativas e outras, a níveis nacional e internacional.

## PACTO INTERNACIONAL SOBRE OS DIREITOS CIVIS E POLÍTICOS (1966)

### Preâmbulo

Os Estados-partes no presente Pacto:

Considerando que, em conformidade com os princípios enunciados na Carta das Nações Unidas, o reconhecimento da dignidade inerente a todos os membros da família humana e dos seus direitos iguais e inalienáveis constitui o fundamento da liberdade, da justiça e da paz no Mundo;

Reconhecendo que estes direitos decorrem da dignidade inerente à pessoa humana;

Reconhecendo que, em conformidade com a Declaração Universal dos Direitos do Homem, o ideal do ser humano livre, usufruindo das liberdades civis e políticas e liberto do medo e da miséria, não pode ser realizado a menos que sejam criadas condições que permitam a cada um gozar dos seus direitos civis e políticos, bem como dos seus direitos econômicos, sociais e culturais;

Considerando que a Carta das Nações Unidas impõe aos Estados a obrigação de promover o respeito universal e efetivo dos direitos e das liberdades do homem;

Tomando em consideração o fato de que o indivíduo tem deveres em relação a outrem e em relação à coletividade a que pertence e tem a responsabilidade de se esforçar a promover e respeitar os direitos reconhecidos no presente Pacto:

Acordam o que se segue:

### PRIMEIRA PARTE

### Artigo 1°

1. Todos os povos têm o direito a dispor deles mesmos. Em virtude deste direito, eles determinam livremente o seu estatuto político e dedicam-se livremente ao seu desenvolvimento econômico, social e cultural.
2. Para atingir os seus fins, todos os povos podem dispor livremente das suas riquezas e dos seus recursos naturais, sem prejuízo de quaisquer obrigações que decorrem da cooperação econômica internacional, fundada sobre o princípio do interesse mútuo e do direito internacional. Em nenhum caso pode um povo ser privado dos seus meios de subsistência.

3. O Estados-partes no presente Pacto, incluindo aqueles que têm a responsabilidade de administrar territórios não-autônomos e territórios sob tutela, são chamados a promover a realização do direito dos povos a disporem de si mesmos e a respeitar esse direito, conforme às disposições da Carta das Nações Unidas.

## SEGUNDA PARTE
### Artigo 2º

1. Cada Estado-parte no presente Pacto compromete-se a respeitar e a garantir a todos os indivíduos que se encontrem nos seus territórios e estejam sujeitos à sua jurisdição os direitos reconhecidos no presente Pacto, sem qualquer distinção, derivada, nomeadamente, de raça, de cor, de sexo, de língua, de religião, de opinião política, ou de qualquer outra opinião, de origem nacional ou social, de propriedade ou de nascimento, ou de outra situação.
2. Cada Estado-parte no presente Pacto compromete-se a adotar, de acordo com os seus processos constitucionais e com as disposições do presente Pacto, as medidas que permitam a adoção de decisões de ordem legislativa ou outra capazes de dar efeito aos direitos reconhecidos no presente Pacto que ainda não estiverem em vigor.
3. Cada Estado-parte no presente Pacto compromete-se a:
4. a. Garantir que todas as pessoas cujos direitos e liberdades reconhecidos no presente Pacto forem violados disponham de recurso eficaz, mesmo no caso de a violação ter sido cometida por pessoas agindo no exercício das suas funções oficiais;
   b. Garantir que a competente autoridade judiciária, administrativa ou legislativa, ou qualquer outra autoridade competente, segundo a legislação do Estado, estatua sobre os direitos da pessoa que forma o recurso, e desenvolver as possibilidades de recurso jurisdicional;
   c. Garantir que as competentes autoridades façam cumprir os resultados de qualquer recurso que for reconhecido como justificado.

### Artigo 3º

Os Estados-partes no presente Pacto comprometem-se a assegurar o direito igual dos homens e das mulheres a usufruir de todos os direitos civis e políticos enunciados no presente Pacto.

### Artigo 4º

1. Em tempo de uma emergência pública que ameaça a existência da nação e cuja existência seja proclamada por um ato oficial, os Estados-partes

no presente Pacto podem tomar, na estrita medida em que a situação o exigir, medidas que derroguem as obrigações previstas no presente Pacto, sob reserva de que essas medidas não sejam incompatíveis com outras obrigações que lhes impõe o direito internacional e que elas não envolvam uma discriminação fundada unicamente sobre a raça, a cor, o sexo, a língua, a religião ou a origem social.

2. A disposição precedente não autoriza nenhuma derrogação aos artigos 6º, 7º, 8º, parágrafos 1º e 2º, 11, 15, 16 e 18.

3. Os Estados-partes no presente Pacto que usam do direito de derrogação devem, por intermédio do Secretário-Geral da Organização das Nações Unidas, informar imediatamente os outros Estados-partes acerca das disposições derrogadas, bem como dos motivos dessa derrogação. Uma nova comunicação será feita pela mesma via na data em que se pôs fim a essa derrogação.

**Artigo 5º**

1. Nenhuma disposição do presente Pacto pode ser interpretada como implicando para um Estado, um grupo ou um indivíduo qualquer direito de se dedicar a uma atividade ou de realizar um ato visando a destruição dos direitos e das liberdades reconhecidas no presente Pacto ou as suas limitações mais amplas que as previstas no dito Pacto.

2. Não pode ser admitida nenhuma restrição ou derrogação aos direitos fundamentais do homem reconhecidos ou em vigor em todo o Estado-parte no presente Pacto em aplicação de leis, de convenções, de regulamentos ou de costumes, sob pretexto de que o presente Pacto não os reconhece ou reconhece-os em menor grau.

TERCEIRA PARTE

**Artigo 6º**

1. O direito à vida é inerente à pessoa humana. Este direito deve ser protegido pela lei: ninguém pode ser arbitrariamente privado da vida.

2. Nos países em que a pena de morte não foi abolida, uma sentença de morte só pode ser pronunciada para os crimes mais graves, em conformidade com a legislação em vigor, no momento em que o crime foi cometido e que não deve estar em contradição com as disposições do presente Pacto nem com a Convenção para a Prevenção e a Repressão do Crime de Genocídio. Esta pena não pode ser aplicada senão em virtude de um juízo definitivo pronunciado por um tribunal competente.

3. Quando a privação da vida constitui o crime de genocídio fica entendido que nenhuma disposição do presente artigo autoriza um Estado-par-

te no presente Pacto a derrogar de alguma maneira qualquer obrigação assumida em virtude das disposições da Convenção para a Prevenção e a Repressão do Crime de Genocídio.
4. Qualquer indivíduo condenado à morte terá o direito de solicitar o perdão ou a comutação da pena. A anistia, o perdão ou a comutação da pena de morte podem ser concedidos em todos os casos.
5. Uma sentença de morte não pode ser pronunciada em casos de crimes cometidos por pessoas de idade inferior a 18 anos e não pode ser executada sobre mulheres grávidas.
6. Nenhuma disposição do presente artigo pode ser invocada para retardar ou impedir a abolição da pena capital por um Estado-parte no presente Pacto.

## Artigo 7º

Ninguém será submetido à tortura nem a pena ou a tratamentos cruéis, inumanos ou degradantes. Em particular, é interdito submeter uma pessoa a uma experiência médica ou científica sem o seu livre consentimento.

## Artigo 8º

1. Ninguém será submetido à escravidão; a escravidão e o tráfico de escravos, sob todas as suas formas, são interditos.
2. Ninguém será mantido em servidão.
3. a. Ninguém será constrangido a realizar trabalho forçado ou obrigatório;
   b. A alínea a) do presente parágrafo não pode ser interpretada no sentido de proibir, em certos países onde crimes podem ser punidos de prisão acompanhada de trabalhos forçados, o cumprimento de uma parte de trabalhos forçados, infligida por um tribunal competente;
   c. Não é considerado como trabalho forçado ou obrigatório no sentido do presente parágrafo:
   d. I. Todo o trabalho referido na alínea b) normalmente exigido de um indivíduo que é detido em virtude de uma decisão judicial legítima ou que tendo sido objeto de uma tal decisão é libertado condicionalmente;
      II. Todo o serviço de caráter militar e, nos países em que a objeção por motivos de consciência é admitida, todo o serviço nacional exigido pela lei dos objetores de consciência;
      III. Todo o serviço exigido nos casos de força maior ou de sinistros que ameacem a vida ou o bem-estar da comunidade;
      IV. Todo o trabalho ou todo o serviço formando parte das obrigações cívicas normais.

## Artigo 9º

1. Todo indivíduo tem direito à liberdade e à segurança da sua pessoa. Ninguém pode ser objeto de prisão ou detenção arbitrária. Ninguém pode ser privado da sua liberdade a não ser por motivo e em conformidade com processos previstos na lei.
2. Todo indivíduo preso será informado, no momento da sua detenção, das razões dessa detenção e receberá notificação imediata de todas as acusações apresentadas contra ele.
3. Todo indivíduo preso ou detido sob acusação de uma infração penal será prontamente conduzido perante um juiz ou uma outra autoridade habilitada pela lei a exercer funções judiciárias e deverá ser julgado num prazo razoável ou libertado. A detenção prisional de pessoas aguardando julgamento não deve ser subordinada a garantir que assegurem a presença do interessado no julgamento em qualquer outra fase do processo e, se for caso disso, para execução da sentença.
4. Todo indivíduo que se encontrar privado de liberdade por prisão ou detenção terá o direito de intentar um recurso perante um tribunal, a fim de que este estatua sem demora sobre a legalidade da sua detenção e ordene a sua libertação se a detenção for ilegal.
5. Todo indivíduo vítima de prisão ou de detenção ilegal terá direito a compensação.

## Artigo 10º

1. Todos os indivíduos privados na sua liberdade devem ser tratados com humanidade e com respeito da dignidade inerente à pessoa humana.
2. a. Pessoas sob acusação serão, salvo circunstâncias excepcionais, separadas dos condenados e submetidas a um regime distinto, apropriado à sua condição de pessoas não condenadas;
    b. Jovens sob detenção serão separados dos adultos e o seu caso será decidido o mais rapidamente possível.
3. O regime penitenciário comportará tratamento dos reclusos cujo fim essencial é a sua emenda e a sua recuperação social. Delinqüentes jovens serão separados dos adultos e submetidos a um regime apropriado à sua idade e ao seu estatuto legal.

## Artigo 11

Ninguém pode ser aprisionado pela única razão de que não está em situação de executar uma obrigação contratual.

**Artigo 12**

1. Todo indivíduo estabelecido legalmente no território de um Estado tem o direito de circular livremente e de aí escolher livremente a sua residência.
2. Todas as pessoas são livres de deixar qualquer país, incluindo o seu.
3. Os direitos mencionados acima não podem ser objeto de restrições, a não ser que estas estejam previstas na lei e sejam necessárias para proteger a segurança nacional, a ordem pública, a saúde ou a moral públicas ou os direitos e liberdades de outrem e sejam compatíveis com os outros direitos reconhecidos pelo presente Pacto.
4. Ninguém pode ser arbitrariamente privado do direito de entrar no seu próprio país.

**Artigo 13**

Um estrangeiro que se encontre legalmente no território de um Estado-parte no presente Pacto não pode ser expulso, a não ser em cumprimento de uma decisão tomada em conformidade com a lei e, a menos que razões imperiosas de segurança nacional a isso se imponham, deve ter a possibilidade de fazer valer as razões que militam contra a sua expulsão e de fazer examinar o seu caso pela autoridade competente ou por uma ou várias pessoas especialmente designadas pela dita autoridade, fazendo-se representar para esse fim.

**Artigo 14**

1. Todas as pessoas são iguais perante os tribunais de justiça. Todas as pessoas têm direito a que a sua causa seja ouvida eqüitativa e publicamente por um tribunal competente, independente e imparcial, estabelecido pela lei, que decidirá quer do bem fundado de qualquer acusação em matéria penal dirigida contra elas, quer das contestações sobre os seus direitos e obrigações de caráter civil. As audições a porta fechada podem ser determinadas durante a totalidade ou uma parte do processo, seja no interesse dos bons costumes, da ordem pública ou da segurança nacional numa sociedade democrática, seja quando o interesse da vida privada das partes em causa o exija, seja ainda na medida em que o tribunal o considerar absolutamente necessário, quando, por motivo das circunstâncias particulares do caso, a publicidade prejudicasse os interesses da justiça; todavia, qualquer sentença pronunciada em matéria penal ou civil será publicada, salvo se o interesse de menores exigir que se proceda de outra forma ou se o processo respeita a diferendos matrimoniais ou à tutela de crianças.
2. Qualquer pessoa acusada de infração penal é de direito presumida inocente até que a sua culpabilidade tenha sido legalmente estabelecida.

3. Qualquer pessoa acusada de uma infração penal terá direito, em plena igualdade, pelo menos às seguintes garantias:
4. a. A ser prontamente informada, numa língua que ela compreenda, de modo detalhado, acerca da natureza e dos motivos da acusação apresentada contra ela;
   b. A dispor do tempo e das facilidades necessárias para a preparação da defesa e a comunicar-se com um advogado da sua escolha;
   c. A ser julgada sem demora excessiva;
   d. A estar presente no processo e a defender-se a si própria ou a ter a assistência de um defensor da sua escolha; se não tiver defensor, a ser informada do seu direito de ter um e, sempre que o interesse da justiça o exigir, a ser-lhe atribuído um defensor oficioso, a título gratuito no caso de não ter meios para o remunerar;
   e. A interrogar ou fazer interrogar as testemunhas de acusação e a obter o comparecimento e o interrogatório das testemunhas de defesa nas mesmas condições das testemunhas de acusação;
   f. A fazer-se assistir gratuitamente de um intérprete, se não compreender ou não falar a língua utilizada no tribunal;
   g. A não ser forçada a testemunhar contra si própria ou a confessar-se culpada.
5. No processo aplicável às pessoas jovens a lei penal terá em conta a sua idade e o interesse que apresenta a sua reabilitação.
6. Qualquer pessoa declarada culpada de crime terá o direito de fazer examinar por uma jurisdição superior a declaração de culpabilidade e a sentença, em conformidade com a lei.
7. Quando uma condenação penal definitiva é ulteriormente anulada ou quando é concedido o indulto, porque um fato novo ou recentemente revelado prova concludentemente que se produziu um erro judiciário, a pessoa que cumpriu uma pena em virtude dessa condenação será indenizada, em conformidade com a lei, a menos que se prove que a não-revelação em tempo útil do fato desconhecido lhe é imputável no todo ou em parte.
8. Ninguém pode ser julgado ou punido novamente por motivo de uma infração da qual já foi absolvido ou pela qual já foi condenado por sentença definitiva, em conformidade com a lei e o processo penal de cada país.

**Artigo 15**

1. Ninguém será condenado por atos ou omissões que não constituam um ato delituoso, segundo o direito nacional ou internacional, no momento em que forem cometidos. Do mesmo modo não será aplicada nenhuma pena mais forte do que aquela que era aplicável no momento em que a infração

foi cometida. Se posteriormente a esta infração a lei prevê a aplicação de uma pena mais ligeira, o delinqüente deve beneficiar-se da alteração.
2. Nada no presente artigo se opõe ao julgamento ou à condenação de qualquer indivíduo por motivo de atos ou omissões que no momento em que foram cometidos eram tidos por criminosos, segundo os princípios gerais de direito reconhecidos pela comunidade das nações.

## Artigo 16

Toda e qualquer pessoa tem direito ao reconhecimento, em qualquer lugar, da sua personalidade jurídica.

## Artigo 17

1. Ninguém será objeto de intervenções arbitrárias ou ilegais na sua vida privada, na sua família, no seu domicílio ou na sua correspondência, nem de atentados ilegais à sua honra e à sua reputação.
2. Toda e qualquer pessoa tem direito à proteção da lei contra tais intervenções ou tais atentados.

## Artigo 18

1. Toda e qualquer pessoa tem direito à liberdade de pensamento, de consciência e de religião; este direito implica a liberdade de ter ou de adotar uma religião ou uma convicção da sua escolha, bem como a liberdade de manifestar a sua religião ou a sua convicção, individualmente ou conjuntamente com outros, tanto em público como em privado, pelo culto, pelo cumprimento dos ritos, pelas práticas e pelo ensino.
2. Ninguém será objeto de pressões que atentem à sua liberdade de ter ou de adotar uma religião ou uma convicção da sua escolha.
3. A liberdade de manifestar a sua religião ou as suas convicções só pode ser objeto de restrições previstas na lei e que sejam necessárias à proteção da segurança, da ordem e da saúde públicas ou da moral e das liberdades e direitos fundamentais de outrem.
4. Os Estados-partes no presente Pacto comprometem-se a respeitar a liberdade dos pais e, em caso disso, dos tutores legais a fazerem assegurar a educação religiosa e moral dos seus filhos e pupilos, em conformidade com as suas próprias convicções.

## Artigo 19

1. Ninguém pode ser inquietado pelas suas opiniões.

2. Toda e qualquer pessoa tem direito à liberdade de expressão; este direito compreende a liberdade de procurar, receber e expandir informações e idéias de toda a espécie, sem consideração de fronteiras, sob forma oral ou escrita, impressa ou artística, ou por qualquer outro meio à sua escolha.
3. O exercício das liberdades previstas no parágrafo 2º do presente artigo comporta deveres e responsabilidades especiais. Pode, em conseqüência, ser submetido a certas restrições, que devem, todavia, ser expressamente fixadas na lei e que são necessárias:
4. a. Ao respeito dos direitos ou da reputação de outrem;
   b. À salvaguarda da segurança nacional, da ordem pública, da saúde e da moral públicas.

## Artigo 20

1. Toda propaganda em favor da guerra deve ser interditada pela lei.
2. Todo apelo ao ódio nacional, racial e religioso que constitua uma incitação à discriminação, à hostilidade ou à violência deve ser interditado pela lei.

## Artigo 21

O direito de reunião pacífica é reconhecido. O exercício deste direito só pode ser objeto de restrições impostas em conformidade com a lei e que são necessárias numa sociedade democrática, no interesse da segurança nacional, da segurança pública, da ordem pública ou para proteger a saúde e a moral públicas ou os direitos e as liberdades de outrem.

## Artigo 22

1. Toda e qualquer pessoa tem direito de se associar livremente com outras, incluindo o direito de constituir sindicatos e de a eles aderir para a proteção dos seus interesses.
2. O exercício deste direito só pode ser objeto de restrições previstas na lei e que são necessárias numa sociedade democrática, no interesse da segurança nacional, da segurança pública, da ordem pública e para proteger a saúde ou a moral públicas ou os direitos e as liberdades de outrem. O presente artigo não impede de submeter a restrições legais o exercício deste direito por parte de membros das forças armadas e da polícia.
3. Nenhuma disposição do presente artigo permite aos Estados-partes na Convenção de 1948 da Organização Internacional do Trabalho respeitante à liberdade sindical e à proteção do direito sindical tomar medidas legislativas que atentem — ou aplicar a lei de modo a atentar — contra as garantias previstas na dita Convenção.

## Artigo 23

1. A família é o elemento natural e fundamental da sociedade e tem direito à proteção da sociedade e do Estado.
2. O direito de se casar e de fundar uma família é reconhecido ao homem e à mulher a partir da idade núbil.
3. Nenhum casamento pode ser concluído sem o livre e pleno consentimento dos futuros esposos.
4. Os Estados-partes no presente Pacto tomarão as medidas necessárias para assegurar a igualdade dos direitos e das responsabilidades dos esposos em relação ao casamento, durante a constância do matrimônio e por ocasião da sua dissolução. Em caso de dissolução, serão tomadas disposições a fim de assegurar aos filhos a proteção necessária.

## Artigo 24

1. Qualquer criança, sem nenhuma discriminação de raça, cor, sexo, língua, religião, origem nacional ou social, propriedade ou nascimento, tem direito, da parte da sua família, da sociedade e do Estado, às medidas de proteção que exija a sua condição de menor.
2. Toda e qualquer criança deve ser registada imediatamente após o nascimento e ter um nome.
3. Toda e qualquer criança tem o direito de adquirir uma nacionalidade.

## Artigo 25

Todo cidadão tem o direito e a possibilidade, sem nenhuma das discriminações referidas no artigo 2º e sem restrições excessivas:
  a. De tomar parte na direção dos negócios públicos, diretamente ou por intermédio de representantes livremente eleitos;
  b. De votar e ser eleito, em eleições periódicas, honestas, por sufrágio universal e igual e por escrutínio secreto, assegurando a livre expressão da vontade dos eleitores;
  c. De ter acesso, em condições gerais de igualdade, às funções públicas do seu país.

## Artigo 26

Todas as pessoas são iguais perante a lei e têm direito, sem discriminação, a igual proteção da lei. A este respeito, a lei deve proibir todas as discriminações e garantir a todas as pessoas proteção igual e eficaz contra toda a espécie de discriminação, nomeadamente por motivos de raça, de cor, de sexo, de língua, de religião, de opinião política ou de qualquer outra opinião, de origem nacional ou social, de propriedade, de nascimento ou de qualquer outra situação.

## Artigo 27

Nos Estados em que existam minorias étnicas, religiosas ou lingüísticas, as pessoas pertencentes a essas minorias não devem ser privadas do direito de terem em comum com os outros membros do seu grupo a sua própria vida cultural, de professar e de praticar a sua própria religião ou de empregar a sua própria língua.

## QUARTA PARTE

## Artigo 28

1. É instituído um Comitê dos Direitos do Homem (a seguir denominado Comitê no presente Pacto). Este Comitê é composto de dezoito membros e tem as funções definidas a seguir:
2. O Comitê é composto de nacionais dos Estados-partes do presente Pacto, que devem ser personalidades de alta moralidade e possuidoras de reconhecida competência no domínio dos direitos do homem. Ter-se-á em conta o interesse, que se verifique, da participação nos trabalhos do Comitê de algumas pessoas que tenham experiência jurídica.
3. Os membros do Comitê são eleitos e exercem funções a título pessoal.

## Artigo 29

1. Os membros do Comitê serão eleitos, por escrutínio secreto, de uma lista de indivíduos com as habilitações previstas no artigo 28º e nomeados para o fim pelos Estados-partes no presente Pacto.
2. Cada Estado-parte no presente Pacto pode nomear não mais de dois indivíduos, que serão seus nacionais.
3. Qualquer indivíduo será elegível à renomeação.

## Artigo 30

1. A primeira eleição terá lugar, o mais tardar, seis meses depois da data da entrada em vigor do presente Pacto.
2. Quatro meses antes, pelo menos, da data de qualquer eleição para o Comitê, que não seja uma eleição em vista a preencher uma vaga declarada em conformidade com o artigo 34, o Secretário-Geral da Organização das Nações Unidas convidará por escrito os Estados-partes no presente Pacto a designar, num prazo de três meses, os candidatos que eles propõem como membros do Comitê.
3. O Secretário-Geral das Nações Unidas elaborará uma lista alfabética de todas as pessoas assim apresentadas, mencionando os Estados-partes

que as nomearam, e comunicá-la-á aos Estados-partes no presente Pacto o mais tardar um mês antes da data de cada eleição.
4. Os membros do Comitê serão eleitos no decurso de uma reunião dos Estados-partes no presente Pacto, convocada pelo Secretário-Geral das Nações Unidas na sede da Organização. Nesta reunião, em que o quórum é constituído por dois terços dos Estados-partes no presente Pacto, serão eleitos membros do Comitê os candidatos que obtiverem o maior número de votos e a maioria absoluta dos votos dos representantes dos Estados-partes presentes e votantes.

**Artigo 31**

1. O Comitê não pode incluir mais de um nacional de um mesmo Estado.
2. Nas eleições para o Comitê ter-se-á em conta a repartição geográfica eqüitativa e a representação de diferentes tipos de civilização, bem como dos principais sistemas jurídicos.

**Artigo 32**

1. Os membros do Comitê são eleitos por quatro anos. São reelegíveis no caso de serem novamente propostos. Todavia, o mandato de nove membros eleitos por ocasião da primeira votação terminará ao fim de dois anos; imediatamente depois da primeira eleição, os nomes destes nove membros serão tirados à sorte pelo presidente da reunião referida no parágrafo 4º do artigo 30.
2. À data da expiração do mandato, as eleições terão lugar em conformidade com as disposições dos artigos precedentes da presente parte do Pacto.

**Artigo 33**

1. Se, na opinião unânime dos outros membros, um membro do Comitê cessar de cumprir as suas funções por qualquer causa que não seja por motivo de uma ausência temporária, o presidente do Comitê informará o Secretário-Geral das Nações Unidas, o qual declarará vago o lugar que ocupava o dito membro.
2. Em caso de morte ou de demissão de um membro do Comitê, o presidente informará imediatamente o Secretário-Geral das Nações Unidas, que declarará o lugar vago a contar da data da morte ou daquele em que a demissão produzir efeito.

**Artigo 34**

1. Quando uma vaga for declarada em conformidade com o artigo 33 e se o mandato do membro a substituir não expirar nos seis meses que seguem

à data na qual a vaga foi declarada, o Secretário-Geral das Nações Unidas avisará os Estados-partes no presente Pacto de que podem designar candidatos num prazo de dois meses, em conformidade com as disposições do artigo 29, com vista a prover a vaga.
2. O Secretário-Geral das Nações Unidas elaborará uma lista alfabética das pessoas assim apresentadas e comunicá-la-á aos Estados-partes no presente Pacto. A eleição destinada a preencher a vaga terá então lugar, em conformidade com as relevantes disposições desta parte do presente Pacto.
3. Um membro do Comitê eleito para um lugar declarado vago, em conformidade com o artigo 33°, faz parte do Comitê até a data normal de expiração do mandato do membro cujo lugar ficou vago no Comitê, em conformidade com as disposições do referido artigo.

**Artigo 35**

Os membros do Comitê recebem, com a aprovação da Assembléia Geral das Nações Unidas, emolumentos provenientes dos recursos financeiros das Nações Unidas em termos e condições fixados pela Assembléia Geral, tendo em vista a importância das funções do Comitê.

**Artigo 36**

O Secretário-Geral das Nações Unidas porá à disposição do Comitê o pessoal e os meios materiais necessários para o desempenho eficaz das funções que lhe são confiadas em virtude do presente Pacto.

**Artigo 37**

1. O Secretário-Geral das Nações Unidas convocará a primeira reunião do Comitê, na sede da Organização.
2. Depois da sua primeira reunião o Comitê reunir-se-á em todas as ocasiões previstas no seu regulamento interno.
3. As reuniões do Comitê terão normalmente lugar na sede da Organização das Nações Unidas ou no Departamento das Nações Unidas em Genebra.

**Artigo 38**

Todos os membros do Comitê devem, antes de entrar em funções, tomar, em sessão pública, o compromisso solene de cumprir as suas funções com imparcialidade e com consciência.

**Artigo 39**

1. O Comitê elegerá o seu secretariado por um período de dois anos. Os membros do secretariado são reelegíveis.

2. O Comitê elaborará o seu próprio regulamento interno; este deve, todavia, conter, entre outras, as seguintes disposições:
3. a. O quórum é de doze membros;
   b. As decisões do Comitê são tomadas por maioria dos membros presentes.

**Artigo 40**

1. Os Estados-partes no presente Pacto comprometem-se a apresentar relatórios sobre as medidas que houverem tomado e dêem efeito aos direitos nele consignados e sobre os progressos realizados no gozo destes direitos:
2. a. Dentro de um ano a contar da data de entrada em vigor do presente Pacto, cada Estado-parte interessado;
   b. Ulteriormente, cada vez que o Comitê o solicitar.
3. Todos os relatórios serão dirigidos ao Secretário-Geral das Nações Unidas, que os transmitirá ao Comitê para apreciação. Os relatórios deverão indicar quaisquer fatores e dificuldades que afetem a execução das disposições do presente Pacto.
4. O Secretário-Geral das Nações Unidas pode, após consulta ao Comitê, enviar às agências especializadas interessadas cópias das partes do relatório que possam ter relação com o seu domínio de competência.
5. O Comitê estudará os relatórios apresentados pelos Estados-partes no presente Pacto, e dirigirá aos Estados-partes os seus próprios relatórios, bem como todas as observações gerais que julgar apropriadas. O Comitê pode igualmente transmitir ao Conselho Econômico e Social essas suas observações acompanhadas de cópias dos relatórios que recebeu de Estados-partes no presente Pacto.
6. Os Estados-partes no presente Pacto podem apresentar ao Comitê os comentários sobre todas as observações feitas em virtude do parágrafo 4º do presente artigo.

**Artigo 41**

1. Qualquer Estado-parte no presente Pacto pode, em virtude do presente artigo, declarar, a todo o momento, que reconhece a competência do Comitê para receber e apreciar comunicações nas quais um Estado-parte pretende que um outro Estado-parte não cumpre as suas obrigações resultantes do presente Pacto. As comunicações apresentadas em virtude do presente artigo não podem ser recebidas e examinadas, a menos que emanem de um Estado-parte que fez uma declaração reconhecendo, no que lhe diz respeito, a competência do Comitê. O Comitê não receberá nenhuma comunicação que interesse a um Estado-parte que fez uma

tal declaração. O processo abaixo indicado aplica-se em relação às comunicações recebidas em conformidade com o presente artigo:

2. a. Se um Estado-parte no presente Pacto julgar que um outro Estado igualmente parte neste Pacto não aplica as respectivas disposições, pode chamar, por comunicação escrita, a atenção desse Estado sobre a questão. Num prazo de três meses a contar da recepção da comunicação o Estado destinatário apresentará ao Estado que lhe dirigiu a comunicação explicações ou quaisquer outras declarações escritas elucidando a questão, que deverão incluir, na medida do possível e do útil, indicações sobre as regras de processo e sobre os meios de recurso, quer os já utilizados, quer os que estão em instância, quer os que permanecem abertos;

b. Se, num prazo de seis meses a contar da data de recepção da comunicação original pelo Estado destinatário, a questão não foi regulada satisfatoriamente para os dois Estados interessados, tanto um como o outro terão o direito de a submeter ao Comitê, por meio de uma notificação feita ao Comitê bem como ao outro Estado interessado;

c. O Comitê só tomará conhecimento de um assunto que lhe é submetido depois de ter assegurado que todos os recursos internos disponíveis foram utilizados e esgotados, em conformidade com os princípios de direito internacional geralmente reconhecidos. Esta regra não se aplica nos casos em que os processos e o recurso excedem prazos razoáveis;

d. O Comitê realizará as suas audiências a porta fechada quando examinar as comunicações previstas no presente artigo;

e. Sob reserva das disposições da alínea c), o Comitê põe os seus bons ofícios à disposição dos Estados-partes interessados, a fim de chegar a uma solução amigável da questão, fundamentando-se no respeito dos direitos do homem e nas liberdades fundamentais, tais como os reconhece o presente Pacto;

f. Em todos os assuntos que lhe são submetidos o Comitê pode pedir aos Estados-partes interessados visados na alínea b) que lhe forneçam todas as informações pertinentes;

g. Os Estados-partes interessados visados na alínea b) têm o direito de se fazer representar, quando do exame da questão pelo Comitê, e de apresentar observações oralmente e/ou por escrito;

h. O Comitê deverá apresentar um relatório num prazo de doze meses a contar do dia em que recebeu a notificação referida na alínea b);

i. I. Se uma solução pôde ser encontrada em conformidade com as disposições da alínea e), o Comitê limitar-se-á no seu relatório a uma breve exposição dos fatos e da solução encontrada;

II. Se uma solução não pôde ser encontrada em conformidade com as disposições da alínea e), o Comitê limitar-se-á, no seu relatório, a uma breve exposição dos fatos; o texto das observações escritas e o processo verbal das observações orais apresentadas pelos Estados-partes interessados são anexados ao relatório. Em todos os casos o relatório será comunicado aos Estados-partes interessados.

j. As disposições do presente artigo entrarão em vigor quando dez Estados-partes no presente Pacto fizerem a declaração prevista no parágrafo 1º do presente artigo. A dita declaração será deposta pelo Estado-parte junto do Secretário-Geral das Nações Unidas, que transmitirá cópia dela aos outros Estados-partes. Uma declaração pode ser retirada a todo o momento por meio de uma notificação dirigida ao Secretário-Geral. O retirar de uma comunicação não prejudica o exame de todas as questões que são objeto de uma comunicação já transmitida em virtude do presente artigo; nenhuma outra comunicação de um Estado-parte será aceita após o Secretário-Geral ter recebido notificação de ter sido retirada a declaração, a menos que o Estado-parte interessado faça uma nova declaração.

**Artigo 42**

1. a. Se uma questão submetida ao Comitê em conformidade com o artigo 41 não foi regulada satisfatoriamente para os Estados-partes, o Comitê pode, com o assentimento prévio dos Estados-partes interessados, designar uma comissão de conciliação *ad hoc* (a seguir denominada Comissão). A Comissão põe os seus bons ofícios à disposição dos Estados-partes interessados a fim de chegar a uma solução amigável da questão, baseada sobre o respeito do presente Pacto;
   b. A Comissão será composta de cinco membros nomeados com o acordo dos Estados-partes interessados. Se os Estados-partes interessados não conseguirem chegar a um entendimento sobre toda ou parte da composição da Comissão no prazo de três meses, os membros da Comissão relativamente aos quais não chegaram a acordo serão eleitos por escrutínio secreto dentre os membros do Comitê, por maioria de dois terços dos membros do Comitê.
2. Os membros da Comissão exercerão as suas funções a título pessoal. Não devem ser naturais nem dos Estados-partes interessados nem de um Estado que não é parte no presente Pacto, nem de um Estado-parte que não fez a declaração prevista no artigo 41.
3. A Comissão elegerá o seu presidente e adotará o seu regulamento interno.
4. A Comissão realizará normalmente as suas sessões na sede da Organização das Nações Unidas ou no Departamento das Nações Unidas em

Genebra. Todavia, pode reunir-se em qualquer outro lugar apropriado, o qual pode ser determinado pela Comissão em consulta com o Secretário-Geral das Nações Unidas e os Estados-partes interessados.
5. O secretariado previsto no artigo 36 presta igualmente os seus serviços às comissões designadas em virtude do presente artigo.
6. As informações obtidas e esquadrinhadas pelo Comitê serão postas à disposição da Comissão, e a Comissão poderá pedir aos Estados-partes interessados que lhe forneçam quaisquer informações complementares pertinentes.
7. Depois de ter estudado a questão sob todos os seus aspectos, mas em todo caso num prazo mínimo de doze meses após tê-la admitido, a Comissão submeterá um relatório ao presidente do Comitê para transmissão aos Estados-partes interessados:
8. a. Se a Comissão não puder acabar o exame da questão dentro de doze meses, o seu relatório incluirá somente um breve apontamento indicando a que ponto chegou o exame da questão;
   b. Se chegar a um entendimento amigável fundado sobre o respeito dos direitos do homem reconhecido no presente Pacto, a Comissão limitar-se-á a indicar brevemente no seu relatório os fatos e o entendimento a que se chegou;
   c. Se não se chegou a um entendimento no sentido da alínea b), a Comissão fará figurar no seu relatório as suas conclusões sobre todas as matérias de fato relativas à questão debatida entre os Estados-partes interessados, bem como a sua opinião sobre as possibilidades de uma solução amigável do caso. O relatório incluirá igualmente as observações escritas e um processo verbal das observações orais apresentadas pelos Estados-partes interessados;
   d. Se o relatório da Comissão for submetido em conformidade com a alínea c), os Estados-partes interessados farão saber ao presidente do Comitê, num prazo de três meses após a recepção do relatório, se aceitam ou não os termos do relatório da Comissão.
9. As disposições do presente artigo devem ser entendidas sem prejuízo das atribuições do Comitê previstas no artigo 41.
10. Todas as despesas dos membros da Comissão serão repartidas igualmente entre os Estados-partes interessados, na base de estimativas fornecidas pelo Secretário-Geral das Nações Unidas.
11. O Secretário-Geral das Nações Unidas está habilitado, se necessário, a prover às despesas dos membros da Comissão antes de o seu reembolso ter sido efetuado pelos Estados-partes interessados, em conformidade com o parágrafo 9 do presente artigo.

## Artigo 43

Os membros do Comitê e os membros das comissões de conciliação *ad hoc* que forem designados em conformidade com o artigo 42 têm direito às facilidades, aos privilégios e às imunidades reconhecidos aos peritos em missões da Organização das Nações Unidas, conforme enunciados nas pertinentes seções da Convenção sobre os Privilégios e Imunidades das Nações Unidas.

## Artigo 44

As disposições relativas à execução do presente Pacto aplicam-se, sem prejuízo dos processos instituídos em matéria de direitos do homem, nos termos ou em virtude dos instrumentos constitutivos e das convenções da Organização das Nações Unidas e das agências especializadas e não impedem os Estados-partes de recorrer a outros processos para a solução de um diferendo, em conformidade com os acordos internacionais gerais ou especiais que os ligam.

## Artigo 45

O Comitê apresentará cada ano à Assembléia Geral das Nações Unidas, por intermédio do Conselho Econômico e Social, um relatório sobre os trabalhos.

### QUINTA PARTE

## Artigo 46

Nenhuma disposição do presente Pacto pode ser interpretada em sentido limitativo das disposições da Cartas das Nações Unidas e das constituições das agências especializadas que definem as respectivas responsabilidades dos diversos órgãos da Organização das Nações Unidas e das agências especializadas no que respeita às questões tratadas no presente Pacto.

## Artigo 47

Nenhuma disposição do presente Pacto será interpretada em sentido limitativo do direito inerente a todos os povos de gozar e usar plenamente das suas riquezas e recursos naturais.

### SEXTA PARTE

## Artigo 48

1. O presente Pacto está aberto à assinatura de todos os Estados-membros da Organização das Nações Unidas ou membros de qualquer das suas agências especializadas, de todos os Estados-partes no Estatuto do Tri-

bunal Internacional de Justiça, bem como de qualquer outro Estado convidado pela Assembléia Geral das Nações Unidas a tornar-se parte no presente Pacto.

2. O presente Pacto está sujeito a ratificação e os instrumentos de ratificação serão depositados junto do Secretário-Geral das Nações Unidas.

3. A adesão far-se-á pelo depósito de um instrumento de adesão junto do Secretário-Geral das Nações Unidas.

4. O Secretário-Geral das Nações Unidas informará todos os Estados que assinaram o presente Pacto ou que a ele aderiram acerca do depósito de cada instrumento de ratificação ou de adesão.

**Artigo 49**

1. O presente Pacto entrará em vigor três meses após a data do depósito junto do Secretário-Geral das Nações Unidas do trigésimo quinto instrumento de ratificação ou de adesão.

2. Para cada um dos Estados que ratificarem o presente Pacto ou a ele aderirem, após o depósito do trigésimo quinto instrumento de ratificação ou adesão, o dito Pacto entrará em vigor três meses depois da data do depósito por parte desse Estado do seu instrumento de ratificação ou adesão.

**Artigo 50**

As disposições do presente Pacto aplicam-se sem limitação ou exceção alguma a todas as unidades constitutivas dos Estados Federais.

**Artigo 51**

1. Qualquer Estado-parte no presente Pacto pode propor uma emenda e depositar o respectivo texto junto do Secretário-Geral da Organização das Nações Unidas. O Secretário-Geral transmitirá então quaisquer projetos de emenda aos Estados-partes no presente Pacto, pedindo-lhes para indicar se desejam a convocação de uma conferência de Estados-partes para examinar estes projetos e submetê-los a votação. Se pelo menos um terço dos Estados se declararem a favor desta convenção, o Secretário-Geral convocará a conferência sob os auspícios da Organização das Nações Unidas. Qualquer emenda adotada pela maioria dos Estados presentes e votantes na conferência será submetida, para aprovação, à Assembléia Geral das Nações Unidas.

2. As emendas entrarão em vigor quando forem aprovadas pela Assembléia Geral das Nações Unidas e aceitas, em conformidade com as suas respectivas leis constitucionais, por uma maioria de dois terços dos Estados-partes no presente Pacto.

3. Quando as emendas entrarem em vigor, elas serão obrigatórias para os Estados-partes que as aceitaram, ficando os outros Estados-partes ligados pelas disposições do presente Pacto e por todas as emendas anteriores que aceitaram.

**Artigo 52**

Independentemente das notificações previstas no parágrafo 5º do artigo 48, o Secretário-Geral das Nações Unidas informará todos os Estados referidos no parágrafo 1º do citado artigo:
   a. Acerca de assinaturas apostas no presente Pacto, acerca de instrumentos de ratificação e de adesão depostos em conformidade com o artigo 48;
   b. Da data em que o presente Pacto entrará em vigor, em conformidade com o artigo 49, e da data em que entrarão em vigor as emendas previstas no artigo 51.

**Artigo 53**

1. O presente Pacto, cujos textos em inglês, chinês, espanhol, francês e russo fazem igualmente fé, será deposto nos arquivos da Organização das Nações Unidas.
2. O Secretário-Geral das Nações Unidas transmitirá uma cópia certificada do presente Pacto a todos os Estados visados no artigo 48.

### PROTOCOLO FACULTATIVO REFERENTE AO PACTO INTERNACIONAL SOBRE OS DIREITOS CIVIS E POLÍTICOS (1966)

*Adotado e aberto à assinatura, à ratificação e à adesão pela Assembléia Geral na sua resolução 2200 A (XXI), de 16 de dezembro de 1966*

Os Estados-partes no presente Protocolo, considerando que, para melhor assegurar o cumprimento dos fins do Pacto Internacional sobre os Direitos Civis e Políticos (a seguir denominado "o Pacto") e a aplicação das suas disposições, conviria habilitar o Comitê dos Direitos do Homem, constituído nos termos da quarta parte do Pacto (a seguir denominado "o Comitê"), a receber e examinar, como se prevê no presente Protocolo, as comunicações provenientes de particulares que se considerem vítimas de uma violação dos direitos enunciados no Pacto, acordam no seguinte:

**Artigo 1º**

Os Estados-partes no Pacto que se tornem partes no presente Protocolo reconhecem que o Comitê tem competência para receber e examinar comunicações provenientes de particulares sujeitos à sua jurisdição que aleguem ser vítimas de uma violação, por esses Estados-partes, de qualquer dos direitos enunciados no Pacto. O Comitê não recebe nenhuma comunicação respeitante a um Estado-parte no Pacto que não seja parte no presente Protocolo.

**Artigo 2º**

Ressalvado o disposto no artigo 1º, os particulares que se considerem vítimas da violação de qualquer dos direitos enunciados no Pacto e que tenham esgotado todos os recursos internos disponíveis podem apresentar uma comunicação escrita ao Comitê para que este a examine.

**Artigo 3º**

O Comitê declarará irrecebíveis as comunicações apresentadas, em virtude do presente Protocolo, que sejam anônimas ou cuja apresentação considere constituir um abuso de direito ou considere incompatível com as disposições do Pacto.

**Artigo 4º**

1. Ressalvado o disposto no artigo 3º, o Comitê levará as comunicações que lhe sejam apresentadas, em virtude do presente Protocolo, à atenção dos Estados-partes no dito Protocolo que tenham alegadamente violado qualquer disposição do Pacto.
2. Nos 6 meses imediatos, os ditos Estados submeterão por escrito ao Comitê as explicações ou declarações que esclareçam a questão e indicarão, se tal for o caso, as medidas que tenham tomado para remediar a situação.

**Artigo 5º**

1. O Comitê examina as comunicações recebidas em virtude do presente Protocolo, tendo em conta todas as informações escritas que lhe são submetidas pelo particular e pelo Estado-parte interessado.
2. O Comitê não examinará nenhuma comunicação de um particular sem se assegurar de que:
   a. A mesma questão não está sendo examinada por outra instância internacional de inquérito ou de decisão;
   b. O particular esgotou todos os recursos internos disponíveis. Esta regra não se aplica se os processos de recurso excederem prazos razoáveis.
4. O Comitê realiza as suas sessões a porta fechada quando examina as comunicações previstas no presente Protocolo.
5. O Comitê comunica as suas constatações ao Estado-parte interessado e ao particular.

**Artigo 6º**

O Comité insere no relatório anual que elabora de acordo com o artigo 45 do Pacto um resumo das suas atividades previstas no presente Protocolo.

**Artigo 7º**

Enquanto se espera a realização dos objetivos da Resolução 1514 (XV), adotada pela Assembléia Geral das Nações Unidas em 14 de Dezembro de 1960, referente à Declaração sobre a Concessão de Independência aos Países e aos Povos Coloniais, o disposto no presente Protocolo em nada restringe o direito de petição concedido a estes povos pela Carta das Nações Unidas e por outras convenções e instrumentos internacionais concluídos sob os auspícios da Organização das Nações Unidas ou das suas instituições especializadas.

**Artigo 8º**

1. O presente Protocolo está aberto à assinatura dos Estados que tenham assinado o Pacto.
2. O presente Protocolo está sujeito à ratificação dos Estados que ratificaram o Pacto ou a ele aderiram. Os instrumentos de ratificação serão depositados junto do Secretário-Geral da Organização das Nações Unidas.
3. O presente Protocolo está aberto à adesão dos Estados que tenham ratificado o Pacto ou que a ele tenham aderido.
4. A adesão far-se-á através do depósito de um instrumento de adesão junto do Secretário-Geral da Organização das Nações Unidas.
5. O Secretário-Geral da Organização das Nações Unidas informa todos os Estados que assinaram o presente Protocolo ou que a ele aderiram do depósito de cada instrumento de adesão ou ratificação.

**Artigo 9º**

1. Sob ressalva da entrada em vigor do Pacto, o presente Protocolo entrará em vigor 3 meses após a data do depósito junto do Secretário-Geral da Organização das Nações Unidas do 10º instrumento de ratificação ou de adesão.
2. Para os Estados que ratifiquem o presente Protocolo ou a ele adiram após o depósito do 10º instrumento de ratificação ou de adesão, o dito Protocolo entrará em vigor 3 meses após a data do depósito por esses Estados do seu instrumento de ratificação ou de adesão.

**Artigo 10º**

O disposto no presente Protocolo aplica-se, sem limitação ou exceção, a todas as unidades constitutivas dos Estados Federais.

## Artigo 11

1. Os Estados-partes no presente Protocolo podem propor alterações e depositar o respectivo texto junto do Secretário-Geral da Organização das Nações Unidas. O Secretário-Geral transmite todos os projetos de alterações aos Estados-partes no dito Protocolo, pedindo-lhes que indiquem se desejam a convocação de uma conferência de Estados-partes para examinar estes projetos e submetê-los a votação. Se pelo menos um terço dos Estados se declarar a favor desta convocação, o Secretário-Geral convoca a conferência sob os auspícios da Organização das Nações Unidas. As alterações adotadas pela maioria dos Estados presentes e votantes na conferência serão submetidas para aprovação à Assembléia Geral das Nações Unidas.
2. Estas alterações entram em vigor quando forem aprovadas pela Assembléia Geral das Nações Unidas e aceitas, de acordo com as suas regras constitucionais respectivas, por uma maioria de dois terços dos Estados-partes no presente Protocolo.
3. Quando estas alterações entrarem em vigor tornam-se obrigatórias para os Estados-partes que as aceitaram, continuando os outros Estados-partes ligados pelas disposições do presente Protocolo e pelas alterações anteriores que tenham aceitado.

## Artigo 12

1. Os Estados-partes podem, em qualquer altura, denunciar o presente Protocolo por notificação escrita dirigida ao Secretário-Geral da Organização das Nações Unidas. A denúncia produzirá efeitos 3 meses após a data em que o Secretário-Geral tenha recebido a notificação.
2. A denúncia não impedirá a aplicação das disposições do presente Protocolo às comunicações apresentadas em conformidade com o artigo 2º antes da data em que a denúncia produz efeitos.

## Artigo 13

Independentemente das notificações previstas no parágrafo 5 do artigo 8º do presente Protocolo, o Secretário-Geral da Organização das Nações Unidas informará todos os Estados referidos no parágrafo 1º do artigo 48 do Pacto:
    a. Das assinaturas do presente Protocolo e dos instrumentos de ratificação e de adesão depositados de acordo com o artigo 8º;
    b. Da data da entrada em vigor do presente Protocolo de acordo com o artigo 9º e da data da entrada em vigor das alterações prevista no artigo 11;
    c. Das denúncias feitas nos termos do artigo 12.

## Artigo 14

1. O presente Protocolo, cujos textos em inglês, chinês, espanhol, francês e russo são igualmente válidos, será depositado nos arquivos da Organização das Nações Unidas.
2. O Secretário-Geral da Organização das Nações Unidas transmitirá uma cópia autenticada do presente Protocolo a todos os Estados referidos no artigo 48 do Pacto.

## SEGUNDO PROTOCOLO FACULTATIVO AO PACTO INTERNACIONAL DE DIREITOS CIVIS E POLÍTICOS, DESTINADO A ABOLIR A PENA DE MORTE

*Aprovado e proclamado pela Assembléia Geral em sua resolução 44/128 de 15 de dezembro de 1989*

Os Estados-partes no presente Protocolo,

Considerando que a abolição da pena de morte contribui para elevar a dignidade humana e o desenvolvimento progressivo dos direitos humanos;

Recordando o artigo 3º da Declaração Universal dos Direitos Humanos, aprovada em 10 de dezembro de 1948, e o artigo 6º do Pacto Internacional de Direitos Civis e Políticos, aprovado em 16 de dezembro de l966,

Observando que o artigo 6º do Pacto Internacional de Direitos Civis e Políticos se refere à abolição da pena de morte em termos que indicam claramente que tal abolição é desejável;

Convencidos de que todas as medidas para a abolição da pena de morte deveriam ser consideradas uma melhoria ao gozo do direito à vida;

Desejosos de obter através do presente Protocolo um compromisso internacional para abolir a pena de morte,

têm convencionado o seguinte:

## Artigo 1º

1. Não se executará a nenhuma pessoa submetida a jurisdição de um Estado-parte no presente Protocolo.
2. Cada um dos Estados-partes adotará todas as medidas necessárias para abolir a pena de morte em sua jurisdição.

## Artigo 2º

1. Não se admitirá nenhuma reserva ao presente Protocolo, com exceção de uma reserva formulada no momento da ratificação ou da adesão na qual se preveja a aplicação da pena de morte em tempo de guerra como

consequência de uma condenação por um delito extremamente grave de caráter militar cometido em guerra.

2. O Estado-parte que formule essa reserva deverá comunicar ao Secretário-Geral das Nações Unidas, no momento da ratificação ou da adesão, as disposições pertinentes de legislação nacional aplicáveis em tempo de guerra.

3. O Estado-parte que haja formulado essa reserva notificará ao Secretário-Geral das Nações Unidas todo início ou fim de um estado de guerra em seu território.

**Artigo 3º**

Os Estados-partes no presente Protocolo deverão incluir nos informes que apresentarem ao Comitê de Direitos Humanos, em virtude do artigo 40 do Pacto, informações sobre as medidas que têm adotado para pôr em vigor o presente Protocolo.

**Artigo 4º**

O respeito dos Estados-partes no Pacto que hajam feito uma Declaração em virtude do artigo 41, reconhecendo a competência do Comitê de Direitos Humanos para receber e considerar comunicações em que um Estado-parte alegue que outro Estado-parte não cumpre com suas obrigações, se fará extensivo das disposições do presente Protocolo, a menos que o Estado-parte interessado haja feito una Declaração em sentido contrário no momento da ratificação ou da adesão.

**Artigo 5º**

O respeito dos Estados-partes em relação ao primeiro Protocolo Facultativo do Pacto Internacional de Direitos Civis e Políticos, aprovado em 16 de dezembro de 1966, a competência do Comitê de Direitos Humanos para receber e considerar comunicações de pessoas que estejam sujeitas a sua jurisdição se farão extensivas às disposições do presente Protocolo, a menos que o Estado-parte interessado haja feito uma Declaração em sentido contrário no momento da ratificação ou da adesão.

**Artigo 6º**

1. As disposições do presente Protocolo serão aplicáveis em caráter de disposições adicionais do Pacto.
2. Sem prejuízo da possibilidade de formular uma reserva com relação ao artigo 2º do presente Protocolo, o direito garantido no parágrafo 1º do artigo 1º do presente Protocolo não estará submetido a nenhuma suspensão em virtude do artigo 4º do Pacto.

## Artigo 7º

1. O presente Protocolo está aberto para a firma de qualquer Estado que haja firmado o Pacto.
2. O presente Protocolo está sujeito a ratificação por qualquer Estado que haja ratificado o Pacto ou haja aderido a ele. Os instrumentos de ratificação se depositarão em poder do Secretário-Geral das Nações Unidas.
3. O presente Protocolo estará aberto à adesão de qualquer Estado que haja ratificado o Pacto ou haja aderido a ele.
4. A adesão se efetuará mediante o depósito do instrumento correspondente em poder do Secretário-Geral das Nações Unidas.
5. O Secretário-Geral das Nações Unidas informará a todos os Estados que hajam firmado o presente Protocolo, ou hajam aderido a ele, do depósito de cada um dos instrumentos de ratificação ou adesão.

## Artigo 8º

1. O presente Protocolo entrará em vigor transcorridos três meses a partir da data em que haja sido depositado o décimo instrumento de ratificação ou de adesão em poder do Secretário-Geral das Nações Unidas.
2. A respeito de cada Estado que ratifique o presente Protocolo ou tenha aderido após haver sido depositado o décimo instrumento de ratificação ou adesão, o presente Protocolo entrará em vigor uma vez transcorridos três meses a partir da data em que tal Estado haja depositado seu próprio instrumento de ratificação ou de adesão.

## Artigo 9º

As disposições do presente Protocolo serão aplicáveis a todas partes componentes dos Estados federais, sem limitação, nem exceção alguma.

## Artigo 10º

O Secretário-Geral das Nações Unidas comunicará a todos os Estados mencionados no parágrafo 1º do artigo 48 do Pacto:
    a) as reservas, comunicações e notificações conforme o disposto no artigo 2º do presente Protocolo;
    b) as declarações feitas conforme o disposto nos artigos 4º ou 5º do presente Protocolo;
    c) as firmas, ratificações e adesões conforme o disposto no artigo 7º do presente Protocolo;
    d) a data em que entre em vigor o presente Protocolo conforme o disposto em seu artigo 8º.

**Artigo 11**

1. O presente Protocolo, cujos textos em árabe, chinês, espanhol, francês, inglês e russo são igualmente autênticos, será depositado nos arquivos das Nações Unidas.
2. O Secretário-Geral das Nações Unidas enviará cópias certificadas do presente Protocolo a todos os Estados mencionados no artigo 48 do Pacto.

## PACTO INTERNACIONAL SOBRE OS DIREITOS ECONÔMICOS, SOCIAIS E CULTURAIS (1966)

**Preâmbulo**

Os Estados-partes no presente Pacto:

Considerando que, em conformidade com os princípios enunciados na Carta das Nações Unidas, o reconhecimento da dignidade inerente a todos os membros da família humana e dos seus direitos iguais e inalienáveis constitui o fundamento da liberdade, da justiça e da paz no Mundo;

Reconhecendo que estes direitos decorrem da dignidade inerente à pessoa humana;

Reconhecendo que, em conformidade com a Declaração Universal dos Direitos do Homem, o ideal do ser humano livre, liberto do medo e da miséria, não pode ser realizado a menos que sejam criadas condições que permitam a cada um desfrutar dos seus direitos econômicos, sociais e culturais, bem como dos seus direitos civis e políticos;

Considerando que a Carta das Nações Unidas impõe aos Estados a obrigação de promover o respeito universal e efetivo dos direitos e liberdades do homem;

Tomando em consideração o fato de que o indivíduo tem deveres para com outrem e para com a coletividade à qual pertence e é chamado a esforçar-se pela promoção e pelo respeito dos direitos reconhecidos no presente Pacto:

Acordam nos seguintes artigos:

PRIMEIRA PARTE

**Artigo 1º**

1. Todos os povos têm o direito a dispor deles mesmos. Em virtude deste direito, eles determinam livremente o seu estatuto político e asseguram livremente o seu desenvolvimento econômico, social e cultural.
2. Para atingir os seus fins, todos os povos podem dispor livremente das suas riquezas e dos seus recursos naturais, sem prejuízo das obrigações que decorrem da cooperação econômica internacional, fundada sobre o princípio do interesse mútuo e do direito internacional. Em nenhum caso poderá um povo ser privado dos seus meios de subsistência.

3. Os Estados-partes no presente Pacto, incluindo aqueles que têm responsabilidade pela administração dos territórios não-autônomos e territórios sob tutela, devem promover a realização do direito dos povos a disporem deles mesmos e respeitar esse direito, em conformidade com as disposições da Carta das Nações Unidas.

## SEGUNDA PARTE
### Artigo 2º

1. Cada um dos Estados-partes no presente Pacto compromete-se a agir, quer com o seu próprio esforço, quer com a assistência e a cooperação internacionais, especialmente nos planos econômico e técnico, no máximo dos seus recursos disponíveis, de modo a assegurar progressivamente o pleno exercício dos direitos reconhecidos no presente Pacto por todos os meios apropriados, incluindo em particular por meio de medidas legislativas.
2. Os Estados-partes no presente Pacto comprometem-se a garantir que os direitos nele enunciados serão exercidos sem discriminação alguma baseada em motivos de raça, cor, sexo, língua, religião, opinião política ou qualquer outra opinião, origem nacional ou social, fortuna, nascimento, ou qualquer outra situação.
3. Os países em vias de desenvolvimento, tendo em devida conta os direitos do homem e a respectiva economia nacional, podem determinar em que medida garantirão os direitos econômicos no presente Pacto a nãonacionais.

### Artigo 3º

Os Estados-partes no presente Pacto comprometem-se a assegurar o direito igual que têm o homem e a mulher ao gozo de todos os direitos econômicos, sociais e culturais enumerados no presente Pacto.

### Artigo 4º

Os Estados-partes no presente Pacto reconhecem que, no gozo dos direitos assegurados pelo Estado, em conformidade com o presente Pacto, o Estado só pode submeter esses direitos às limitações estabelecidas pela lei, unicamente na medida compatível com a natureza desses direitos e exclusivamente com o fim de promover o bem-estar geral numa sociedade democrática.

### Artigo 5º

1. Nenhuma disposição do presente Pacto pode ser interpretada como implicando para um Estado, uma coletividade ou um indivíduo qualquer

direito de se dedicar a uma atividade ou de realizar um ato visando a destruição dos direitos ou liberdades reconhecidos no presente Pacto ou a limitações mais amplas do que as previstas no dito Pacto.
2. Não pode ser admitida nenhuma restrição ou derrogação aos direitos fundamentais do homem reconhecidos ou em vigor, em qualquer país, em virtude de leis, convenções, regulamentos ou costumes, sob o pretexto de que o presente Pacto não os reconhece ou reconhece-os em menor grau.

## TERCEIRA PARTE
### Artigo 6º

1. Os Estados-partes no presente Pacto reconhecem o direito ao trabalho, que compreende o direito que têm todas as pessoas de assegurar a possibilidade de ganhar a sua vida por meio de um trabalho livremente escolhido ou aceito, e tomarão medidas apropriadas para salvaguardar esse direito.
2. As medidas que cada um dos Estados-partes no presente Pacto tomará com vista a assegurar o pleno exercício deste direito devem incluir programas de orientação técnica e profissional, a elaboração de políticas e de técnicas capazes de garantir um desenvolvimento econômico, social e cultural constante e um pleno emprego produtivo em condições que garantam o gozo das liberdades políticas e econômicas fundamentais de cada indivíduo.

### Artigo 7º

Os Estados-partes no presente Pacto reconhecem o direito de todas as pessoas de gozar de condições de trabalho justas e favoráveis, que assegurem em especial:
  a. Uma remuneração que proporcione, no mínimo, a todos os trabalhadores:
  b. I. Um salário eqüitativo e uma remuneração igual para um trabalho de valor igual, sem nenhuma distinção, devendo, em particular, às mulheres ser garantidas condições de trabalho não inferiores àquelas de que se beneficiam os homens, com remuneração igual para trabalho igual;
    II. Uma existência decente para eles próprios e para as suas famílias, em conformidade com as disposições do presente Pacto;
  c. Condições de trabalho seguras e higiênicas;
  d. Iguais oportunidades para todos de promoção no seu trabalho à categoria superior apropriada, sujeito a nenhuma outra consideração além da antiguidade de serviço e da aptidão individual;
  e. Repouso, lazer e limitação razoável das horas de trabalho e férias periódicas pagas, bem como remuneração nos dias de feriados públicos.

## Artigo 8º

1. Os Estados-partes no presente Pacto comprometem-se a assegurar:
2. a. O direito de todas as pessoas de formarem sindicados e de se filiarem ao sindicato da sua escolha, sujeito somente ao regulamento da organização interessada, com vista a favorecer e proteger os seus interesses econômicos e sociais. O exercício deste direito não pode ser objeto de restrições, a não ser daquelas previstas na lei e que sejam necessárias numa sociedade democrática, no interesse da segurança nacional ou da ordem pública, ou para proteger os direitos e as liberdades de outrem;
   b. O direito dos sindicatos de formar federações ou confederações nacionais e o direito destas de formarem ou de se filiarem às organizações sindicais internacionais;
   c. O direito dos sindicatos de exercer livremente a sua atividade, sem outras limitações além das previstas na lei e que sejam necessárias numa sociedade democrática, no interesse da segurança social ou da ordem pública ou para proteger os direitos e as liberdades de outrem;
   d. O direito de greve, sempre que exercido em conformidade com as leis de cada país.
3. O presente artigo não impede que o exercício desses direitos seja submetido a restrições legais pelos membros das forças armadas, da polícia ou pelas autoridades da administração pública.
4. Nenhuma disposição do presente artigo autoriza os Estados-partes na Convenção de 1948 da Organização Internacional do Trabalho, relativa à liberdade sindical e à proteção do direito sindical, a adotar medidas legislativas que prejudiquem — ou a aplicar a lei de modo a prejudicar — as garantias previstas na dita Convenção.

## Artigo 9º

Os Estados-partes no presente Pacto reconhecem o direito de todas as pessoas à segurança social, incluindo os seguros sociais.

## Artigo 10º

Os Estados-partes no presente Pacto reconhecem que:
1. Uma proteção e uma assistência mais amplas possíveis serão proporcionadas á família, que é o núcleo elementar natural e fundamental da sociedade, particularmente com vista à sua formação e no tempo durante o qual ela tem a responsabilidade de criar e educar os filhos. O casamento deve ser livremente consentido pelos futuros esposos.

2. Uma proteção especial deve ser dada às mães durante um período de tempo razoável antes e depois do nascimento das crianças. Durante este mesmo período as mães trabalhadoras devem beneficiar de licença paga ou de licença acompanhada de serviços de segurança social adequados.
3. Medidas especiais de proteção e de assistência devem ser tomadas em benefício de todas as crianças e adolescentes, sem discriminação alguma derivada de razões de paternidade ou outras. Crianças e adolescentes devem ser protegidos contra a exploração econômica e social. O seu emprego em trabalhos de natureza a comprometer a sua moral ou a sua saúde, capazes de pôr em perigo a sua vida, ou de prejudicar o seu desenvolvimento normal, deve ser sujeito à sanção da lei. Os Estados devem também fixar os limites de idade abaixo dos quais o emprego de mão-de-obra infantil será interdito e sujeito às sanções da lei.

## Artigo 11

1. Os Estados-partes no presente Pacto reconhecem o direito de todas as pessoas a um nível de vida suficiente para si e para as suas famílias, incluindo alimentação, vestuário e alojamento suficientes, bem como a um melhoramento constante das suas condições de existência. Os Estados-partes tomarão medidas apropriadas destinadas a assegurar a realização deste direito reconhecendo para este efeito a importância essencial de uma cooperação internacional livremente consentida.
2. Os Estados-partes no presente Pacto, reconhecendo o direito fundamental de todas as pessoas de estarem ao abrigo da fome, adotarão individualmente e por meio da cooperação internacional as medidas necessárias, incluindo programas concretos:
3. a. Para melhorar os métodos de produção, de conservação e de distribuição dos produtos alimentares pela plena utilização dos conhecimentos técnicos e científicos, pela difusão de princípios de educação nutricional e pelo desenvolvimento ou pela reforma dos regimes agrários, de maneira a assegurar da melhor forma a valorização e a utilização dos recursos naturais;
   b. Para assegurar uma repartição eqüitativa dos recursos alimentares mundiais em relação às necessidades, tendo em conta os problemas que se põem tanto aos países importadores como aos países exportadores de produtos alimentares.

## Artigo 12

1. Os Estados-partes no presente Pacto reconhecem o direito de todas as pessoas de gozar do melhor estado de saúde física e mental possível de atingir.

2. As medidas que os Estados-partes no presente Pacto tomarem com vista a assegurar o pleno exercício deste direito deverão compreender as medidas necessárias para assegurar:
3. a. A diminuição da mortalidade e da mortalidade infantil, bem como o são desenvolvimento da criança;
   b. O melhoramento de todos os aspectos de higiene do meio ambiente e da higiene industrial;
   c. A profilaxia, o tratamento e o controle das doenças epidêmicas, endêmicas, profissionais e outras;
   d. A criação de condições próprias a assegurar a todas as pessoas serviços médicos e ajuda médica em caso de doença.

**Artigo 13**

1. Os Estados-partes no presente Pacto reconhecem o direito de toda a pessoa à educação. Concordam que a educação deve visar ao pleno desenvolvimento da personalidade humana e do sentido da sua dignidade e reforçar o respeito pelos direitos do homem e das liberdades fundamentais. Concordam também que a educação deve habilitar toda pessoa a desempenhar um papel útil numa sociedade livre, promover compreensão, tolerância e amizade entre todas as nações e grupos, raciais, étnicos e religiosos, e favorecer as atividades das Nações Unidas para a conservação da paz.
2. Os Estados-partes no presente Pacto reconhecem que, a fim de assegurar o pleno exercício deste direito:
3. a. O ensino primário deve ser obrigatório e acessível gratuitamente a todos;
   b. O ensino secundário, nas suas diferentes formas, incluindo o ensino secundário técnico e profissional, deve ser generalizado e tornado acessível a todos por todos os meios apropriados e nomeadamente pela instauração progressiva da educação gratuita;
   c. O ensino superior deve ser tornado acessível a todos em plena igualdade, em função das capacidades de cada um, por todos os meios apropriados e nomeadamente pela instauração progressiva da educação gratuita;
   d. A educação de base deve ser encorajada ou intensificada, em toda a medida do possível, para as pessoas que não receberam instrução primária ou que não a receberam até o seu termo;
   e. É necessário prosseguir ativamente o desenvolvimento de uma rede escolar em todos os escalões, estabelecer um sistema adequado de bolsas e melhorar de modo contínuo as condições materiais do pessoal docente.

4. Os Estados-partes no presente Pacto comprometem-se a respeitar a liberdade dos pais ou, quando tal for o caso, dos tutores legais, de escolher para seus filhos (pupilos) estabelecimentos de ensino diferentes dos poderes públicos, mas conformes às normas mínimas que podem ser prescritas ou aprovadas pelo Estado em matéria de educação, e de assegurar a educação religiosa e moral de seus filhos (ou pupilos) em conformidade com as suas próprias convicções.
5. Nenhuma disposição do presente artigo deve ser interpretada como limitando a liberdade dos indivíduos e das pessoas morais de criar e dirigir estabelecimentos de ensino, sempre sob reserva de que os princípios enunciados no parágrafo 1º do presente artigo sejam observados e de que a educação proporcionada nesses estabelecimentos seja conforme às normas mínimas prescritas pelo Estado.

**Artigo 14**

Todo Estado-parte no presente Pacto que, no momento em que se torna parte, não pôde assegurar ainda no território metropolitano ou nos territórios sob a sua jurisdição ensino primário obrigatório e gratuito compromete-se a elaborar e adotar, num prazo de dois anos, um plano detalhado das medidas necessárias para realizar progressivamente, num número razoável de anos, fixados por esse plano, a aplicação do princípio do ensino primário obrigatório e gratuito para todos.

**Artigo 15**

1. Os Estados-partes no presente Pacto reconhecem a todos o direito:
2. a. De participar na vida cultural;
   b. De se beneficiar do progresso científico e das suas aplicações;
   c. De se beneficiar da proteção dos interesses morais e materiais que decorrem de toda produção científica, literária ou artística de que cada um é autor.
3. As medidas que os Estados-partes no presente Pacto tomarem com vista a assegurar o pleno exercício deste direito deverão compreender as que são necessárias para assegurar a manutenção, o desenvolvimento e a difusão da ciência e da cultura.
4. Os Estados-partes no presente Pacto comprometem-se a respeitar a liberdade indispensável à investigação científica e às atividades criadoras.
5. O Estados-partes no presente Pacto reconhecem os benefícios que devem resultar do encorajamento e do desenvolvimento dos contatos internacionais e da cooperação no domínio da ciência e da cultura.

## Quarta Parte
### Artigo 16

1. Os Estados-partes no presente Pacto comprometem-se a apresentar, em conformidade com as disposições da presente parte do Pacto, relatórios sobre as medidas que tiverem adotado e sobre os progressos realizados com vista a assegurar o respeito dos direitos reconhecidos no Pacto.
2. a. Todos os relatórios serão dirigidos ao Secretário-Geral das Nações Unidas, que transmitirá cópias deles ao Conselho Econômico e Social, para apreciação, em conformidade com as disposições do presente Pacto;
   b. O Secretário-Geral da Organização das Nações Unidas transmitirá igualmente às agências especializadas cópias dos relatórios, ou das partes pertinentes dos relatórios, enviados pelos Estados-partes no presente Pacto que são igualmente membros das referidas agências especializadas, na medida em que esses relatórios, ou partes de relatórios, tenham relação com questões relevantes da competência das mencionadas agências nos termos dos seus respectivos instrumentos constitucionais.

### Artigo 17

1. Os Estados-partes no presente Pacto apresentarão os seus relatórios por etapas, segundo um programa a ser estabelecido pelo Conselho Econômico e Social, no prazo de um ano a contar da data da entrada em vigor do presente Pacto, depois de terem consultado os Estados-partes e as agências especializadas interessadas.
2. Os relatórios podem indicar os fatores e as dificuldades que impedem estes Estados de desempenhar plenamente as obrigações previstas no presente Pacto.
3. No caso em que informações relevantes tenham já sido transmitidas à Organização das Nações Unidas ou a uma agência especializada por um Estado-parte no Pacto, não será necessário reproduzir as ditas informações e bastará uma referência precisa a essas informações.

### Artigo 18

Em virtude das responsabilidades que lhe são conferidas pela Carta das Nações Unidas no domínio dos direitos do homem e das liberdades fundamentais, o Conselho Econômico e Social poderá concluir arranjos com as agências especializadas, com vista à apresentação por estas de relatórios relativos aos progressos realizados no observância das disposições do presente Pacto que entram no quadro das suas atividades. Estes relatórios poderão compreender dados sobre as decisões e recomendações adotadas pelos órgãos competentes das agências especializadas sobre a referida questão da observância.

**Artigo 19**

O Conselho Econômico e Social pode enviar à Comissão dos Direitos do Homem para fins de estudo e de recomendação de ordem geral ou para informação, se for caso disso, os relatórios respeitantes aos direitos do homem transmitidos pelos Estados, em conformidade com os artigos 16 e 17 e os relatórios respeitantes aos direitos do homem comunicados pelas agências especializadas em conformidade com o artigo 18.

**Artigo 20**

Os Estados-partes no presente Pacto e as agências especializadas interessadas podem apresentar ao Conselho Econômico e Social observações sobre todas a recomendações de ordem geral feitas em virtude do artigo 19, ou sobre todas as menções de uma recomendação de ordem geral figurando num relatório da Comissão dos Direitos do Homem ou em todos os documentos mencionados no dito relatório.

**Artigo 21**

O Conselho Econômico e Social pode apresentar de tempos a tempos à Assembléia Geral relatórios contendo recomendações de caráter geral e um resumo das informações recebidas dos Estados-partes no presente Pacto e das agências especializadas sobre as medidas tomadas e os progressos realizados com vista a assegurar o respeito geral dos direitos reconhecidos no presente Pacto.

**Artigo 22**

O Conselho Econômico e Social pode levar à atenção dos outros órgãos da Organização das Nações Unidas, dos seus órgãos subsidiários e das agências especializadas interessadas que se dedicam a fornecer assistência técnica quaisquer questões suscitadas pelos relatórios mencionados nesta parte do presente Pacto e que possam ajudar estes organismos a pronunciarem-se, cada um na sua própria esfera de competência, sobre a oportunidade de medidas internacionais capazes de contribuir para a execução efetiva e progressiva do presente Pacto.

**Artigo 23**

Os Estados-partes no presente Pacto concordam que as medidas de ordem internacional destinadas a assegurar a realização dos direitos reconhecidos no dito Pacto incluem métodos, tais como a conclusão de convenções, a adoção de recomendações, a prestação de assistência técnica e a organização, em ligação com os governos interessados, de reuniões regionais e de reuniões técnicas para fins de consulta e de estudos.

**Artigo 24**

Nenhuma disposição do presente Pacto deve ser interpretada como atentando contra as disposições da Carta das Nações Unidas e dos estatutos das agências especializadas que definem as respectivas responsabilidades dos diversos órgãos da Organização das Nações Unidas e das agências especializadas no que respeita às questões tratadas no presente Pacto.

**Artigo 25**

Nenhuma disposição do presente Pacto será interpretada como atentando contra o direito inerente a todos os povos de gozar e usufruir plena e livremente das suas riquezas e dos seus recursos naturais.

QUINTA PARTE

**Artigo 26**

1. O presente Pacto está aberto à assinatura de todos os Estados-membros da Organização das Nações Unidas ou membros de qualquer das suas agências especializadas, de todos os Estados-partes no Estatuto do Tribunal Internacional de Justiça, bem como de todos os outros Estados convidados pela Assembléia Geral das Nações Unidas a tornarem-se partes no presente Pacto.
2. O presente Pacto está sujeito a ratificação. Os instrumentos de ratificação serão depositados junto do Secretário-Geral da Organização das Nações Unidas.
3. O presente Pacto será aberto à adesão de todos os Estados referidos no parágrafo 1 do presente artigo.
4. A adesão far-se-á pelo depósito de um instrumento de adesão junto do Secretário-Geral da Organização das Nações Unidas.
5. O Secretário-Geral da Organização das Nações Unidas informará todos os Estados que assinaram o presente Pacto ou que a ele aderiram acerca do depósito de cada instrumento de ratificação ou de adesão.

**Artigo 27**

1. O presente Pacto entrará em vigor três meses após a data do depósito junto do Secretário-Geral da Organização das Nações Unidas do trigésimo quinto instrumento de ratificação ou de adesão.

2. Para cada um dos Estados que ratificarem o presente Pacto ou a ele aderirem depois do depósito do trigésimo quinto instrumento de ratificação ou de adesão, o dito Pacto entrará em vigor três meses depois da data do depósito por esse Estado do seu instrumento de ratificação ou de adesão.

**Artigo 28**

As disposições do presente Pacto aplicam-se, sem quaisquer limitações ou exceções, a todas as unidades constitutivas dos Estados Federais.

**Artigo 29**

1. Todo Estado-parte no presente Pacto pode propor uma emenda e depositar o respectivo texto junto do Secretário-Geral da Organização das Nações Unidas. O Secretário-Geral transmitirá então todos os projetos de emenda aos Estados-partes no presente Pacto, pedindo-lhes que indiquem se desejam que se convoque uma conferência de Estados-partes para examinar esses projetos e submetê-los à votação. Se um terço, pelo menos, dos Estados se declararem a favor desta convocação, o Secretário-Geral convocará a conferência sob os auspícios da Organização das Nações Unidas. Toda emenda adotada pela maioria dos Estados presentes e votantes na conferência será submetida para aprovação à Assembléia Geral das Nações Unidas.
2. As emendas entrarão em vigor quando aprovadas pela Assembléia Geral das Nações Unidas e aceitas, em conformidade com as respectivas regras constitucionais, por uma maioria de dois terços dos Estados-partes no presente Pacto.
3. Quando as emendas entram em vigor, elas vinculam os Estados-partes que as aceitaram, ficando os outros Estados-partes ligados pelas disposições do presente Pacto e por todas as emendas anteriores que tiverem aceito.

**Artigo 30**

Independentemente das notificações previstas no parágrafo 5 do artigo 26°, o Secretário-Geral da Organização das Nações Unidas informará todos os Estados visados no parágrafo 1 do dito artigo:
   a. Acerca das assinaturas apostas ao presente Pacto e acerca dos instrumentos de ratificação e de adesão depositados em conformidade com o artigo 26.
   b. Acerca da data em que o presente Pacto entrar em vigor em conformidade com o artigo 27 e acerca da data em que entrarão em vigor as emendas previstas no artigo 29.

## Artigo 31

1. O presente Pacto, cujos textos em inglês, chinês, espanhol, francês e russo fazem igual fé, será depositado nos arquivos das Nações Unidas.
2. O Secretário-Geral da Organização das Nações Unidas transmitirá cópias certificadas do presente Pacto a todos os Estados visados no artigo 26.

### CONVENÇÃO SOBRE A ELIMINAÇÃO DE TODAS AS FORMAS DE DISCRIMINAÇÃO CONTRA A MULHER (1979)

*Adotada e aberta a assinatura, ratificação e adesão pela Resolução 34/180, da Assembléia Geral das Nações Unidas, de 18 de dezembro de 1979.*

Os Estados-partes na presente Convenção,

Considerando que a Carta das Nações Unidas reafirma a fé nos direitos fundamentais do homem, na dignidade e no valor da pessoa humana e na igualdade de direitos dos homens e das mulheres;

Considerando que a Declaração Universal dos Direitos Humanos afirma o princípio da não-discriminação e proclama que todos os seres humanos nascem livres e iguais em dignidade e direitos e que cada pessoa pode invocar todos os direitos e todas as liberdades nela proclamados, sem distinção alguma, inclusive de sexo;

Considerando que os Estados-partes nas convenções internacionais sobre direitos humanos têm a obrigação de garantir a igualdade de direitos entre homens e mulheres no exercício de todos os direitos econômicos, sociais, culturais, civis e políticos;

Considerando as convenções internacionais concluídas sob os auspícios das Nações Unidas e das instituições especializadas que objetivam a promoção da igualdade de direitos entre homens e mulheres;

Considerando, ainda, as resoluções, declarações e recomendações adotadas pela Organização das Nações Unidas e pelas suas Agências Especializadas visando promover a igualdade de direitos entre homens e mulheres;

Preocupados, contudo, por constatarem que, apesar destes diversos instrumentos, as mulheres continuam sendo objeto de grandes discriminações;

Lembrando que a discriminação contra a mulher viola os princípios da igualdade de direitos e do respeito à dignidade humana, dificultando a participação da mulher, nas mesmas condições que o homem, na vida política, social, econômica e cultural de seu país, constituindo um obstáculo ao aumento do bem-estar da sociedade e da família e impedindo a mulher de servir o seu país e a Humanidade em toda a extensão das suas possibilidades;

Preocupados com o fato de que, em situações de pobreza, a mulher tem um acesso mínimo à alimentação, aos cuidados médicos, à educação, à capacitação e às oportunidades de emprego e à satisfação de outras necessidades;

Convencidos de que o estabelecimento da nova ordem econômica internacional, baseada na eqüidade e na justiça, contribuirá de forma significativa para a promoção da igualdade entre homens e mulheres;

Salientando que a eliminação do *apartheid*, de todas as formas de racismo, discriminação racial, colonialismo, neocolonialismo, agressão, ocupação e dominação estrangeiras e de ingerência nos assuntos internos dos Estados é essencial para o pleno exercício dos direitos dos homens e das mulheres;

Afirmando que o reforço da paz e da segurança internacionais, o abrandamento da tensão internacional, a cooperação entre todos os Estados, sejam quais forem os seus sistemas sociais e econômicos, o desarmamento geral e completo, em particular o desarmamento nuclear sob um controle internacional estrito e eficaz, a afirmação dos princípios de justiça, igualdade e proveito mútuo nas relações entre países e a realização do direito dos povos submetidos a dominação estrangeira e colonial e a ocupação estrangeira, à autodeterminação e à independência, assim como o respeito da soberania nacional e da integridade territorial, favorecerão o progresso e o desenvolvimento sociais, e, conseqüentemente, contribuirão para a realização da plena igualdade entre os homens e as mulheres;

Convencidos de que o pleno desenvolvimento de um país, o bem-estar do mundo e a causa da paz exigem a máxima participação das mulheres, em igualdade com os homens em todos os domínios;

Tendo presente a importância da contribuição das mulheres para o bem-estar da família e o progresso da sociedade, até agora não plenamente reconhecida, a importância social da maternidade e o papel desempenhado por ambos os pais na família e na educação dos filhos, e conscientes de que o papel da mulher na procriação não deve ser causa de discriminação, mas de que a educação dos filhos exige o compartir das responsabilidades entre homens e mulheres e a sociedade no seu conjunto;

Conscientes de que há necessidade de modificar o papel tradicional tanto dos homens como das mulheres na família e na sociedade, se desejamos alcançar uma igualdade real entre homens e mulheres;

Resolvidos a colocar em prática os princípios enunciados na Declaração sobre a Eliminação da Discriminação contra as Mulheres e, para tanto, a adotar as medidas necessárias a fim de suprimir essa discriminação em todas as suas formas e manifestações:

Acordaram no seguinte:

## PARTE I

### Artigo 1º

Para os fins da presente Convenção, a expressão "discriminação contra as mulheres" significa toda distinção, exclusão ou restrição fundada no sexo e que tenha por objetivo ou conseqüência prejudicar ou destruir o reconhecimento, gozo ou exercício pelas mulheres, independentemente do seu estado civil, com base na igualdade dos homens e das mulheres, dos direitos humanos e liberdades fundamentais nos campos político, econômico, social, cultural e civil ou em qualquer outro campo.

**Artigo 2º**

Os Estados-partes condenam a discriminação contra as mulheres sob todas as suas formas, e concordam em seguir, por todos os meios apropriados e sem tardança, uma política destinada a eliminar a discriminação contra as mulheres, e para tanto se comprometem a:
   a) consagrar em suas constituições nacionais ou em outra legislação apropriada o princípio da igualdade dos homens e das mulheres, caso não o tenham feito ainda, e assegurar por lei ou por outros meios apropriados a aplicação na prática desse princípio;
   b) adotar medidas legislativas e outras que forem apropriadas — incluindo sanções, se se fizer necessário — proibindo toda a discriminação contra a mulher;
   c) estabelecer a proteção jurisdicional dos direitos das mulheres em uma base de igualdade com os dos homens e garantir, por intermédio dos tribunais nacionais competentes e de outras instituições públicas, a proteção efetiva das mulheres contra todo ato de discriminação;
   d) abster-se de incorrer em qualquer ato ou prática de discriminação contra as mulheres e atuar de maneira que as autoridades e instituições públicas ajam em conformidade com esta obrigação;
   e) adotar as medidas adequadas para eliminar a discriminação contra as mulheres praticada por qualquer pessoa, organização ou empresa;
   f) tomar todas as medidas apropriadas, inclusive de caráter legislativo, para modificar ou revogar leis, regulamentos, costumes e práticas que constituam discriminação contra as mulheres;
   g) derrogar todas as disposições penais nacionais que constituam discriminação contra as mulheres.

**Artigo 3º**

Os Estados-partes tomarão, em todos os campos e, em particular, no político, social, econômico e cultural, todas as medidas apropriadas, inclusive de caráter legislativo, para assegurar o pleno desenvolvimento e o progresso das mulheres, com vistas a garantir-lhes o exercício e gozo dos direitos humanos e das liberdades fundamentais em igualdade de condições com o homem.

## Artigo 4º

1. A adoção, pelos Estados-partes, de medidas especiais de caráter temporário visando acelerar a vigência de uma igualdade de fato entre homens e mulheres não será considerada discriminação, tal como definido nesta Convenção, mas de nenhuma maneira implicará, como conseqüência, a manutenção de normas desiguais ou distintas; essas medidas deverão ser postas de lado quando os objetivos de igualdade de oportunidade e tratamento tiverem sido atingidos.
2. A adoção, pelos Estados-partes, de medidas especiais, incluindo as previstas na presente Convenção, destinadas a proteger a maternidade não será considerada discriminação.

## Artigo 5º

Os Estados-partes tomarão todas as medidas apropriadas para:
  a) modificar os esquemas e padrões de comportamento sociocultural de homens e mulheres, com vistas a alcançar a eliminação dos preconceitos e práticas consuetudinárias, ou de qualquer outro tipo, que estejam baseados na idéia de inferioridade ou superioridade de qualquer dos sexos ou em papéis estereotipados de homens e mulheres;
  b) assegurar que a educação familiar venha a contribuir para um entendimento adequado da maternidade como função social e para o reconhecimento da responsabilidade comum de homens e mulheres no que diz respeito à educação e ao desenvolvimento dos seus filhos, entendendo-se que o interesse dos filhos é consideração primordial em todos os casos.

## Artigo 6º

Os Estados-partes tomarão todas as medidas adequadas, inclusive de caráter legislativo, para suprimir todas as formas de tráfico de mulheres e exploração da prostituição das mulheres.

### Parte II

## Artigo 7º

Os Estados-partes tomarão todas as medidas apropriadas para eliminar a discriminação contra as mulheres na vida política e pública do país e, em particular, garantirão, em condições de igualdade com os homens, o direito:
  a) de votar em todas as eleições e em todos os referendos públicos e de ser elegível para todos os órgãos cujos integrantes sejam publicamente eleitos;

b) de participar da formulação da política do Estado e na sua execução, de ocupar empregos públicos e de exercer todos os cargos públicos em todos os níveis de governo;
c) de participar em organizações e associações não-governamentais que se ocupem da vida pública e política do país.

**Artigo 8º**

Os Estados-partes tomarão todas as medidas apropriadas para garantir às mulheres, em igualdade de condições com os homens e sem nenhuma discriminação, a oportunidade de representar seus governos no plano internacional e de participar no trabalho das organizações internacionais.

**Artigo 9º**

1. Os Estados-partes outorgarão às mulheres direitos iguais aos dos homens para adquirir, mudar ou conservar sua nacionalidade. Garantirão, em particular, que nem o casamento com um estrangeiro nem a mudança de nacionalidade do marido na constância do casamento modifiquem automaticamente a nacionalidade da esposa, a tornem apátrida ou a obriguem a adquirir a nacionalidade do cônjuge.
2. Os Estados-partes outorgarão às mulheres direitos iguais aos dos homens no que diz respeito à nacionalidade dos filhos.

PARTE III

**Artigo 10º**

Os Estados-partes tomarão todas as medidas apropriadas para eliminar a discriminação contra as mulheres, a fim de assegurar-lhes direitos iguais aos dos homens no campo da educação e em particular para assegurar, em condições de igualdade entre homens e mulheres:
a) as mesmas condições de orientação profissional, de acesso aos estudos e de obtenção de diplomas nos estabelecimentos de ensino de todas as categorias, tanto nas zonas rurais como nas urbanas; essa igualdade deverá ser assegurada na educação pré-escolar, geral, técnica e profissional, assim como em qualquer outra forma de capacitação profissional;
b) acesso aos mesmos programas, aos mesmos exames, a um pessoal docente com a mesma qualificação, instalações e material escolar da mesma qualidade;
c) eliminação de qualquer concepção estereotipada dos papéis masculino e feminino em todos os níveis e em todas as formas de ensino mediante o encorajamento à educação mista e a outros tipos de educação que con-

tribuam para alcançar este objetivo e, em particular, mediante a revisão dos livros e programas escolares e a adaptação dos métodos pedagógicos;
d) as mesmas oportunidades no que se refere à concessão de bolsas e outras subvenções para estudos;
e) as mesmas oportunidades de acesso aos programas de educação supletiva, incluindo os programas de alfabetização para adultos e de alfabetização funcional, com vistas principalmente a reduzir, o mais cedo possível, qualquer desnível de conhecimentos existente entre homens e mulheres;
f) a redução das taxas de abandono feminino dos estudos e a organização de programas para aquelas jovens e mulheres que tenham deixado os estudos prematuramente;
g) as mesmas oportunidades de participar ativamente nos esportes e na educação física;
h) acesso a informações específicas de caráter educativo que contribuam para assegurar a saúde e o bem-estar das famílias, incluindo informação e assessoramento para o planejamento familiar.

**Artigo 11**

1. Os Estados-partes adotarão todas as medidas apropriadas para eliminar a discriminação contra as mulheres na esfera do emprego, objetivando assegurar, em condições de igualdade entre homens e mulheres, os mesmos direitos, em particular:
    a) o direito ao trabalho como direito inalienável de todo ser humano;
    b) o direito às mesmas oportunidades de emprego, incluindo a aplicação dos mesmos critérios de seleção em matéria de emprego;
    c) o direito de escolher livremente profissão e emprego, o direito à promoção, à estabilidade no emprego e a todos os benefícios e outras condições de trabalho, e o direito à formação e à reciclagem profissionais, incluindo a aprendizagem, o aperfeiçoamento profissional e a formação permanente;
    d) o direito à igualdade de remuneração, incluindo benefícios, e à igualdade de tratamento relativa a um trabalho de igual valor, assim como igualdade de tratamento com respeito à avaliação da qualidade do trabalho;
    e) o direito à previdência social, especialmente em casos de aposentadoria, desemprego, doença, invalidez, velhice ou relativos a qualquer outra incapacidade para trabalhar, assim como o direito a férias pagas;
    f) o direito à proteção da saúde e à segurança nas condições de trabalho, inclusive a salvaguarda da função de reprodução.
2. A fim de evitar a discriminação contra as mulheres por razões de casamento ou maternidade e de assegurar a efetividade do seu direito ao

trabalho, os Estados-partes comprometem-se a tomar as medidas adequadas para:
a) proibir, sob sanções, a demissão por motivo de gravidez ou de licença-maternidade, e a discriminação nas demissões motivadas pelo estado civil;
b) implantar a licença-maternidade, com salário pago ou benefícios sociais comparáveis, com a garantia da manutenção do emprego anterior, dos direitos de antiguidade e benefícios sociais;
c) estimular a prestação de serviços sociais de apoio que possibilitem aos pais conciliar as obrigações familiares com as responsabilidades profissionais e a participação na vida pública, fomentando especialmente a criação e o desenvolvimento de uma rede de estabelecimentos destinados a cuidar das crianças;
d) assegurar proteção especial às mulheres grávidas que trabalham em situações comprovadamente nocivas a elas.
3. A legislação que objetiva proteger as mulheres nas questões compreendidas neste artigo será examinada periodicamente à luz dos conhecimentos científicos e tecnológicos e será modificada, revogada ou ampliada conforme as necessidades.

## Artigo 12

1. Os Estados-partes adotarão todas as medidas adequadas para eliminar a discriminação contra as mulheres na esfera dos cuidados com a saúde, com vistas a assegurar-lhes, em condições de igualdade entre homens e mulheres, o acesso aos serviços médicos, inclusive os relativos ao planejamento familiar.
2. Não obstante o disposto no parágrafo 1 deste artigo, os Estados-partes garantirão às mulheres assistência apropriada, e se necessário gratuita, durante a gravidez, o parto e o período posterior ao parto, e assegurarão a ela uma nutrição condizente durante a gravidez e o aleitamento.

## Artigo 13

Os Estados-partes adotarão todas as medidas apropriadas para eliminar a discriminação contra as mulheres em outras esferas da vida econômica e social a fim de assegurar, em condições de igualdade entre homens e mulheres, os mesmos direitos, em particular:
a) o direito a benefícios familiares;
b) o direito a obter empréstimos bancários, hipotecas e outras formas de auxílio financeiro;
c) o direito de participar em atividades recreativas, esportivas e em todos os aspectos da vida cultural.

## Artigo 14

1. Os Estados-partes levarão em consideração os problemas específicos enfrentados pelas mulheres do campo e o importante papel que elas desempenham na subsistência econômica de suas famílias, principalmente pelo seu trabalho em setores não-monetários da economia, e tomarão todas as medidas apropriadas para assegurar a aplicação dos dispositivos desta Convenção às mulheres das zonas rurais.
2. Os Estados-partes adotarão todas as medidas apropriadas para eliminar a discriminação contra as mulheres nas zonas rurais a fim de assegurar, em condições de igualdade entre homens e mulheres, a sua participação no desenvolvimento rural e seus benefícios, e em particular assegurar-lhes-ão o direito de:
   a) participar plenamente da elaboração e da execução dos planos de desenvolvimento em todos os níveis;
   b) ter acesso ao serviços médicos adequados, incluindo informação, aconselhamento e serviços em matéria de planejamento familiar;
   c) beneficiar-se diretamente dos programas de previdência social;
   d) receber todos os tipos de educação e de formação, acadêmica e não-acadêmica, inclusive os relacionados à alfabetização funcional, e de poder beneficiar-se de todos os serviços comunitários e de extensão, a fim de aprimorar sua competência técnica;
   e) organizar grupos de auto-ajuda e cooperativas a fim de obter igualdade de acesso às oportunidades econômicas através de trabalho assalariado ou independente;
   f) participar de todas as atividades comunitárias;
   g) ter acesso aos créditos e empréstimos agrícolas, assim como aos serviços de comercialização e às tecnologias apropriadas, e de receber um tratamento igual nos projetos de reforma agrária e de reassentamento;
   h) gozar de condições de vida adequadas, particularmente no que diz respeito a habitação, saneamento, fornecimento de eletricidade e abastecimento de água, transportes e comunicações.

## Parte IV

## Artigo 15

1. Os Estados-partes reconhecerão às mulheres a igualdade com os homens perante a lei.
2. Os Estados-partes reconhecerão às mulheres, em matéria cível, capacidade jurídica idêntica à dos homens e as mesmas oportunidades para o exercício dessa capacidade. Em particular, reconhecerão às mulheres direitos iguais no que concerne à celebração de contratos e a administra-

ção de bens, e dispensar-lhes-ão um tratamento igual em todas as etapas do processo judicial.
3. Os Estados-partes acordam que todo contrato ou outro instrumento privado com efeitos jurídicos que tenda a restringir a capacidade jurídica da mulher será considerado nulo.
4. Os Estados-partes concederão aos homens e às mulheres os mesmos direitos no que concerne à legislação relativa à livre circulação das pessoas e à liberdade de escolha de residência e domicílio.

## Artigo 16

1. Os Estados-partes adotarão todas as medidas necessárias para eliminar a discriminação contra as mulheres em todos os assuntos relativos ao casamento e às relações familiares e, em particular, assegurarão, com base na igualdade entre homens e mulheres:
   a) o mesmo direito de contrair matrimônio;
   b) o mesmo direito de escolher livremente o cônjuge e de contrair matrimônio apenas se essa for sua livre e espontânea vontade;
   c) os mesmos direitos e responsabilidades durante o casamento e quando da sua dissolução;
   d) os mesmos direitos e responsabilidades como pais, seja qual for seu estado civil, em assuntos pertinentes aos filhos. Em todos os casos, os interesses dos filhos merecerão consideração primordial;
   e) os mesmos direitos de decidir livre e responsavelmente sobre o número de filhos e o intervalo entre os nascimentos e de ter acesso à informação, à educação e aos meios necessários que lhes permitam exercer esses direitos;
   f) os mesmos direitos e responsabilidades no que se refere à tutela, curatela, guarda e adoção dos filhos, ou instituições análogas, quando esses conceitos existirem na legislação nacional. Em todos os casos, os interesses dos filhos merecerão consideração primordial;
   g) os mesmos direitos pessoais como marido e mulher, inclusive no que diz respeito à escolha de sobrenome, profissão e ocupação;
   h) os mesmos direitos a ambos os cônjuges em matéria de propriedade, aquisição, gestão, administração, gozo e disposição dos bens, tanto a título gratuito como a título oneroso.
2. O noivado e o casamento de crianças não terão efeito legal e todas as medidas necessárias, inclusive de caráter legislativo, serão tomadas para estabelecer uma idade mínima para o casamento e para tornar obrigatória a inscrição dos casamentos em registro oficial.

## Parte V
**Artigo 17**

1. Com o fim de examinar os progressos alcançados na aplicação da presente Convenção, será formado um Comitê para a Eliminação da Discriminação contra as Mulheres (doravante denominado apenas Comitê), composto, no momento da entrada em vigor da Convenção, de dezoito e, após sua ratificação ou adesão pelo trigésimo quinto Estado-parte, de vinte e três peritos de grande prestígio moral e competência na área abrangida pela presente Convenção. Os peritos serão eleitos pelos Estados-partes dentre seus nacionais e exercerão suas funções a título pessoal, levando-se em conta uma repartição geográfica eqüitativa e a representação das diversas formas de civilização, assim como dos principais sistemas jurídicos.
2. Os membros do Comitê serão eleitos através de escrutínio secreto de uma lista de candidatos indicados pelos Estados-partes. Cada um dos Estados-partes poderá indicar uma pessoa dentre seus nacionais.
3. A eleição inicial realizar-se-á seis meses após a data da entrada em vigor desta Convenção. Pelo menos três meses antes da data de cada eleição, o Secretário-Geral das Nações Unidas dirigirá uma carta aos Estados-partes convidando-os a apresentar candidaturas no prazo de dois meses. O Secretário-Geral elaborará uma lista, em ordem alfabética, de todos os candidatos, apontando os Estados-partes que os indicaram, e a comunicará aos Estados-partes.
4. Os membros do Comitê serão eleitos durante uma reunião dos Estados-partes convocada pelo Secretário-Geral na sede da Organização das Nações Unidas. Nessa reunião, em que o quórum será constituído por dois terços dos Estados-partes, serão eleitos membros do Comitê os candidatos que tenham obtido o maior número de votos e a maioria absoluta de votos dos representantes dos Estados-partes presentes e votantes.
5. Os membros do Comitê serão eleitos para um mandato de quatro anos. No entanto, o mandato de nove dos membros eleitos na primeira eleição expirará ao fim de dois anos; os nomes desses nove membros serão escolhidos, por sorteio, pelo presidente do Comitê, imediatamente após a primeira eleição.
6. A eleição de cinco membros adicionais do Comitê realizar-se-á em conformidade com o disposto nos parágrafos 2, 3 e 4 deste artigo, após o depósito do trigésimo quinto instrumento de ratificação ou adesão. O mandato de dois dos membros adicionais eleitos nessa ocasião terminará ao fim de dois anos; os nomes destes dois membros serão escolhidos, por sorteio, pelo presidente do Comitê.

7. Para preencher eventuais vagas, o Estado-parte cujo perito tenha deixado de exercer suas funções de membro do Comitê nomeará outro perito dentre seus nacionais, sob reserva da aprovação do Comitê.
8. Os membros do Comitê receberão, mediante aprovação da Assembléia Geral, remuneração proveniente dos recursos da Organização das Nações Unidas, na forma e nas condições determinadas pela Assembléia Geral, tendo em vista a importância das funções do Comitê.
9. O Secretário-Geral da Organização das Nações Unidas colocará à disposição do Comitê o pessoal e os serviços materiais necessários ao desempenho eficaz das suas funções, em conformidade com esta Convenção.

**Artigo 18**

1. Os Estados-partes comprometem-se a submeter ao Secretário-Geral da Organização das Nações Unidas, para exame do Comitê, um relatório sobre as medidas legislativas, judiciárias, administrativas ou outras que tiverem adotado para dar cumprimento às disposições desta Convenção, e também sobre os progressos realizados nesse sentido:
   a) no ano seguinte à entrada em vigor da Convenção para o Estado interessado; e
   b) posteriormente, a cada quatro anos e sempre que o Comitê o solicitar.
2. Os relatórios poderão indicar os fatores e dificuldades que afetam o cumprimento das obrigações estabelecidas por esta Convenção.

**Artigo 19**

1. O Comitê adotará seu próprio regulamento.
2. O Comitê elegerá seu secretariado por um período de dois anos.

**Artigo 20**

1. O Comitê reunir-se-á normalmente todos os anos, por um período máximo de duas semanas, para examinar os relatórios que lhe forem apresentados nos termos do artigo 18 da presente Convenção.
2. As reuniões do Comitê acontecerão normalmente na sede da Organização das Nações Unidas ou em qualquer outro lugar que o Comitê determinar.

**Artigo 21**

1. O Comitê prestará contas todos os anos à Assembléia Geral da Organização das Nações Unidas, por intermédio do Conselho Econômico e Social, das suas atividades, podendo apresentar sugestões e recomenda-

ções gerais baseadas no exame dos relatórios e das informações recebidas dos Estados-partes. Essas sugestões e recomendações serão incluídas no relatório do Comitê, juntamente com as observações que os Estados-partes tenham porventura formulado.
2. O Secretário-Geral da Organização das Nações Unidas transmitirá os relatórios do Comitê à Comissão sobre a Condição das Mulheres, para informação.

**Artigo 22**

As Agências Especializadas terão o direito de estar representadas quando do exame da aplicação das disposições desta Convenção que entrem no âmbito das suas atividades. O Comitê poderá convidar as Agências Especializadas a apresentar relatórios sobre a aplicação da Convenção nas áreas que correspondam à esfera de suas atividades.

PARTE VI

**Artigo 23**

Nenhuma das disposições da presente Convenção prejudicará qualquer disposição que seja mais propícia à consecução da igualdade entre homens e mulheres e que esteja contida:
   a) na legislação de um Estado-parte; ou
   b) em qualquer outra convenção, tratado ou acordo internacional vigente nesse Estado.

**Artigo 24**

Os Estados-partes comprometem-se a adotar todas as medidas necessárias, em âmbito nacional, para alcançar a plena realização dos direitos reconhecidos nesta Convenção.

**Artigo 25**

1. A presente Convenção estará aberta à assinatura de todos os Estados.
2. O Secretário-Geral da Organização das Nações Unidas fica designado depositário da presente Convenção.
3. A presente Convenção está sujeita a ratificação. Os instrumentos de ratificação serão depositados junto ao Secretário-Geral da Organização das Nações Unidas.
4. A presente Convenção estará aberta à adesão de todos os Estados. A adesão efetuar-se-á através do depósito de um instrumento de adesão junto ao Secretário-Geral da Organização das Nações Unidas.

## Artigo 26

1. Qualquer Estado-parte poderá, a qualquer momento, pedir a revisão desta Convenção, mediante comunicação escrita dirigida ao Secretário-Geral da Organização das Nações Unidas.
2. A Assembléia Geral da Organização das Nações Unidas decidirá que medidas tomar, se for o caso, com respeito a um pedido dessa natureza.

## Artigo 27

1. Esta Convenção entrará em vigor no trigésimo dia a partir da data do depósito, junto ao Secretário-Geral da Organização das Nações Unidas, do vigésimo instrumento de ratificação ou adesão.
2. Para cada Estado que ratificar a presente Convenção ou a ela aderir após o depósito do vigésimo instrumento de ratificação ou adesão, a Convenção entrará em vigor no trigésimo dia após o depósito por esse Estado do seu instrumento de ratificação ou adesão.

## Artigo 28

1. O Secretário-Geral da Organização das Nações Unidas receberá e enviará a todos os Estados o texto das reservas feitas pelos Estados no momento da ratificação ou adesão.
2. Não será autorizada nenhuma reserva incompatível com o objeto e propósito desta Convenção.
3. As reservas poderão ser retiradas a qualquer momento por uma notificação dirigida ao Secretário-Geral da Organização das Nações Unidas, que a levará ao conhecimento de todos os Estados. A notificação surtirá efeito na data do seu recebimento.

## Artigo 29

1. Qualquer controvérsia entre dois ou mais Estados-partes relativa à interpretação ou aplicação desta Convenção e que não seja resolvida por meio de negociações será, a pedido de qualquer das partes na controvérsia, submetida a arbitragem. Se no prazo de seis meses, contados da data do pedido de arbitragem, as partes não chegarem a acordo sobre a forma da arbitragem, qualquer das partes poderá submeter a controvérsia à Corte Internacional de Justiça mediante pedido elaborado nos termos do estatuto da Corte.
2. Qualquer Estado-parte poderá, no momento da assinatura ou ratificação desta Convenção ou de sua adesão a ela, declarar que não se considera obrigado pelo parágrafo 1 do presente artigo. Os demais Estados-

partes não estarão obrigados pelo parágrafo anterior perante nenhum Estado-parte que tenha formulado tal reserva.

3. Qualquer Estado-parte que tenha formulado a reserva prevista no parágrafo 2 do presente artigo poderá retirá-la a qualquer momento por meio de notificação endereçada ao Secretário-Geral da Organização das Nações Unidas.

**Artigo 30**

Esta Convenção, cujos textos completos em árabe, chinês, espanhol, francês, inglês e russo são igualmente autênticos, será depositada junto ao Secretário-Geral da Organização das Nações Unidas.

PROTOCOLO FACULTATIVO À CONVENÇÃO SOBRE A ELIMINAÇÃO DE TODAS AS FORMAS DE DISCRIMINAÇÃO CONTRA A MULHER

*Adotado pela Assembléia Geral em sua resolução A/54/4 de 6 de outubro de 1999*

Os Estados-partes do presente Protocolo,

Observando que na Carta das Nações Unidas se reafirma a fé nos direitos humanos fundamentais, na dignidade e no valor da pessoa humana e na igualdade de direitos entre homens e mulheres;

Observando, ainda, que a Declaração Universal dos Direitos Humanos proclama que todos os seres humanos nascem livres e iguais em dignidade e direitos e que cada pessoa tem todos os direitos e liberdades nela proclamados, sem qualquer tipo de distinção, incluindo distinção baseada em sexo;

Lembrando que as Convenções Internacionais de Direitos Humanos e outros instrumentos internacionais de direitos humanos proíbem a discriminação baseada em sexo;

Lembrando, ainda, a Convenção sobre a Eliminação de Todas as Formas de Discriminação Contra a Mulher (doravante denominada "a Convenção"), na qual os Estados-partes condenam a discriminação contra a mulher em todas as suas formas e concordam em buscar, de todas as maneiras apropriadas e sem demora, uma política de eliminação da discriminação contra a mulher;

Reafirmando sua determinação de assegurar o pleno e eqüitativo gozo pelas mulheres de todos os direitos e liberdades fundamentais e de agir de forma efetiva para evitar violações desses direitos e liberdades;

Concordaram com o que se segue:

**Artigo 1º**

Cada Estado-parte do presente Protocolo (doravante denominado "Estado-parte") reconhece a competência do Comitê sobre a Eliminação da Discriminação contra a Mulher (doravante denominado "o Comitê") para receber e considerar comunicações apresentadas de acordo com o Artigo 2º deste Protocolo.

**Artigo 2º**

As comunicações podem ser apresentadas por indivíduos ou grupos de indivíduos que se encontrem sob a jurisdição do Estado-parte e aleguem ser vítimas de violação de quaisquer dos direitos estabelecidos na Convenção por aquele Estado-parte, ou em nome desses indivíduos ou grupos de indivíduos. Sempre que for apresentada em nome de indivíduos ou grupos de indivíduos, a comunicação deverá contar com seu consentimento, a menos que o autor possa justificar estar agindo em nome deles sem o seu consentimento.

**Artigo 3º**

As comunicações deverão ser feitas por escrito e não poderão ser anônimas. Nenhuma comunicação relacionada a um Estado-parte da Convenção que não seja parte do presente Protocolo será recebida pelo Comitê.

**Artigo 4º**

1. O Comitê não considerará a comunicação, exceto se tiver reconhecido que todos os recursos da jurisdição interna foram esgotados ou que a utilização desses recursos estaria sendo protelada além do razoável ou deixaria dúvida quanto a produzir o efetivo amparo.
2. O Comitê declarará inadmissível toda comunicação que: (a) se referir a assunto que já tiver sido examinado pelo Comitê ou tiver sido ou estiver sendo examinado sob outro procedimento internacional de investigação ou solução de controvérsias;
(b) for incompatível com as disposições da Convenção;
(c) estiver manifestamente mal fundamentada ou não suficientemente consubstanciada;
(d) constituir abuso do direito de submeter comunicação;
(e) tiver como objeto fatos que tenham ocorrido antes da entrada em vigor do presente Protocolo para o Estado-parte em questão, a não ser no caso de tais fatos terem tido continuidade após aquela data.

**Artigo 5º**

1. A qualquer momento após o recebimento de comunicação e antes que tenha sido alcançada determinação sobre o mérito da questão, o Comitê poderá transmitir ao Estado-parte em questão, para urgente consideração, solicitação no sentido de que o Estado-parte tome as medidas

antecipatórias necessárias para evitar possíveis danos irreparáveis à vítima ou às vítimas da alegada violação.
2. Sempre que o Comitê exercer seu arbítrio segundo o parágrafo 1º deste Artigo, tal fato não implica determinação sobre a admissibilidade ou mérito da comunicação.

## Artigo 6º

1. A menos que o Comitê considere que a comunicação seja inadmissível sem referência do Estado-parte em questão, e desde que o indivíduo ou indivíduos consintam na divulgação de sua identidade ao Estado-parte, o Comitê levará confidencialmente à atenção do Estado-parte em questão a comunicação por ele recebida no âmbito do presente Protocolo.
2. Dentro de seis meses, o Estado-parte que receber a comunicação apresentará ao Comitê explicações ou declarações por escrito esclarecendo o assunto e o remédio, se houver, que possa ter sido aplicado pelo Estado-parte.

## Artigo 7º

1. O Comitê considerará as comunicações recebidas segundo o presente Protocolo à luz das informações que vier a receber de indivíduos ou grupos de indivíduos, ou em nome destes, ou do Estado-parte em questão, desde que essa informação seja transmitida às partes em questão.
2. O Comitê realizará reuniões fechadas ao examinar as comunicações no âmbito do presente Protocolo.
3. Após examinar a comunicação, o Comitê transmitirá suas opiniões a respeito, juntamente com sua recomendação, se houver, às partes em questão.
4. O Estado-parte dará a devida consideração às opiniões do Comitê, juntamente com as recomendações deste último, se houver, e apresentará ao Comitê, dentro de seis meses, resposta por escrito incluindo informações sobre quaisquer ações realizadas à luz das opiniões e recomendações do Comitê.
5. O Comitê poderá convidar o Estado-parte a apresentar informações adicionais sobre quaisquer medidas que o Estado-parte tenha tomado em resposta às opiniões e recomendações do Comitê, se houver, incluindo, quando o Comitê julgar apropriado, informações que passem a constar de relatórios subseqüentes do Estado-parte segundo o Artigo 18 da Convenção.

## Artigo 8º

1. Caso o Comitê receba informação fidedigna indicando graves ou sistemáticas violações por um Estado-parte dos direitos estabelecidos na Con-

venção, o Comitê convidará o Estado-parte a cooperar no exame da informação e, para esse fim, a apresentar observações quanto à informação em questão.

2. Levando em conta quaisquer observações que possam ter sido apresentadas pelo Estado-parte em questão, bem como outras informações fidedignas das quais disponha, o Comitê poderá designar um ou mais de seus membros para conduzir uma investigação e apresentar relatório urgentemente ao Comitê. Sempre que justificado, e com o consentimento do Estado-parte, a investigação poderá incluir visita ao território deste último.

3. Após examinar os resultados da investigação, o Comitê os transmitirá ao Estado-parte em questão juntamente com quaisquer comentários e recomendações.

4. O Estado-parte em questão deverá, dentro de seis meses do recebimento dos resultados, comentários e recomendações do Comitê, apresentar suas observações ao Comitê.

5. Tal investigação será conduzida em caráter confidencial e a cooperação do Estado-parte será buscada em todos os estágios dos procedimentos.

**Artigo 9º**

1. O Comitê poderá convidar o Estado-parte em questão a incluir em seu relatório, segundo o Artigo 18 da Convenção, pormenores de qualquer medida tomada em resposta à investigação conduzida segundo o Artigo 18 deste Protocolo.

2. O Comitê poderá, caso necessário, após o término do período de seis meses mencionado no Artigo 8.4 deste Protocolo, convidar o Estado-parte a informá-lo das medidas tomadas em resposta à mencionada investigação.

**Artigo 10º**

1. Cada Estado-parte poderá, no momento da assinatura ou ratificação do presente Protocolo ou no momento em que a este aderir, declarar que não reconhece a competência do Comitê disposta nos Artigos 8º e 9º deste Protocolo.

2. O Estado-parte que fizer a declaração de acordo com o Parágrafo 1º deste Artigo 10º poderá, a qualquer momento, retirar essa declaração através de notificação ao Secretário-Geral.

**Artigo 11**

Os Estados-partes devem tomar todas as medidas apropriadas para assegurar que os indivíduos sob sua jurisdição não fiquem sujeitos a maus-tratos ou intimidação como conseqüência de sua comunicação com o Comitê nos termos do presente Protocolo.

**Artigo 12**

O Comitê incluirá em seu relatório anual, segundo o Artigo 21 da Convenção, um resumo de suas atividades nos termos do presente Protocolo.

**Artigo 13**

Cada Estado-parte compromete-se a tornar públicos e amplamente conhecidos a Convenção e o presente Protocolo e a facilitar o acesso à informação acerca das opiniões e recomendações do Comitê, em particular sobre as questões que digam respeito ao próprio Estado-parte.

**Artigo 14**

O Comitê elaborará suas próprias regras de procedimento a serem seguidas no exercício das funções que lhe são conferidas no presente Protocolo.

**Artigo 15**

1. O presente Protocolo estará aberto à assinatura por qualquer Estado que tenha ratificado ou aderido à Convenção.
2. O presente Protocolo estará sujeito à ratificação por qualquer Estado que tenha ratificado ou aderido à Convenção. Os instrumentos de ratificação deverão ser depositados junto ao Secretário-Geral das Nações Unidas.
3. O presente Protocolo estará aberto à adesão por qualquer Estado que tenha ratificado ou aderido à Convenção.
4. A adesão será efetivada pelo depósito de instrumento de adesão junto ao Secretário-Geral das Nações Unidas.

**Artigo 16**

1. O presente Protocolo entrará em vigor três meses após a data do depósito junto ao Secretário-Geral das Nações Unidas do décimo instrumento de ratificação ou adesão.
2. Para cada Estado que ratifique o presente Protocolo ou a ele venha a aderir após sua entrada em vigor, o presente Protocolo entrará em vigor três meses após a data do depósito de seu próprio instrumento de ratificação ou adesão.

**Artigo 17**

Não serão permitidas reservas ao presente Protocolo.

## Artigo 18

1. Qualquer Estado-parte poderá propor emendas ao presente Protocolo e dar entrada a proposta de emendas junto ao Secretário-Geral das Nações Unidas. O Secretário-Geral deverá, nessa ocasião, comunicar as emendas propostas aos Estados-partes juntamente com solicitação de que o notifiquem caso sejam favoráveis a uma conferência de Estados-partes com o propósito de avaliar e votar a proposta. Se ao menos um terço dos Estados-partes for favorável à conferência, o Secretário-Geral deverá convocá-la sob os auspícios das Nações Unidas. Qualquer emenda adotada pela maioria dos Estados-partes presentes e votantes na conferência será submetida à Assembléia-Geral das Nações Unidas para aprovação.
2. As emendas entrarão em vigor tão logo tenham sido aprovadas pela Assembléia-Geral das Nações Unidas e aceitas por maioria de dois terços dos Estados-partes do presente Protocolo, de acordo com seus respectivos processos constitucionais.
3. Sempre que as emendas entrarem em vigor, obrigarão os Estados-partes que as tenham aceitado, ficando os outros Estados-partes obrigados pelas disposições do presente Protocolo e quaisquer emendas anteriores que tiverem aceitado.

## Artigo 19

1. Qualquer Estado-parte poderá denunciar o presente Protocolo a qualquer momento por meio de notificação por escrito endereçada ao Secretário-Geral das Nações Unidas. A denúncia terá efeito seis meses após a data do recebimento da notificação pelo Secretário-Geral.
2. A denúncia não prejudicará a continuidade da aplicação das disposições do presente Protocolo em relação a qualquer comunicação apresentada segundo o Artigo 2º deste Protocolo e a qualquer investigação iniciada segundo o Artigo 8º deste Protocolo antes da data de vigência da denúncia.

## Artigo 20

O Secretário-Geral das Nações Unidas informará a todos os Estados sobre:
   (a) Assinaturas, ratificações e adesões ao presente Protocolo;
   (b) Data de entrada em vigor do presente Protocolo e de qualquer emenda feita nos termos do Artigo 18 deste Protocolo;
   (c) Qualquer denúncia feita segundo o Artigo 19 deste Protocolo.

**Artigo 21**

1. O presente Protocolo, do qual as versões em árabe, chinês, inglês, francês, russo e espanhol são igualmente autênticas, será depositado junto aos arquivos das Nações Unidas.

2. O Secretário-Geral das Nações Unidas transmitirá cópias autenticadas do presente Protocolo a todos os Estados mencionados no Artigo 25 da Convenção.

## CONVENÇÃO INTERNACIONAL SOBRE A ELIMINAÇÃO DE TODAS AS FORMAS DE DISCRIMINAÇÃO RACIAL (1968)

*Adotada e aberta a assinatura e ratificação pela Resolução 2.106-A (XX), da Assembléia Geral das Nações Unidas, de 21 de dezembro de 1965.*

Os Estados-partes na presente Convenção, considerando que a Carta das Nações Unidas fundamenta-se em princípios de dignidade e igualdade inerentes a todos os seres humanos, e que todos os Estados-membros comprometeram-se a agir, separada ou conjuntamente, para alcançar um dos propósitos das Nações Unidas, que é o de promover e encorajar o respeito universal e efetivo pelos direitos humanos e liberdades fundamentais para todos, sem discriminação de raça, sexo, idioma ou religião;

Considerando que a Declaração Universal dos Direitos Humanos proclama que todos os homens nascem livres e iguais em dignidade e direitos e que cada indivíduo pode valer-se de todos os direitos nela estabelecidos, sem distinção de qualquer espécie, principalmente de raça, cor ou origem nacional;

Considerando que todos os homens são iguais perante a lei e têm direito a igual proteção contra qualquer discriminação e contra todo incitamento à discriminação;

Considerando que as Nações Unidas condenaram o colonialismo e todas as práticas de segregação e discriminação que o acompanham, em qualquer forma e onde quer que existam, e que a Declaração sobre a Outorga de Independência aos Países e Povos Coloniais, de 14 de dezembro de 1960 (Resolução 1.514 [XV] da Assembléia Geral), afirmou e proclamou solenemente a necessidade de colocar-lhes fim, de forma rápida e incondicional;

Considerando que a Declaração das Nações Unidas sobre a Eliminação de Todas as Formas de Discriminação Racial, de 20 de novembro de 1963 (Resolução 1.904 [XVIII] da Assembléia Geral), afirma solenemente a necessidade de se eliminar rapidamente todas as formas e todas as manifestações de discriminação racial através do mundo e de assegurar a compreensão e o respeito à dignidade da pessoa humana;

Convencidos de que todas as doutrinas de superioridade fundamentadas em diferenças raciais são cientificamente falsas, moralmente condenáveis, socialmente injustas e perigosas, e que não existe justificativa, onde quer que seja, para a discriminação racial, nem na teoria e tampouco na prática;

Reafirmando que a discriminação entre os seres humanos por motivos de raça, cor ou origem étnica é um obstáculo às relações amigáveis e pacíficas entre as nações e é capaz de perturbar a paz e a segurança entre os povos, bem como a coexistência harmoniosa de pessoas dentro de um mesmo Estado;

Convencidos de que a existência de barreiras raciais é incompatível com os ideais de qualquer sociedade humana;

Alarmados por manifestações de discriminação racial ainda existentes em algumas áreas do mundo e com políticas governamentais baseadas em superioridade ou ódio racial, tais como as políticas de *apartheid*, segregação ou separação;

Resolvidos a adotar todas as medidas necessárias para eliminar rapidamente todas as formas e todas as manifestações de discriminação racial, e a prevenir e combater as doutrinas e práticas racistas com o objetivo de favorecer o bom entendimento entre as raças e conceber uma comunidade internacional livre de todas as formas de segregação e discriminação racial;

Tendo em conta a Convenção sobre Discriminação no Emprego e Ocupação, adotada pela Organização Internacional do Trabalho em 1958, e a Convenção pela Luta Contra a Discriminação no Ensino, adotada pela Organização das Nações Unidas para a Educação, a Ciência e a Cultura em 1960;

Desejando efetivar os princípios estabelecidos na Declaração das Nações Unidas sobre a Eliminação de Todas as Formas de Discriminação Racial e assegurar o mais rapidamente possível a adoção de medidas práticas para esse fim,

Acordam no seguinte:

## Parte I

### Artigo I

1. Na presente Convenção, a expressão "discriminação racial" significa qualquer distinção, exclusão, restrição ou preferência fundadas em raça, cor, descendência ou origem nacional ou étnica que tenha por fim ou efeito anular ou comprometer o reconhecimento, o gozo ou o exercício, em igualdade de condições, dos direitos humanos e das liberdades fundamentais nos domínios político, econômico, social, cultural ou em qualquer outro domínio da vida pública.
2. Esta Convenção não se aplicará às distinções, exclusões, restrições ou preferências estabelecidas por um Estado-parte entre cidadãos e não-cidadãos seus.

3. Nenhuma disposição da presente Convenção poderá ser interpretada como atentando, sob qualquer forma, contra as disposições legais dos Estados-partes relativas a nacionalidade, cidadania e naturalização, desde que essas disposições não sejam discriminatórias contra qualquer nacionalidade em particular.
4. Medidas especiais tomadas com o objetivo precípuo de assegurar, de forma conveniente, o progresso de certos grupos sociais ou étnicos ou de indivíduos que necessitem de proteção para poderem gozar e exercitar os direitos humanos e as liberdades fundamentais em igualdade de condições, não serão consideradas medidas de discriminação racial, desde que não conduzam à manutenção de direitos separados para diferentes grupos raciais e não prossigam após terem sido atingidos os seus objetivos.

**Artigo II**

1. Os Estados-partes condenam a discriminação racial e comprometem-se a adotar, por todos os meios apropriados e sem demora, uma política de eliminação de todas as formas de discriminação racial, e de promoção da harmonia entre todas as raças, e, para este fim:
   a) Os Estados-partes comprometem-se a não apoiar qualquer ato ou prática de discriminação racial contra pessoas, grupos de pessoas ou instituições, e a proceder de modo que todas as autoridades e instituições públicas, nacionais e locais se conformem com esta obrigação;
   b) Os Estados-partes comprometem-se a não incitar, defender ou apoiar a discriminação racial praticada por qualquer pessoa ou organização;
   c) Os Estados-partes devem tomar medidas eficazes a fim de rever as políticas governamentais nacionais e locais e para modificar, revogar ou anular as leis e qualquer disposição regulamentar que tenha como efeito criar a discriminação racial ou perpetuá-la onde já existir;
   d) Os Estados-partes devem, por todos os meios apropriados — inclusive, se as circunstâncias o exigirem, com medidas legislativas —, proibir a discriminação racial praticada por quaisquer pessoas, grupos ou organizações, pondo-lhe um fim;
   e) Os Estados-partes comprometem-se a favorecer, quando for conveniente, as organizações e movimentos multirraciais, e outros meios próprios, visando suprimir as barreiras entre as raças e a desencorajar o que tende a reforçar a divisão racial.
2. Os Estados-partes adotarão, se as circunstâncias assim o exigirem, nos campos social, econômico, cultural e outros, medidas especiais e concretas para assegurar adequadamente o desenvolvimento ou a proteção de certos grupos raciais ou de indivíduos pertencentes a esses grupos com o propósito de garantir-lhes, em igualdade de condições, o pleno

exercício dos direitos humanos e das liberdades fundamentais. Essas medidas não poderão, em hipótese alguma, ter o escopo de conservar direitos desiguais ou diferenciados para os diversos grupos raciais depois de alcançados os objetivos perseguidos.

**Artigo III**

Os Estados-partes condenam especialmente a segregação racial e o *apartheid* e comprometem-se a prevenir, proibir e eliminar nos territórios sob sua jurisdição todas as práticas dessa natureza.

**Artigo IV**

Os Estados-partes condenam toda propaganda e todas as organizações que se inspiram em idéias ou teorias cujo fundamento seja a superioridade de uma raça ou de um grupo de pessoas de uma certa cor ou de uma certa origem étnica, ou que pretendam justificar ou encorajar qualquer forma de ódio e de discriminação raciais, comprometendo-se a adotar imediatamente medidas positivas destinadas a eliminar qualquer incitação a tal discriminação e, para esse fim, tendo em vista os princípios formulados na Declaração Universal dos Direitos Humanos e os direitos expressamente enunciados no artigo V da presente Convenção, comprometem-se, nomeadamente:
   a) a declarar como delitos puníveis por lei qualquer difusão de idéias que estejam fundamentadas na superioridade ou no ódio raciais, quaisquer incitamentos à discriminação racial, bem como atos de violência ou provocação destes atos, dirigidos contra qualquer raça ou grupo de pessoas de outra cor ou de outra origem étnica, como também a assistência prestada a atividades racistas, incluindo seu financiamento;
   b) a declarar ilegais e a proibir as organizações, assim como as atividades de propaganda organizada e qualquer outro tipo de atividade de propaganda, que incitem à discriminação racial e que a encorajem, e a declarar delito punível por lei a participação nessas organizações ou nessas atividades;
   c) a não permitir que as autoridades públicas nem as instituições públicas, nacionais ou locais, incitem à discriminação racial ou a encorajem.

**Artigo V**

De acordo com as obrigações fundamentais enunciadas no artigo 2 desta Convenção, os Estados-partes comprometem-se a proibir e a eliminar a discriminação racial sob todas as suas formas e a garantir o direito de cada um à igualdade perante a lei, sem distinção de raça, de cor ou de origem nacional ou étnica, nomeadamente no gozo dos seguintes direitos:

a) direito de recorrer a um tribunal ou a qualquer outro órgão de administração da justiça;
b) direito à segurança da pessoa e à proteção do Estado contra violência ou lesão corporal cometida por funcionários do Governo ou por qualquer pessoa, grupo ou instituição;
c) direitos políticos, especialmente o de participar de eleições — votando e sendo votado — através de sufrágio universal e igual, direito de tomar parte no governo assim como na direção dos assuntos públicos em todos os escalões, e direito de ter acesso em igualdade de condições às funções públicas;
d) outros direitos civis, nomeadamente:
  (i) direito de circular livremente e de escolher sua residência no interior de um Estado;
  (ii) direito de deixar qualquer país, inclusive o seu, e de regressar ao mesmo;
  (iii) direito a uma nacionalidade;
  (iv) direito ao casamento e à escolha do cônjuge;
  (v) direito de qualquer pessoa, tanto individualmente como em associação com outras, à propriedade;
  (vi) direito de herdar;
  (vii) direito à liberdade de pensamento, de consciência e de religião;
  (viii) direito à liberdade de opinião e de expressão;
  (ix) direito à liberdade de reunião e de associação pacíficas;
e) direitos econômicos, sociais e culturais, nomeadamente:
  (i) direitos ao trabalho, à livre escolha do trabalho, a condições eqüitativas e satisfatórias de trabalho, à proteção contra o desemprego, a um salário igual para um trabalho igual, a uma remuneração eqüitativa e satisfatória;
  (ii) direito de fundar sindicatos e de filiar-se a eles;
  (iii) direito à habitação;
  (iv) direito à saúde, a cuidados médicos, à previdência social e aos serviços sociais;
  (v) direito à educação e à formação profissional;
  (vi) direito a igual participação nas atividades culturais;
f) direito de acesso a todos os lugares e serviços destinados ao uso público, tais como meios de transporte, hotéis, restaurantes, cafés, espetáculos e parques.

**Artigo VI**

Os Estados-partes assegurarão às pessoas que estiverem sob sua jurisdição proteção e recursos eficazes perante os tribunais nacionais e outros órgãos do Estado competentes, contra todos os atos de discriminação racial que, contrariando a presente Convenção, violem os seus direitos individuais e as suas liberdades fundamentais, assim como o direito de pedir a esses tribunais satisfação ou reparação, justa e adequada, por qualquer prejuízo de que tenham sido vítimas em virtude de tal discriminação.

**Artigo VII**

Os Estados-partes comprometem-se a tomar medidas imediatas e eficazes, sobretudo no campo do ensino, educação, cultura e informação, para lutar contra preconceitos que conduzam à discriminação racial e para favorecer a compreensão, a tolerância e a amizade entre nações e grupos raciais e étnicos, bem como para promover os objetivos e princípios da Carta das Nações Unidas, da Declaração Universal dos Direitos Humanos, da Declaração das Nações Unidas sobre a Eliminação de Todas as Formas de Discriminação Racial e da presente Convenção.

## Parte II

**Artigo VIII**

1. Será constituído um Comitê para a Eliminação da Discriminação Racial (doravante denominado "o Comitê") composto por dezoito peritos reconhecidos pela sua imparcialidade e alta estatura moral, que serão eleitos pelos Estados-partes dentre seus nacionais e exercerão suas funções a título individual, levando-se em conta uma repartição geográfica eqüitativa e a representação das distintas formas de civilização, assim como dos principais sistemas jurídicos.
2. Os membros do Comitê serão eleitos, em escrutínio secreto, de uma lista de candidatos designados pelos Estados-partes. Cada Estado-parte poderá designar um candidato escolhido dentre seus nacionais.
3. A primeira eleição será realizada seis meses após a data da entrada em vigor da presente Convenção. O Secretário-Geral das Nações Unidas enviará uma carta aos Estados-partes, com antecedência de no mínimo três meses da data de cada eleição, convidando-os a apresentarem seus candidatos no prazo de dois meses. O Secretário-Geral preparará uma lista, em ordem alfabética, de todos os candidatos assim nomeados, indicando os Estados-partes que os nomearam, e a comunicará aos Estados-partes.
4. Os membros do Comitê serão eleitos durante uma reunião dos Estados-partes convocada pelo Secretário-Geral na sede das Nações Unidas. Nessa reunião, em que o quórum será alcançado com dois terços dos Estados-partes, serão eleitos membros do Comitê os candidatos que obtiverem o

maior número de votos e a maioria absoluta dos votos dos representantes dos Estados-partes presentes e votantes.
5. a) Os membros do Comitê serão eleitos por quatro anos. Todavia, o mandato de nove dos membros eleitos na primeira eleição expirará ao fim de dois anos; imediatamente após a primeira eleição, o Presidente do Comitê sorteará os nomes desses nove membros.
b) Para preencher as vagas fortuitas, o Estado-parte cujo perito deixou de exercer suas funções de membro do Comitê nomeará outro perito dentre seus nacionais, sob reserva da aprovação do Comitê.
6. Os Estados-partes suportarão as despesas dos membros do Comitê durante o período em que eles exercerem suas funções.

**Artigo IX**

1. Os Estados-partes comprometem-se a apresentar ao Secretário-Geral, para ser examinado pelo Comitê, um relatório sobre as medidas de caráter legislativo, judiciário, administrativo ou outras que tomarem para tornar efetivas as disposições da presente Convenção:
a) no prazo de um ano, a contar da entrada em vigor da Convenção para cada Estado em questão; e
b) a partir de então, a cada dois anos e sempre que o Comitê o solicitar.
O Comitê poderá solicitar informações complementares aos Estados-partes.
2. O Comitê submeterá todos os anos à Assembléia Geral da Organização das Nações Unidas, por intermédio do Secretário-Geral, um relatório sobre suas atividades e poderá fazer sugestões e recomendações de ordem geral baseadas no exame dos relatórios e das informações recebidas dos Estados-partes. Levará ao conhecimento da Assembléia Geral essas sugestões e recomendações de ordem geral, juntamente com as observações dos Estados-partes, caso existirem.

**Artigo X**

1. O Comitê adotará seu regulamento interno.
2. O Comitê elegerá sua mesa diretora por um período de dois anos.
3. O Secretário-Geral das Organização das Nações Unidas fornecerá os serviços de secretaria ao Comitê.
4. O Comitê reunir-se-á normalmente na sede da Organização das Nações Unidas.

**Artigo XI**

1. Se um Estado-parte entender que outro Estado igualmente parte não aplica as disposições da presente Convenção, poderá chamar a atenção

do Comitê para essa questão. O Comitê transmitirá, então, a comunicação recebida ao Estado-parte interessado. Em um prazo de três meses, o Estado destinatário submeterá ao Comitê suas explicações ou declarações por escrito, com o propósito de esclarecer a questão, indicando, se for o caso, as medidas corretivas que adotou.
2. Se, no prazo de seis meses a partir da data do recebimento da comunicação original pelo Estado destinatário, a questão não estiver resolvida a contento dos dois Estados, por meio de negociações bilaterais ou por qualquer outro processo que estiver ao seu dispor, ambos os Estados terão o direito de submetê-la novamente ao Comitê, endereçando uma notificação ao Comitê e ao outro Estado interessado.
3. O Comitê só poderá tomar conhecimento de uma questão que lhe seja submetida, nos termos do parágrafo 2 do presente artigo, depois de haver constatado que todos os recursos internos disponíveis foram utilizados ou esgotados, de conformidade com os princípios de direito internacional geralmente reconhecidos. Esta regra não se aplicará se os procedimentos de recurso excederem prazos razoáveis.
4. Em todas as questões que lhe forem submetidas, o Comitê poderá solicitar aos Estados-partes presentes que lhe forneçam quaisquer informações complementares pertinentes.
5. Quando o Comitê examinar uma questão, em aplicação deste artigo, os Estados-partes interessados terão o direito de designar um representante que participará, sem direito a voto, dos trabalhos do Comitê durante todos os debates.

## Artigo XII

1. a) Depois que o Comitê tiver obtido e examinado as informações que julgar necessárias, o presidente nomeará uma Comissão de Conciliação *ad hoc* (doravante denominada apenas "a Comissão"), composta por cinco pessoas, que poderão ser ou não membros do Comitê. Os seus membros serão nomeados com o consentimento pleno e unânime das partes na envolvidas na discussão e a Comissão porá seus bons ofícios à disposição dos Estados interessados, a fim de chegar a uma solução amigável da questão, baseada no respeito à presente Convenção.

    b) Se os Estados-partes na controvérsia não chegarem a um entendimento em relação a toda ou parte da composição da Comissão em um prazo de três meses, os membros da Comissão que não tiverem o assentimento dos Estados-partes na controvérsia serão eleitos por escrutínio secreto dentre os próprios membros do Comitê, por maioria de dois terços.

2. Os membros da Comissão exercerão funções a título individual. Não deverão ser nacionais de um dos Estados-partes envolvidos na discussão nem de um Estado que não seja parte na presente Convenção.
3. A Comissão elegerá seu presidente e adotará seu regulamento interno.
4. A Comissão reunir-se-á normalmente na sede da Organização das Nações Unidas ou em qualquer outro lugar apropriado que venha a ser determinado pela Comissão.
5. A secretaria prevista no parágrafo 3º do artigo X da presente Convenção também prestará seus serviços à Comissão, sempre que uma controvérsia entre os Estados-partes provocar a constituição da Comissão.
6. As despesas dos membros da Comissão serão divididas igualmente entre os Estados-partes envolvidos na controvérsia, baseadas em um cálculo estimativo feito pelo Secretário-Geral da Organização das Nações Unidas.
7. O Secretário-Geral estará habilitado a reembolsar, caso seja necessário, as despesas dos membros da Comissão antes que os Estados-partes envolvidos na controvérsia tenham efetuado o pagamento, consoante o previsto no parágrafo 6º do presente artigo.
8. As informações obtidas e examinadas pelo Comitê serão postas à disposição da Comissão, e a Comissão poderá solicitar aos Estados interessados que lhe forneçam quaisquer informações complementares pertinentes.

**Artigo XIII**

1. Após haver estudado a questão sob todos os seus aspectos, a Comissão preparará e submeterá ao presidente do Comitê um relatório com as suas conclusões sobre todas as questões de fato relativas ao litígio entre as partes e com as recomendações que julgar oportunas, objetivando alcançar uma solução amistosa para a polêmica.
2. O presidente do Comitê transmitirá o relatório da Comissão aos Estados-partes envolvidos na discussão. Esses Estados comunicarão ao presidente do Comitê, no prazo de três meses, se aceitam ou não as recomendações contidas no relatório da Comissão.
3. Expirado o prazo previsto no parágrafo 2º do presente artigo, o presidente do Comitê comunicará o relatório da Comissão e as declarações dos Estados-partes interessados aos outros Estados-partes nesta Convenção.

**Artigo XIV**

1. Os Estados-partes poderão declarar, a qualquer momento, que reconhecem a competência do Comitê para receber e examinar comunicações procedentes de indivíduos ou grupos de indivíduos sob sua jurisdição que se considerem vítimas de uma violação cometida por um Estado-

parte de qualquer um dos direitos enunciados na presente Convenção. O Comitê não receberá nenhuma comunicação relativa a um Estado-parte que não houver feito essa declaração.

2. Os Estados-partes que fizerem a declaração prevista no parágrafo 1 do presente artigo poderão criar ou designar um órgão, no quadro de sua ordem jurídica nacional, que terá competência para receber e examinar as petições de pessoas ou grupos de pessoas sob sua jurisdição que alegarem ser vítimas de violação de qualquer um dos direitos enunciados na presente Convenção e que esgotaram os outros recursos locais disponíveis.

3. As declarações feitas nos termos do parágrafo 1º do presente artigo e os nomes dos órgãos criados ou designados pelo Estado-parte interessado, segundo o parágrafo 2º do presente artigo, serão depositados pelo Estado-parte interessado junto ao Secretário-Geral das Nações Unidas, que enviará cópias aos outros Estados-partes. Uma declaração poderá ser retirada a qualquer momento através de notificação endereçada ao Secretário-Geral, mas tal retirada não prejudicará as comunicações que já tenham sido estudadas pelo Comitê.

4. O órgão criado ou designado nos termos do parágrafo 2º do presente artigo deverá possuir um registro das petições, e todos os anos cópias autenticadas do registro serão entregues ao Secretário-Geral das Nações Unidas, pelas vias apropriadas, ficando entendido que o conteúdo dessas cópias não será divulgado ao público.

5. Caso não obtenha reparação satisfatória do órgão criado ou designado nos termos do parágrafo 2º do presente artigo, o peticionário terá o direito de dirigir uma comunicação ao Comitê dentro do prazo de seis meses.

6. a) O Comitê levará as comunicações que lhe tenham sido endereçadas, confidencialmente, ao conhecimento do Estado-parte que supostamente violou qualquer das disposições desta Convenção; todavia, a identidade da pessoa ou dos grupos de pessoas interessadas não poderá ser revelada sem o consentimento expresso dessa pessoa ou grupos de pessoas. O Comitê não receberá comunicações anônimas.

b) Nos três meses seguintes, o referido Estado submeterá, por escrito, ao Comitê, as explicações ou declarações que esclareçam a questão e indicará, quando for o caso, as medidas corretivas que houver adotado.

7. a) O Comitê examinará as comunicações, à luz de todas as informações que lhe forem submetidas pelo Estado-parte interessado e pelo peticionário. O Comitê não examinará nenhuma comunicação de um peticionário sem ter-se assegurado de que ele esgotou todos os recursos internos disponíveis. Entretanto, esta regra não se aplicará se tais recurso excederem prazos razoáveis.

b) O Comitê remeterá suas sugestões e recomendações ao Estado-parte interessado e ao peticionário.

8. O Comitê incluirá em seu relatório anual um resumo destas comunicações e, quando houver, também um resumo das explicações e declarações dos Estados-partes interessados, assim como das suas próprias sugestões e recomendações.

9. O Comitê somente terá competência para desempenhar as funções previstas neste artigo se pelo menos dez Estados-partes nesta Convenção estiverem obrigados por declarações feitas nos termos do parágrafo 1º deste artigo.

**Artigo XV**

1. Esperando a realização dos objetivos da Declaração sobre a Concessão de Independência aos Países e aos Povos Coloniais, contida na Resolução 1.514 (XV) da Assembléia Geral da ONU, de 14 de dezembro de 1960, as disposições da presente Convenção em nada restringem o direito de petição concedido a esses povos por outros instrumentos internacionais ou pela Organização das Nações Unidas ou suas agências especializadas.

2. a) O Comitê, constituído nos termos do artigo VIII desta Convenção, receberá cópia das petições provenientes dos órgãos das Nações Unidas que se ocuparem de questões diretamente relacionadas com os princípios e objetivos da presente Convenção e expressará sua opinião e apresentará recomendações sobre essas petições, quando examinar as petições dos habitantes dos territórios sob tutela ou sem governo próprio ou de qualquer outro território a que se aplicar a Resolução 1.514 (XV) da Assembléia Geral, relacionadas com questões incluídas na presente Convenção e que sejam recebidas por esses órgãos.

b) O Comitê receberá dos órgãos competentes da Organização das Nações Unidas cópia dos relatórios referentes às medidas de ordem legislativa, judiciária, administrativa ou outras que digam respeito diretamente aos princípios e objetivos da presente Convenção, que as potências administradoras tiverem aplicado nos territórios mencionados na alínea a) do presente parágrafo, e expressará opiniões e fará recomendações a esses órgãos.

3. O Comitê incluirá em seus relatórios à Assembléia Geral um resumo das petições e dos relatórios que houver recebido de órgãos da Organização das Nações Unidas, assim como as opiniões e recomendações que tais petições e relatórios houverem merecido de sua parte.

4. O Comitê solicitará ao Secretário-Geral da Organização das Nações Unidas o fornecimento de qualquer informação relacionada com os objetivos da presente Convenção de que ele dispuser sobre os territórios mencionados na alínea a) no parágrafo 2 do presente artigo.

**Artigo XVI**

As disposições desta Convenção relativas às medidas a serem adotadas para a solução de uma controvérsia ou queixa serão aplicadas sem prejuízo de outros processos para solução de controvérsias ou queixas no campo da discriminação previstos nos instrumentos constitutivos das Nações Unidas e suas agências especializadas, ou em convenções adotadas por essas organizações, e não impedirão os Estados-partes de recorrer a outros procedimentos visando solucionar uma controvérsia de conformidade com os acordos internacionais gerais ou especiais pelos quais estejam ligados.

PARTE III

**Artigo XVII**

1. A presente Convenção ficará aberta à assinatura de todos os Estados-membros da Organização das Nações Unidas ou membros de uma de suas agências especializadas, dos Estados-partes no Estatuto da Corte Internacional de Justiça, bem como dos Estados convidados pela Assembléia Geral da Organização das Nações Unidas a serem partes na presente Convenção.
2. A presente Convenção estará sujeita a ratificação e os instrumentos de ratificação serão depositados junto ao Secretário-Geral da Organização das Nações Unidas.

**Artigo XVIII**

1. A presente Convenção estará aberta à adesão dos Estados mencionados no parágrafo 1º do artigo XVII.
2. A adesão será efetuada pelo depósito de um instrumento de adesão junto ao Secretário-Geral da Organização das Nações Unidas.

**Artigo XIX**

1. Esta Convenção entrará em vigor no trigésimo dia imediato à data do depósito junto ao Secretário-Geral da Organização das Nações Unidas do vigésimo sétimo instrumento de ratificação ou adesão.
2. Para cada Estado que ratificar a presente Convenção ou a ela aderir após o depósito do vigésimo sétimo instrumento de ratificação ou adesão,

esta Convenção entrará em vigor no trigésimo dia após a data do depósito, por esses Estados, dos seus instrumentos de ratificação ou adesão.

**Artigo XX**

1. O Secretário-Geral das Nações Unidas receberá e comunicará a todos os Estados que forem ou vierem a tornar-se partes na presente Convenção o texto das reservas feitas pelos Estados no momento da ratificação ou da adesão. O Estado que levantar objeções a essas reservas deverá notificar o Secretário-Geral, no prazo de noventa dias contados da data da referida comunicação, de que não as aceita.
2. Não será permitida uma reserva incompatível com o objetivo e propósito da presente Convenção, nem uma reserva que impeça o funcionamento de qualquer dos órgãos criados por essa Convenção. Entende-se que uma reserva será considerada incompatível ou impeditiva se pelo menos dois terços dos Estados-partes nesta Convenção levantarem objeções a ela.
3. As reservas poderão ser retiradas a qualquer momento através de notificação endereçada ao Secretário-Geral. Tal notificação passará a ter efeito na data do seu recebimento.

**Artigo XXI**

Os Estados-partes poderão denunciar a presente Convenção mediante notificação dirigida ao Secretário-Geral da Organização das Nações Unidas. A denúncia surtirá efeito um ano após a data do recebimento da notificação pelo Secretário-Geral.

**Artigo XXII**

Quaisquer controvérsias entre dois ou mais Estados-partes relativas à interpretação ou aplicação da presente Convenção, que não forem resolvidas por negociações ou pelos processos expressamente previstos nesta Convenção, serão submetidas, a pedido de qualquer das Partes na controvérsia, à decisão da Corte Internacional de Justiça, salvo se os litigantes acordarem noutro modo de solução.

**Artigo XXIII**

1. Os Estados-partes poderão formular a qualquer momento um pedido de revisão da presente Convenção mediante notificação escrita dirigida ao Secretário-Geral da Organização das Nações Unidas.
2. Nessa hipótese, a Assembléia Geral da Organização das Nações Unidas decidirá acerca das medidas a serem tomadas sobre tal pedido.

**Artigo XXIV**

O Secretário-Geral da Organização das Nações Unidas comunicará a todos os Estados mencionados no parágrafo 1° do artigo XVII da presente Convenção:
a) as assinaturas da presente Convenção e dos instrumentos de ratificação e de adesão depositados, nos termos dos artigos XVII e XVIII;
b) a data da entrada em vigor da presente Convenção, nos termos do artigo XIX;
c) as comunicações e declarações recebidas, nos termos dos artigos XIV, XX e XXIII;
d) as denúncias notificadas, nos termos do artigo XXI.

**Artigo XXV**

1. Esta Convenção, cujos textos em chinês, espanhol, francês, inglês e russo são igualmente autênticos, será depositada nos arquivos da Organização das Nações Unidas.
2. O Secretário-Geral da Organização das Nações Unidas enviará cópias autenticadas da presente Convenção aos Estados pertencentes a qualquer das categorias mencionadas no parágrafo 1° do artigo XVII desta Convenção.

### CONVENÇÃO CONTRA A TORTURA E OUTROS TRATAMENTOS OU PENAS CRUÉIS, DESUMANOS OU DEGRADANTES (1984)

*Adotada pela Resolução 39/46, da Assembléia Geral das Nações Unidas, em 10 de dezembro de 1984.*

Os Estados-partes nesta Convenção,
Considerando que, de acordo com os princípios proclamados na Carta das Nações Unidas, o reconhecimento dos direitos iguais e inalienáveis de todos os membros da família humana constitui o fundamento da liberdade, da justiça e da paz no mundo;
Reconhecendo que estes direitos derivam da dignidade inerente à pessoa humana;
Considerando a obrigação dos Estados, nos termos da Carta, especialmente do artigo 55, de promover o respeito universal e a observância dos direitos humanos e das liberdades fundamentais;
Tendo em conta o artigo 5° da Declaração Universal dos Direitos Humanos e o artigo 7° do Pacto Internacional dos Direitos Civis e Políticos, que estabelecem que ninguém será submetido a tortura ou a tratamentos ou penas cruéis, desumanos ou degradantes;

Levando também em consideração a Declaração sobre a Proteção de Todas as Pessoas contra a Tortura e outros Tratamentos ou Penas Cruéis, Desumanos ou Degradantes, adotada pela Assembléia Geral em 9 de dezembro de 1975;
Desejando tornar mais eficaz a luta contra a tortura e outros tratamentos ou penas cruéis, desumanos ou degradantes em todo o mundo,
Acordaram no seguinte:

## PARTE I

### Artigo 1º

1. Para os fins desta Convenção, o termo "tortura" designa qualquer ato pelo qual uma violenta dor ou sofrimento, físico ou mental, é infligido intencionalmente a uma pessoa, com o fim de se obter dela ou de uma terceira pessoa informações ou confissão; de puni-la por um ato que ela ou uma terceira pessoa tenha cometido ou seja suspeita de ter cometido; de intimidá-la ou coagi-la ou a uma terceira pessoa; ou por qualquer razão baseada em discriminação de qualquer espécie, quando tal dor ou sofrimento é imposto por um funcionário público ou por outra pessoa atuando no exercício de funções públicas, ou ainda por instigação dele ou com o seu consentimento ou aquiescência. Não se considerará tortura as dores ou sofrimentos que sejam conseqüência, inerentes ou decorrentes de sanções legítimas.
2. Este artigo não prejudicará qualquer instrumento internacional ou lei nacional que contenha ou possa conter disposições de maior alcance.

### Artigo 2º

1. Cada Estado-parte tomará medidas legislativas, administrativas, judiciais ou de outra natureza com o intuito de impedir atos de tortura no território sob a sua jurisdição.
2. Nenhum circunstância excepcional, como ameaça ou estado de guerra, instabilidade política interna ou qualquer outra emergência pública, poderá ser invocada como justificativa para a tortura.
3. Uma ordem de um funcionário superior ou de uma autoridade pública não poderá ser invocada como justificativa para a tortura.

### Artigo 3º

1. Nenhum Estado-parte expulsará, devolverá ou extraditará uma pessoa para outro Estado quando houver fundados motivos para se acreditar que, nele, ela poderá ser torturada.

2. Com vistas a se determinar a existência de tais motivos, as autoridades competentes levarão em conta todas as considerações pertinentes, inclusive, quando for o caso, a existência, no Estado em questão, de um quadro de graves, maciças e sistemáticas violações dos direitos humanos.

**Artigo 4º**

1. Cada Estado-parte assegurará que todos os atos de tortura sejam considerados crimes nos termos da sua lei penal. O mesmo aplicar-se-á à tentativa de infligir tortura e a todo ato praticado por qualquer pessoa que constitua cumplicidade ou participação em tortura.
2. Cada Estado-parte penalizará adequadamente tais crimes, levando em consideração sua gravidade.

**Artigo 5º**

1. Cada Estado-parte tomará as medidas que sejam necessárias de modo a estabelecer sua jurisdição sobre os crimes previstos no artigo 4, nos seguintes casos:
   a) quando os crimes tenham sido cometidos em qualquer território sob a sua jurisdição ou a bordo de um navio ou de uma aeronave registrada no Estado em apreço;
   b) quando o suposto criminoso for nacional do Estado em apreço;
   c) quando a vítima for cidadã do Estado em apreço, se este o considerar apropriado.
2. Cada Estado-parte também deverá tomar todas as medidas necessárias para estabelecer sua jurisdição sobre tais crimes nos casos em que o suposto criminoso encontrar-se em qualquer território sob sua jurisdição e o Estado não o extradite de acordo com o artigo 8 para qualquer dos Estados mencionados no parágrafo 1 deste artigo.
3. Esta Convenção não exclui qualquer jurisdição criminal exercida de acordo com o direito interno.

**Artigo 6º**

1. Tendo considerado, após um exame da informação disponível, que as circunstâncias o justificam, qualquer Estado-parte em cujo território se encontrar uma pessoa que supostamente haja cometido algum crime referido no artigo 4º ordenará sua detenção ou tomará outras medidas legais visando garantir a presença dessa pessoa no seu território. A detenção ou as outras medidas legais serão as previstas na lei desse Esta-

do, mas vigorarão penas pelo tempo necessário à instauração de um processo criminal ou de extradição.
2. O referido Estado procederá imediatamente a uma investigação preliminar dos fatos.
3. A qualquer pessoa detida segundo com o parágrafo 1º será garantido o direito de comunicar-se imediatamente com o representante mais próximo do Estado de que é cidadão ou, se for apátrida, com o representante do Estado onde normalmente reside.
4. Quando um Estado, de acordo com este artigo, houver detido uma pessoa, notificará imediatamente os Estados mencionados no artigo 5º, parágrafo 1º, sobre a referida detenção, citando as circunstâncias que a justificam. O Estado que proceder à investigação preliminar referida no parágrafo 2º deste artigo informará seus resultados com brevidade àqueles Estados e fará saber se pretende exercer a sua jurisdição.

## Artigo 7º

1. O Estado-parte no território sob cuja jurisdição for encontrado o suposto autor de qualquer dos crimes mencionados no artigo 4º, se não o extraditar, deverá, nas hipóteses aludidas no artigo 5º, submeter o caso às suas autoridades competentes, com o objetivo de processar o acusado.
2. As autoridades competentes decidirão em conformidade com as mesmas normas aplicáveis a qualquer crime ordinário de natureza grave, segundo a legislação do referido Estado. Nos casos referidos no artigo 5º, parágrafo 2º, os tipos de prova requeridos para acusar e condenar supostos criminosos não deverão, de modo algum, ser menos rigorosos do que aqueles que se aplicam nos casos referidos no artigo 5º, parágrafo 1º.
3. Será garantido um tratamento justo em todas as fases do processo a qualquer pessoa processada por algum dos crimes previstos no artigo 4º.

## Artigo 8º

1. Os crimes referidos no artigo 4 serão postos no rol dos crimes sujeitos a extradição em qualquer tratado de extradição existente entre os Estados-partes. Os Estados-partes comprometem-se a incluir tais crimes no rol daqueles sujeitos a extradição em todos os tratados de extradição que vierem a concluir entre si.
2. Se um Estado-parte que condiciona a extradição à existência de tratado receber um pedido de extradição de outro Estado-parte com o qual não mantenha tratado de extradição, poderá tomar esta Convenção como base legal para a extradição com relação a tais crimes. A extradição estará sujeita a outras condições estabelecidas na lei do Estado que receber o pedido.

3. Os Estados-partes que não condicionam a extradição à existência de um tratado reconhecerão tais crimes como sujeitos à extradição entre si, observadas as condições estabelecidas na lei do Estado que receber o pedido.
4. Tais crimes serão tratados, para fins de extradição entre os Estados-partes, como se tivessem sido cometidos não só no lugar em que ocorreram, mas também nos territórios dos Estados obrigados a estabelecer a sua jurisdição, nos termos do parágrafo 1º do artigo 5º.

**Artigo 9º**

1. Os Estados-partes dispensarão uns aos outros a maior assistência possível em relação aos processos criminais instaurados relativamente a quaisquer dos crimes referidos no artigo 4, incluindo o fornecimento de todos os elementos de prova à sua disposição, necessários aos processos.
2. Os Estados-partes cumprirão as obrigações emergentes do parágrafo 1 deste artigo de acordo com quaisquer tratados de assistência jurídica recíproca que possam existir entre eles.

**Artigo 10º**

1. Cada Estado-parte assegurará que a educação e a informação relativas à proibição da tortura sejam integralmente incorporadas no treinamento do pessoal civil ou militar responsável pela aplicação da lei, do pessoal médico, dos funcionários públicos e de outras pessoas que possam participar da detenção, do interrogatório ou do tratamento de qualquer pessoa submetida a qualquer forma de detenção ou prisão.
2. Cada Estado-parte incluirá a proibição da tortura nas regras ou instruções que regem os deveres e atribuições desse pessoal.

**Artigo 11**

Cada Estado-parte manterá sob exame sistemático regras, instruções, métodos e práticas de interrogatório, bem como disposições sobre detenção e tratamento das pessoas submetidas a qualquer forma de detenção ou prisão, em qualquer território sob a sua jurisdição, com o escopo de evitar qualquer caso de tortura.

**Artigo 12**

Cada Estado-parte assegurará que as suas autoridades competentes procederão a uma investigação rápida e imparcial sempre que houver motivos suficientes para se crer que um ato de tortura tenha sido cometido em qualquer território sob sua jurisdição.

## Artigo 13

Cada Estado-parte assegurará que qualquer pessoa que alegue ter sido submetida a tortura em qualquer território sob a sua jurisdição tenha o direito de apresentar queixa e de ter o seu caso rápida e imparcialmente examinado pelas autoridades competentes do dito Estado. Serão adotadas providências no sentido de assegurar a proteção do queixoso e das testemunhas contra quaisquer maus-tratos ou intimidações resultantes de queixa ou depoimento prestados.

## Artigo 14

1. Cada Estado-parte assegurará, em seu ordenamento jurídico, à vítima de um ato de tortura direito a reparação e a uma indenização justa e adequada, incluindo os meios necessários a sua mais completa reabilitação possível. No caso de morte da vítima em conseqüência de tortura, seus dependentes farão jus a uma indenização.
2. Este artigo em nada afetará quaisquer direitos que a vítima ou outra pessoa possam ter em decorrência das leis nacionais.

## Artigo 15

Cada Estado-parte assegurará que nenhuma declaração comprovadamente obtida sob tortura possa ser admitida como prova em qualquer processo, exceto contra uma pessoa acusada de tortura como prova de que tal declaração foi dada.

## Artigo 16

1. Cada Estado-parte comprometer-se-á a impedir, em qualquer parte do território sob a sua jurisdição, outros atos que constituam tratamento ou penas cruéis, desumanos ou degradantes, que não equivalem a tortura, tal como definida no artigo 1º, quando tais atos forem cometidos por um funcionário público ou por outra pessoa no exercício de atribuições públicas, ou ainda por sua instigação ou com o seu consentimento ou aquiescência. Aplicar-se-ão, em particular, as obrigações contidas nos artigos 10º, 11, 12 e 13, substituindo-se as referências à tortura por referências a outras formas de tratamentos ou penas cruéis, desumanos ou degradantes.
2. As disposições desta Convenção não prejudicarão qualquer outro instrumento internacional ou lei nacional que proíba os tratamentos ou penas cruéis, desumanos ou degradantes ou que digam respeito à extradição ou à expulsão.

## Parte II
**Artigo 17**

1. Será formado um Comitê contra a Tortura (doravante denominado "Comitê"), com as atribuições a seguir discriminadas. O Comitê será constituído por dez peritos de alta reputação moral e reconhecida competência no campo dos direitos humanos, os quais exercerão suas funções a título pessoal. Os peritos serão eleitos pelos Estados-partes levando-se em conta uma distribuição geográfica eqüitativa e a vantagem da participação de algumas pessoas com experiência jurídica.
2. Os membros do Comitê serão eleitos em votação secreta de uma lista de pessoas designadas pelos Estados-partes. Cada Estado-parte poderá indicar uma pessoa dentre os seus cidadãos. Os Estados-partes deverão ter em conta as vantagens de indicarem pessoas que também sejam membros do Comitê de Direitos Humanos criado pelo Pacto Internacional dos Direitos Civis e Políticos, e que estejam dispostas a servir no Comitê contra a Tortura.
3. As eleições dos membros do Comitê ocorrerão em reuniões bienais dos Estados-partes, convocadas pelo Secretário-Geral das Nações Unidas. Nestas reuniões, nas quais o quórum será de dois terços dos Estados-partes, serão eleitas para o Comitê aquelas pessoas que obtiverem o maior número de votos e a maioria absoluta dos votos dos representantes dos Estados-partes presentes e votantes.
4. A primeira eleição terá lugar no máximo seis meses depois da data da entrada em vigor da presente Convenção. Pelo menos quatro meses antes da data de cada eleição, o Secretário-Geral das Nações Unidas enviará uma carta aos Estados-partes convidando-os a apresentar seus candidatos dentro de três meses. O Secretário-Geral preparará uma lista, em ordem alfabética, contendo os nomes de todos os candidatos assim indicados, citando os Estados-partes que os designaram, e a enviará aos Estados-partes.
5. Os membros do Comitê serão eleitos para um mandato de quatro anos, podendo ser reeleitos caso suas candidaturas sejam reapresentadas. Contudo, o mandato de cinco dos membros eleitos no primeiro pleito terminará ao final de dois anos; imediatamente após a primeira eleição, o presidente da reunião referida no parágrafo 3º deste artigo procederá ao sorteio dos nomes desses cinco membros.
6. Se um membro do Comitê morrer, demitir-se ou, por qualquer outra razão, estiver impossibilitado de continuar cumprindo com suas obrigações no Comitê, o Estado-parte que o designou indicará, entre seus nacionais, outro perito para cumprir o restante do mandato, devendo a

referida indicação ser submetida à aprovação da maioria dos Estados-partes. Considerar-se-á dada a aprovação a menos que metade ou mais dos Estados-partes respondam negativamente em até seis semanas após terem sido informados pelo Secretário-Geral das Nações Unidas da nomeação proposta.
7. Os Estados-partes serão responsáveis pelas despesas dos membros da Comissão enquanto no desempenho das suas funções.

**Artigo 18**

1. O Comitê elegerá sua mesa para um período de dois anos, podendo seus membros serem reeleitos.
2. O Comitê estabelecerá seu regulamento interno, o qual, todavia, deverá dispor, entre outras coisas, que:
   a) o quórum será de seis membros;
   b) as decisões do Comitê serão tomadas por maioria de votos dos membros presentes.
3. O Secretário-Geral das Nações Unidas colocará à disposição do Comitê o pessoal e o equipamento necessários ao eficaz desempenho das funções que lhe são atribuídas por esta Convenção.
4. O Secretário-Geral das Nações Unidas convocará a primeira reunião do Comitê. Após a primeira reunião, o Comitê reunir-se-á de acordo com o previsto no seu regulamento interno.
5. Os Estados-partes serão responsáveis pelas despesas decorrentes das reuniões dos Estados-partes e do Comitê, inclusive pelo reembolso às Nações Unidas de quaisquer gastos por eles realizados, tais como com pessoal e equipamentos, nos termos do parágrafo 3º deste artigo.

**Artigo 19**

1. Os Estados-partes submeterão ao Comitê, por intermédio do Secretário-Geral das Nações Unidas, relatórios sobre as medidas que tomaram no sentido de dar cumprimento às obrigações assumidas em virtude da presente Convenção, no prazo de um ano, contados do início da vigência da presente Convenção no Estado-parte em questão. A partir de então, os Estados-partes deverão apresentar relatórios suplementares a cada quatro anos sobre todas as novas medidas que tiverem adotado, assim como outros relatórios que o Comitê solicitar.
2. O Secretário-Geral das Nações Unidas transmitirá os relatórios a todos os Estados-partes.
3. Cada relatório será examinado pelo Comitê, que fará os comentários gerais que julgar adequados e os remeterá ao Estado-parte interessado.

Este poderá responder ao Comitê, fazendo todas as observações que desejar.

4. O Comitê poderá, a seu critério, decidir incluir quaisquer comentários que tenha feito, consoante o parágrafo 3º deste artigo, juntamente com as observações a tais comentários recebidas do Estado-parte interessado, em seu relatório anual, elaborado em conformidade com o artigo 24. Se assim for solicitado pelo Estado-parte interessado, o Comitê poderá também juntar uma cópia do relatório apresentado em consonância com o parágrafo 1º do presente artigo.

## Artigo 20

1. Se o Comitê receber informações fidedignas indicando, de forma fundamentada, que aparentemente a tortura é praticada de forma sistemática no território de um Estado-parte, convidará esse Estado-parte a cooperar na análise das informações e a comentá-las, fazendo as observações que julgar pertinentes.
2. Levando em consideração quaisquer observações que possam ter sido apresentadas pelo Estado-parte em questão, bem como qualquer outra informação relevante ao seu dispor, o Comitê poderá, se lhe parecer justificável, designar um ou mais de seus membros para proceder a uma investigação confidencial e informar urgentemente o Comitê.
3. No caso de se levar a cabo uma investigação, de acordo com o parágrafo 2 deste artigo, o Comitê procurará obter a colaboração do Estado-parte em questão. Com a concordância do referido Estado-parte, a investigação poderá incluir uma visita ao seu território.
4. Depois de analisar as conclusões a que chegaram um ou mais de seus membros, nos termos do parágrafo 2º deste artigo, o Comitê as transmitirá ao Estado-parte em questão, juntamente com quaisquer comentários ou sugestões que considerar apropriados em vista da situação.
5. Todos os trabalhos do Comitê referidos nos parágrafos 1º ao 4º deste artigo serão confidenciais, e em todas as fases dos referidos trabalhos será solicitada a cooperação do Estado-parte. Após a conclusão dos trabalhos investigatórios, efetuados de acordo com o parágrafo 2º deste artigo, o Comitê poderá, depois de consultas com o Estado-parte interessado, tomar a decisão de incluir um relato sumário dos resultados da investigação em seu relatório anual, elaborado de acordo com o artigo 24.

## Artigo 21

1. Um Estado-parte nesta convenção poderá, a qualquer tempo, com base neste artigo, declarar que reconhece a competência do Comitê para re-

ceber e analisar comunicações através das quais um Estado-parte alegue que outro Estado-parte não vem cumprindo as obrigações que lhe são impostas pela presente Convenção. Tais comunicações só poderão ser aceitas e examinadas, nos termos do presente artigo, se encaminhadas por um Estado-parte que tenha feito uma declaração reconhecendo, com relação a si próprio, a competência do Comitê. O Comitê não receberá nenhuma comunicação relativa a um Estado-parte que não haja feito tal declaração. As comunicações recebidas em decorrência deste artigo serão tratadas de acordo com as seguintes normas:

a) Se um Estado-parte considerar que outro Estado-parte não vem cumprindo as disposições da presente Convenção poderá, através de comunicação escrita, levar o assunto ao conhecimento deste Estado-parte. No prazo de três meses contados da data do recebimento da comunicação, o Estado destinatário remeterá ao Estado que enviou a comunicação uma explicação ou qualquer outra declaração, por escrito, esclarecendo a questão, a qual deverá incluir, dentro do possível e se pertinente, referência a procedimentos internos e a recursos jurídicos adotados, em trâmite ou disponíveis sobre o assunto;

b) Caso o assunto não tenha sido resolvido a contento de ambos os Estados-partes em questão dentro de um prazo de seis meses, contados da data do recebimento da comunicação original pelo Estado destinatário, tanto um como outro terão o direito de submetê-lo ao Comitê, por meio de notificação encaminhada ao Comitê e ao outro Estado;

c) O Comitê somente se ocupará de quaisquer assuntos que lhe tenham sido submetidos, nos termos deste artigo, depois de ter-se certificado de que todos os recursos jurídicos internos foram utilizados e esgotados, em conformidade com os princípios do direito internacional geralmente reconhecidos. Não se aplicará esta regra quando a tramitação dos mencionados recursos prolongar-se injustificadamente ou quando for improvável que sua aplicação traga melhoras reais à situação da pessoa vítima de violação, nos termos da presente Convenção;

d) O Comitê reunir-se-á a portas fechadas quando estiver examinando as comunicações recebidas nos termos do presente artigo;

e) Sem prejuízo do disposto na alínea c, o Comitê colocará seus bons ofícios à disposição de ambos os Estados-partes para tentar obter uma solução amigável para a questão, com base no respeito às obrigações estabelecidas na presente Convenção. Para este fim, o Comitê poderá criar, se entender conveniente, uma comissão de conciliação *ad hoc*;

f) Para qualquer assunto que lhe for remetido nos termos deste artigo, o Comitê poderá solicitar aos Estados-partes em questão, referidos na alínea b, que forneçam quaisquer informações relevantes;

g) Os Estados-partes em questão, referidos na alínea b, terão o direito de se fazer representar quando o assunto estiver sendo examinado pelo Comitê e de apresentar argumentos, verbalmente e/ou por escrito;
h) O Comitê, no prazo de doze meses contados da data do recebimento da notificação citada na alínea b, deverá apresentar um relatório:
   (I) se se alcançou uma solução, nos termos da alínea e, o Comitê limitar-se-á, em seu relatório, a uma breve exposição dos fatos e da solução encontrada;
   (II) se uma solução não houver sido encontrada, nos termos da alínea e, o Comitê limitar-se-á, em seu relatório, a uma breve exposição dos fatos; serão anexados ao relatório os argumentos escritos e o registro das observações orais apresentados pelos Estados-partes em questão. Para cada assunto, o relatório deverá ser comunicado aos Estados-partes em questão.
2. As disposições deste artigo entrarão em vigor quando cinco Estados-partes na presente Convenção houverem efetuado as declarações previstas no seu parágrafo 1. Tais declarações serão depositadas pelos Estados-partes junto ao Secretário-Geral das Nações Unidas, que enviará cópia delas aos demais Estados-partes. Uma declaração poderá ser retirada, a qualquer momento, mediante notificação enviada ao Secretário-Geral. Essa retirada não prejudicará a análise de quaisquer casos objeto de comunicações já apresentadas nos termos deste artigo; contudo, nenhuma outra comunicação de qualquer Estado-parte será aceita com base neste artigo após a notificação de retirada da declaração ter sido recebida pelo Secretário-Geral, a menos que o Estado-parte em questão tenha feito uma nova declaração.

**Artigo 22**

1. Um Estado-parte na presente Convenção poderá declarar a qualquer tempo, em virtude do presente artigo, que reconhece a competência do Comitê para aceitar e examinar comunicações enviadas por pessoas sob sua jurisdição, ou em nome delas, que aleguem ser vítimas de uma violação, por um Estado-parte, das disposições desta Convenção. Nenhuma comunicação será aceita pelo Comitê se se referir a um Estado-parte que não tenha efetuado tal declaração.
2. O Comitê considerará inaceitável qualquer comunicação recebida em conformidade com este artigo que seja anônima, que considere constituir um abuso do direito de apresentar tais comunicações ou que seja incompatível com as disposições da presente Convenção.
3. Sem prejuízo do disposto no parágrafo 2º, o Comitê levará à consideração do Estado-parte desta Convenção que tenha efetuado uma declara-

ção nos termos do parágrafo 1º e que, alegadamente, haja violado alguma disposição desta Convenção, quaisquer comunicações que lhe tenham sido remetidas nos termos deste artigo. No prazo de seis meses, o Estado-parte que as recebeu enviará ao Comitê explicações ou declarações escritas esclarecendo o assunto e, se for o caso, o recurso jurídico adotado pelo Estado-parte em questão.

4. O Comitê examinará as comunicações recebidas de acordo com este artigo à luz de toda a informação colocada à sua disposição pela pessoa interessada, ou em nome dela, e pelo Estado-parte em questão.

5. O Comitê não examinará nenhuma comunicação de uma pessoa, nos termos do presente artigo, sem ter-se assegurado de que:

   a) O mesmo assunto não foi e nem está sendo examinado por outra instância internacional de investigação ou solução;

   b) A pessoa em questão esgotou todos os recursos jurídicos internos disponíveis; não se aplicará esta regra quando a tramitação dos referidos recursos se prolongar de forma injustificada ou quando eles não melhorarem efetivamente a situação da pessoa que seja vítima de violação da presente Convenção.

6. O Comitê reunir-se-á a portas fechadas quando estiver examinando as comunicações previstas neste artigo.

7. O Comitê enviará seu parecer ao Estado-parte em questão e à pessoa interessada.

8. As disposições deste artigo entrarão em vigor quando cinco Estados-partes na presente Convenção houverem feito as declarações a que alude o parágrafo 1º deste artigo. Tais declarações serão depositadas pelos Estados-partes junto ao Secretário-Geral das Nações Unidas, que remeterá cópia delas aos demais Estados-partes. Uma declaração poderá ser retirada a qualquer momento, mediante notificação ao Secretário-Geral. Essa retirada não prejudicará o exame de quaisquer casos objeto de comunicações já apresentadas, nos termos deste artigo; contudo, nenhuma outra comunicação de uma pessoa, ou em nome dela, será aceita nos termos deste artigo depois da notificação de retirada da declaração ter sido recebida pelo Secretário-Geral, a menos que o Estado-parte tenha efetuado uma nova declaração.

## Artigo 23

Os membros do Comitê e das comissões de conciliação *ad hoc* nomeados nos termos da alínea e do parágrafo 1º do artigo 21 terão direito às prerrogativas, aos privilégios e às imunidades concedidos aos peritos em missões da Organização das Nações Unidas, de acordo com os artigos pertinentes da Convenção sobre Privilégios e Imunidades das Nações Unidas.

## Artigo 24

O Comitê apresentará um relatório anual das suas atividades, nos termos da presente Convenção, tanto aos Estados-partes como à Assembléia Geral das Nações Unidas.

## PARTE III

### Artigo 25

1. A presente Convenção estará aberta à assinatura de todos os Estados.
2. Esta Convenção estará sujeita a ratificação. Os instrumentos de ratificação deverão ser depositados junto ao Secretário-Geral das Nações Unidas.

### Artigo 26

A presente Convenção está aberta à adesão de todos os Estados. Far-se-á a adesão mediante depósito do instrumento de adesão junto ao Secretário-Geral das Nações Unidas.

### Artigo 27

1. A presente Convenção entrará em vigor no trigésimo dia após a data do depósito do vigésimo instrumento de ratificação ou adesão junto ao Secretário-Geral das Nações Unidas.
2. Para cada Estado que ratificar a presente Convenção ou a ela aderir após o depósito do vigésimo instrumento de ratificação ou adesão, a Convenção entrará em vigor no trigésimo dia após a data do depósito do seu próprio instrumento de ratificação ou adesão.

### Artigo 28

1. Cada Estado-parte poderá declarar, quando da assinatura ou da ratificação da presente Convenção ou da adesão a ela, que não reconhece a competência do Comitê quanto ao disposto no artigo 20.
2. Qualquer Estado-parte na presente Convenção que houver formulado uma reserva, nos termos do parágrafo 1º deste artigo, poderá, a qualquer momento, retirar essa reserva, mediante notificação ao Secretário-Geral das Nações Unidas.

### Artigo 29

1. Todo Estado-parte na presente Convenção poderá propor uma emenda e entregá-la ao Secretário-Geral das Nações Unidas. O Secretário-Geral comunicará a proposta de emenda aos Estados-partes, pedindo-lhes que

indiquem se desejam a convocação de uma conferência dos Estados-partes para examinar a proposta e submetê-la a votação. Se no prazo de quatro meses, contados da data da referida comunicação, pelo menos um terço dos Estados-partes se declarar favorável a tal conferência, o Secretário-Geral a convocará sob os auspícios das Nações Unidas. Toda emenda adotada pela maioria dos Estados-partes presentes e votantes na conferência será submetida pelo Secretário-Geral à aceitação de todos os Estados-partes.
2. Uma emenda adotada nos termos do parágrafo 1º deste artigo entrará em vigor quando dois terços dos Estados-partes na presente Convenção houverem notificado o Secretário-Geral das Nações Unidas de que a aceitaram de acordo com os procedimentos previstos por suas respectivas constituições.
3. Quando essas emendas entrarem em vigor, tornar-se-ão obrigatórias para todos os Estados-partes que as aceitaram, continuando os demais Estados-partes obrigados pelas disposições desta Convenção e pelas emendas anteriores que eles tenham aceitado.

## Artigo 30

1. Quaisquer controvérsias entre dois ou mais Estados-partes com relação à interpretação ou à aplicação desta Convenção que não puderem ser resolvidas por meio de negociação serão, a pedido de um deles, submetidas a arbitragem. Se no prazo de seis meses, contados da data do pedido de arbitragem, as Partes não conseguirem chegar a um acordo no que diz respeito à organização da arbitragem, qualquer das Partes poderá levar a controvérsia à Corte Internacional de Justiça, mediante requerimento elaborado em conformidade com o estatuto da Corte.
2. Cada Estado poderá, quando da assinatura ou da ratificação da presente Convenção, ou da adesão a ela, declarar que não se considera obrigado pelo parágrafo 1º deste artigo. Os demais Estados-partes não estarão obrigados pelo referido parágrafo com relação a qualquer Estado-parte que houver formulado tal reserva.
3. Todo Estado-parte que tenha formulado uma reserva, nos termos do parágrafo 2º deste artigo, poderá retirá-la a qualquer tempo mediante notificação ao Secretário-Geral das Nações Unidas.

## Artigo 31

1. Um Estado-parte poderá denunciar a presente Convenção mediante notificação por escrito dirigida ao Secretário-Geral das Nações Unidas. A denúncia produzirá efeitos um ano após a data em que o Secretário-Geral tiver recebido a notificação.

2. A referida denúncia não desobrigará o Estado-parte das obrigações que lhe são impostas por esta Convenção no que concerne a qualquer ação ou omissão ocorrida antes da data em que a denúncia se tornar efetiva; a denúncia não prejudicará, de qualquer modo, o prosseguimento da análise de quaisquer assuntos que o Comitê já houver começado a examinar antes da data em que a denúncia produziu efeitos.
3. A partir da data em que a denúncia de um Estado-parte tornar-se efetiva, o Comitê não dará início ao exame de nenhum novo assunto referente a tal Estado.

## Artigo 32

O Secretário-Geral das Nações Unidas informará a todos os Estados-membros das Nações Unidas e a todos os Estados que assinaram esta Convenção ou a ela aderiram:
   a) as assinaturas, ratificações e adesões recebidas de acordo com os artigos 25 e 26;
   b) a data da entrada em vigor desta Convenção, nos termos do artigo 27, e a data da entrada em vigor de quaisquer emendas, nos termos do artigo 29;
   c) as denúncias efetuadas em conformidade com o artigo 31.

## Artigo 33

1. Esta Convenção, cujos textos em árabe, chinês, inglês, espanhol, francês e russo são igualmente autênticos, será depositada nos arquivos das Nações Unidas.
2. O Secretário-Geral das Nações Unidas encaminhará cópias autenticadas da presente Convenção a todos os Estados.

## CONVENÇÃO DAS NAÇÕES UNIDAS SOBRE OS DIREITOS DA CRIANÇA (1989)

*Adotada pela Assembléia Geral das Nações Unidas em 20 de novembro de 1989.*

### Preâmbulo

Os Estados-partes da Presente Convenção,

Considerando que, de acordo com os princípios proclamados na Carta das Nações Unidas, a liberdade, a justiça e a paz no mundo se fundamentam no reconhecimento da dignidade inerente e dos direitos iguais e inalienáveis de todos os membros da família humana;

Tendo em conta que os povos das Nações Unidas reafirmaram na Carta sua fé nos direitos fundamentais do homem e na dignidade e no valor da pessoa humana, e que decidiram promover o progresso social e a elevação do nível de vida com mais liberdade;

Reconhecendo que as Nações Unidas proclamaram e acordaram na Declaração Universal dos Direitos Humanos e nos Pactos Internacionais de Direitos Humanos que toda pessoa possui todos os direitos e liberdades neles enunciados, sem distinção de qualquer espécie, seja de raça, cor, sexo, idioma, crença, opinião política ou de outra natureza, seja de origem nacional ou social, posição econômica, nascimento ou qualquer outra condição;

Recordando que na Declaração Universal dos Direitos Humanos as Nações Unidas proclamaram que a infância tem direito a cuidados e assistência especiais;

Convencidos de que a família, como grupo fundamental da sociedade e ambiente natural para o crescimento e o bem-estar de todos os seus membros, e em particular das crianças, deve receber a proteção e a assistência necessárias a fim de poder assumir plenamente suas responsabilidades dentro da comunidade;

Reconhecendo que a criança, para o pleno e harmonioso desenvolvimento de sua personalidade, deve crescer no seio da família, em um ambiente de felicidade, amor e compreensão;

Considerando que a criança deve estar plenamente preparada para uma vida independente na sociedade e deve ser educada de acordo com os ideais proclamados na Carta das Nações Unidas, especialmente com espírito de paz, dignidade, tolerância, liberdade, igualdade e solidariedade;

Tendo em conta que a necessidade de proporcionar à criança uma proteção especial foi enunciada na Declaração de Genebra de 1924 sobre os Direitos da Criança e na Declaração dos Direitos da Criança adotada pela Assembléia Geral em 20 de novembro de 1959, e reconhecida na Declaração Universal dos Direitos Humanos, no Pacto Internacional de Direitos Civis e Políticos (em particular nos Artigos 23 e 24), no Pacto Internacional de Direitos Econômicos, Sociais e Culturais (em particular no Artigo 10º) e nos estatutos e instrumentos pertinentes das Agências Especializadas e das organizações internacionais que se interessam pelo bem-estar da criança;

Tendo em conta que, conforme assinalado na Declaração dos Direitos da Criança, "a criança, em virtude de sua falta de maturidade física e mental, necessita de proteção e cuidados especiais, inclusive a devida proteção legal, tanto antes quanto após seu nascimento";

Lembrando o estabelecimento da Declaração sobre os Princípios Sociais e Jurídicos Relativos à Proteção e ao Bem-Estar das Crianças, especialmente com Referência à Adoção e à Colocação em Lares de Adoção, nos Planos Nacional e Internacional; as Regras Mínimas das Nações Unidas para a Administração da Justiça da Infância e da Juventude (Regras de Beijing); e a Declaração sobre a Proteção da Mulher e da Criança em Situação de Emergência ou de Conflito Armado;

Reconhecendo que em todos os países do mundo existem crianças vivendo sob condições excepcionalmente difíceis e que essas crianças necessitam de consideração especial;

Tomando em devida conta a importância das tradições e os valores culturais de cada povo para a proteção e o desenvolvimento harmonioso da criança;

Reconhecendo a importância da cooperação internacional para a melhoria das condições de vida das crianças em todos os países, especialmente nos países em desenvolvimento;

## Resumo não-oficial das principais disposições

O preâmbulo lembra os princípios básicos das Nações Unidas e disposições específicas de certos tratados e declarações relevantes sobre os direitos humanos; reafirma o fato de que as crianças, dada a sua vulnerabilidade, necessitam de cuidados e proteção especiais, e dá ênfase especial aos cuidados primários e à proteção responsável da família, à necessidade de proteção legal e de outras formas de proteção à criança antes e depois de seu nascimento, à importância do respeito aos valores culturais da comunidade da criança, e ao papel vital da cooperação internacional para o cumprimento dos direitos das crianças.

Acordam o seguinte:

## PARTE I

### Artigo 1º

Para efeitos da presente convenção considera-se criança todo ser humano com menos de 18 anos de idade, a não ser que, em conformidade com a lei aplicável à criança, a maioridade seja alcançada antes.

> **RESUMO**
> **Definição de criança**
> *Todas as pessoas com idade inferior a 18 anos, a não ser quando por lei do seu país a maioridade for determinada com idade mais baixa.*

### Artigo 2º

1. Os Estados-partes respeitarão os direitos enunciados na presente Convenção e assegurarão sua aplicação a cada criança sujeita à sua jurisdição, sem distinção alguma, independentemente de raça, cor, sexo, idioma, crença, opinião política ou de outra natureza, origem nacional, étnica ou social, posição econômica, deficiências físicas, nascimento ou qualquer outra condição da criança, de seus pais ou de seus representantes legais.

2. Os Estados-partes tomarão todas as medidas apropriadas para assegurar a proteção da criança contra toda forma de discriminação ou castigo por causa da condição, das atividades, das opiniões manifestadas ou das crenças de seus pais, representantes legais ou familiares.

> **RESUMO**
> **Não-discriminação**
> *O princípio de que todos os direitos se aplicam igualmente a todas as crianças sem exceção, e a obrigação do Estado em proteger as crianças de qualquer forma de discriminação. O Estado não deve violar qualquer direito e tomará medidas positivas para promovê-los.*

## Artigo 3º

1. Todas as ações relativas às crianças, levadas a efeito por instituições públicas ou privadas de bem-estar social, tribunais, autoridades administrativas ou órgãos legislativos, devem considerar, primordialmente, o interesse maior da criança.
2. Os Estados-partes se comprometem a assegurar à criança a proteção e o cuidado que sejam necessários para seu bem-estar, levando em consideração os direitos e deveres de seus pais, tutores ou outras pessoas responsáveis por ela perante a lei e, com essa finalidade, tomarão todas as medidas legislativas e administrativas adequadas.
3. Os Estados-partes se certificarão de que as instituições, os serviços e os estabelecimentos encarregados do cuidado ou da proteção das crianças cumpram com os padrões estabelecidos pelas autoridades competentes, especialmente no que diz respeito à segurança e à saúde das crianças, ao número e à competência de seu pessoal e à existência de supervisão adequada.

> **RESUMO**
> **Os melhores interesses da criança**
> *Todos os atos relacionados à criança deverão considerar os seus melhores interesses. O Estado deverá prover proteção e cuidados adequados quando pais ou responsáveis não o fizerem.*

## Artigo 4º

Os Estados-partes adotarão todas as medidas administrativas, legislativas e de outra natureza, com vistas à implementação dos direitos reconhecidos na presente Convenção. Com relação aos direitos econômicos, sociais e culturais, os Estados-partes adotarão essas medidas utilizando ao máximo os recursos disponíveis e, quando necessário, dentro de um quadro de cooperação internacional.

## Artigo 5º

**RESUMO**
**Implementação dos direitos**
*A obrigação dos países de transformar os direitos da Convenção em realidade.*

Os Estados-partes respeitarão as responsabilidades, os direitos e os deveres dos pais ou, quando for o caso, dos membros da família ampliada ou da comunidade, conforme determinem os costumes locais dos tutores ou de outras pessoas legalmente responsáveis por proporcionar à criança instrução e orientação adequadas e acordes com a evolução de sua capacidade, no exercício dos direitos reconhecidos na presente Convenção.

**RESUMO**
**Diretrizes paternas e a capacidade de evolução da criança**
*É dever do Estado respeitar os direitos e as responsabilidades dos pais e familiares de proverem orientação apropriada à crescente capacidade de evolução da criança.*

## Artigo 6º

1. Os Estados-partes reconhecem que toda criança tem o direito inerente à vida.
2. Os Estados-partes assegurarão ao máximo a sobrevivência e o desenvolvimento da criança.

**RESUMO**
**Sobrevivência e desenvolvimento**
*O direito inerente à vida e a obrigação do Estado de assegurar a sobrevivência e o desenvolvimento da criança.*

## Artigo 7º

1. A criança será registrada imediatamente após seu nascimento e terá direito, desde o momento em que nasce, a um nome, a uma nacionalidade e, na medida do possível, a conhecer seus pais e a ser cuidada por eles.
2. Os Estados-partes zelarão pela aplicação desses direitos de acordo com sua legislação nacional e com as obrigações que tenham assumido em virtude dos instrumentos internacionais pertinentes, sobretudo se, de outro modo, a criança se tornaria apátrida.

## Artigo 8º

1. Os Estados-partes se comprometem a respeitar o direito da criança de preservar sua identidade, inclusive a nacionalidade, o nome e as relações familiares, de acordo com a lei, sem interferências ilícitas.

2. Quando uma criança se vir privada ilegalmente de algum ou de todos os elementos que configuram sua identidade, os Estados-partes deverão prestar assistência e proteção adequadas com vistas a restabelecer rapidamente sua identidade.

> **Resumo**
> **Preservação da identidade**
> *A obrigação do Estado de proteger e, se necessário, restabelecer os aspectos básicos da identidade da criança (nome, nacionalidade e laços familiares).*

### Artigo 9º

1. Os Estados-partes deverão zelar para que a criança não seja separada dos pais contra a vontade deles, exceto quando, sujeita à revisão judicial, as autoridades competentes determinarem, em conformidade com a lei e os procedimentos legais cabíveis, que tal separação é necessária ao interesse maior da criança. Tal determinação pode ser necessária em casos específicos, por exemplo nos casos em que a criança sofre maus-tratos ou descuido por parte de seus pais, ou quando estes vivem separados e uma decisão deve ser tomada a respeito do local da residência da criança.
2. Caso seja adotado qualquer procedimento em conformidade com o estipulado no parágrafo 1º do presente artigo, todas as partes interessadas terão a oportunidade de participar e de manifestar suas opiniões.
3. Os Estados-partes respeitarão o direito da criança que esteja separada de um ou de ambos os pais de manter regularmente relações pessoais e contato direto com ambos, a menos que isso seja contrário ao interesse maior da criança.
4. Quando essa separação ocorrer em virtude de uma medida adotada por um Estado-parte, tal como detenção, prisão, exílio, deportação ou morte (inclusive falecimento decorrente de qualquer causa enquanto a pessoa estiver sob a custódia do Estado) de um dos pais da criança, ou de ambos, ou da própria criança, o Estado-parte, quando solicitado, proporcionará aos pais, à criança ou, se for o caso, a outro familiar, informações básicas a respeito do paradeiro do familiar ou familiares ausentes, a não ser que tal procedimento seja prejudicial ao bem-estar da criança. Os Estados-partes se certificarão, além disso, de que a apresentação de tal petição não acarrete, por si só, conseqüências adversas para a pessoa ou pessoas interessadas.

> **Resumo**
> **Separação dos pais**
> *O direito da criança de viver com seus pais a não ser quando incompatível com seus melhores interesses; o direito de manter*

*contato com ambos os pais caso seja separada de um ou de ambos, e as obrigações do Estado nos casos em que tal separação resulta de ação do Estado.*

## Artigo 10º

1. De acordo com a obrigação dos Estados-partes estipulada no parágrafo 1º do Artigo 9º, toda solicitação apresentada por uma criança, ou por seus pais, para ingressar ou sair de um Estado-parte com vistas à reunião da família deverá ser atendida pelos Estados-partes de forma positiva, humanitária e rápida. Os Estados-partes assegurarão, ainda, que a apresentação de tal solicitação não acarrete conseqüências adversas para os solicitantes ou para seus familiares.
2. A criança cujos pais residam em Estados diferentes terá o direito de manter, periodicamente, relações pessoais e contato direto com ambos, exceto em circunstâncias especiais. Para tanto, e de acordo com a obrigação assumida pelos Estados-partes em virtude do parágrafo 2º do Artigo 9º, os Estados-partes respeitarão o direito da criança e de seus pais de sair de qualquer país, inclusive do próprio, e de ingressar no seu próprio país. O direito de sair de qualquer país estará sujeito, apenas, às restrições determinadas pela lei que sejam necessárias para proteger a segurança nacional, a ordem pública, a saúde ou a moral públicas ou os direitos e as liberdades de outras pessoas, e que estejam acordes com os demais direitos reconhecidos pela presente Convenção.

RESUMO
**Reunificação familiar**
*O direito da criança e de seus pais de deixarem qualquer país e de entrarem em seu país de origem para a reunificação ou para manter o relacionamento pai/mãe-criança.*

## Artigo 11

1. Os Estados-partes adotarão medidas a fim de lutar contra a transferência ilegal de crianças para o exterior e a retenção ilícita delas fora do país.
2. Para tanto, os Estados-partes promoverão a conclusão de acordos bilaterais ou multilaterais ou a adesão de acordos já existentes.

RESUMO
**Transferência ilícita e não-retorno**
*A obrigação do Estado de prevenir e solucionar seqüestros ou retenções de crianças no estrangeiro por um dos pais ou por terceiros.*

## Artigo 12

1. Os Estados-partes assegurarão à criança que estiver capacitada a formular seus próprios juízos o direito de expressar suas opiniões livremente sobre todos os assuntos relacionados com a criança, levando-se devidamente em consideração essas opiniões, em função da idade e da maturidade da criança.
2. Com tal propósito, se proporcionará à criança, em particular, a oportunidade de ser ouvida em todo processo judicial ou administrativo que a afete, quer diretamente, quer por intermédio de um representante ou órgão apropriado, em conformidade com as regras processuais da legislação nacional.

**Resumo**
**A opinião da criança**
*O direito da criança de expressar uma opinião e de ter esta opinião levada em consideração em qualquer assunto ou procedimento que a afete.*

## Artigo 13

1. A criança terá direito à liberdade de expressão. Esse direito incluirá a liberdade de procurar, receber e divulgar informações e idéias de todo tipo, independentemente de fronteiras, de forma oral, escrita ou impressa, por meio das artes ou por qualquer outro meio escolhido por ela.
2. O exercício de tal direito poderá estar sujeito a determinadas restrições, que serão unicamente as previstas pela lei e consideradas necessárias:
   a) para o respeito dos direitos ou da reputação dos demais, ou
   b) para a proteção da segurança nacional ou da ordem pública, ou para proteger a saúde e a moral públicas.

**Resumo**
**Liberdade de expressão**
*O direito da criança de obter e divulgar informação, e de expressar sua opinião, a não ser quando isto viole o direito dos outros.*

## Artigo 14

1. Os Estados-partes respeitarão o direito da criança à liberdade de pensamento, de consciência e de crença.
2. Os Estados-partes respeitarão os direitos e deveres dos pais e, se for o caso, dos representantes legais, de orientar a criança com relação ao exercício de seus direitos de maneira acorde com a evolução de sua capacidade.

3. A liberdade de professar a própria religião ou as próprias crenças estará sujeita, unicamente, às limitações prescritas pela lei e necessárias para proteger a segurança, a ordem, a moral, a saúde pública ou os direitos e liberdades fundamentais dos demais.

> **Resumo**
> **Liberdade de pensamento, consciência e religião**
> *O direito da criança à liberdade de pensamento, consciência e religião, sujeito às diretrizes paternas e à legislação nacional.*

## Artigo 15

1. Os Estados-partes reconhecem os direitos da criança à liberdade de associação e à liberdade de realizar reuniões pacíficas.
2. Não serão impostas restrições ao exercício desses direitos, a não ser as estabelecidas em conformidade com a lei e que sejam necessárias numa sociedade democrática, no interesse da segurança nacional ou pública, da ordem pública, da proteção à saúde e à moral públicas ou da proteção aos direitos e liberdade dos demais.

> **Resumo**
> **Liberdade de associação**
> *O direito da criança de se encontrar com outros, participar ou fundar associações, a não ser que isto viole os direitos de outros.*

## Artigo 16

1. Nenhuma criança será objeto de interferências arbitrárias ou ilegais em sua vida particular, sua família, seu domicílio ou sua correspondência, nem de atentados ilegais a sua honra e a sua reputação.
2. A criança tem direito à proteção da lei contra essas interferências ou atentados.

> **Resumo**
> **Proteção da privacidade**
> *O direito à proteção contra a interferência na privacidade, na família, no lar e na correspondência, e contra a difamação.*

## Artigo 17

Os Estados-partes reconhecem a função importante desempenhada pelos meios de comunicação e zelarão para que a criança tenha acesso a informações e materiais procedentes de diversas fontes nacionais e internacionais, especialmente informações e materiais que visem a promover seu bem-estar social, espiritual e moral e sua saúde física e mental. Para tanto, os Estados-partes:

a) incentivarão os meios de comunicação a difundir informações e materiais de interesse social e cultural para a criança, de acordo com o espírito do Artigo 19;
b) promoverão a cooperação internacional na produção, no intercâmbio e na divulgação dessas informações e desses materiais procedentes de diversas fontes culturais, nacionais e internacionais;
c) incentivarão a produção e a difusão de livros para crianças;
d) incentivarão os meios de comunicação no sentido de, particularmente, considerar as necessidades lingüísticas da criança que pertença a um grupo minoritário ou que seja indígena;
e) promoverão a elaboração de diretrizes apropriadas a fim de proteger a criança contra toda informação e todo material prejudiciais ao seu bem-estar, tendo em conta as disposições dos Artigos 13 e 18.

RESUMO
### Acesso à informação apropriada
*O papel da mídia em disseminar informações às crianças que sejam consistentes com o bem-estar moral, o conhecimento e a compreensão entre os povos, respeitando o ambiente cultural da criança. O Estado deverá adotar medidas que encorajem estes procedimentos e que protejam as crianças de materiais nocivos.*

## Artigo 18

1. Os Estados-partes envidarão os seus melhores esforços a fim de assegurar o reconhecimento do princípio de que ambos os pais têm obrigações comuns com relação à educação e ao desenvolvimento da criança. Caberá aos pais ou, quando for o caso, aos representantes legais, a responsabilidade primordial pela educação e pelo desenvolvimento da criança. Sua preocupação fundamental visará ao interesse maior da criança.
2. A fim de garantir e promover os direitos enunciados na presente Convenção, os Estados-partes prestarão assistência adequada aos pais e aos representantes legais para o desempenho de suas funções no que tange à educação da criança, e assegurarão a criação de instituições e serviços para o cuidado das crianças.
3. Os Estados-partes adotarão todas as medidas apropriadas a fim de que as crianças cujos pais trabalhem tenham direito a beneficiar-se dos serviços de assistência social e creches a que fazem jus.

RESUMO
### Responsabilidade dos pais
*O princípio de que os pais têm ambos responsabilidade primária na criação de seus filhos, e que o Estado deverá apoiá-los nesta tarefa.*

## Artigo 19

1. Os Estados-partes adotarão todas as medidas legislativas, administrativas, sociais e educacionais apropriadas para proteger a criança contra todas as formas de violência física ou mental, abuso ou tratamento negligente, maus-tratos ou exploração, inclusive abuso sexual, enquanto a criança estiver sob a custódia dos pais, do representante legal ou de qualquer outra pessoa responsável por ela.
2. Essas medidas de proteção deveriam incluir, conforme apropriado, procedimentos eficazes para a elaboração de programas sociais capazes de proporcionar uma assistência adequada à criança e às pessoas encarregadas de seu cuidado, bem como para outras formas de prevenção, para identificação, notificação, transferência a uma instituição, investigação, tratamento e acompanhamento posterior dos casos acima mencionados de maus-tratos à criança e, conforme o caso, para a intervenção judiciária.

   **RESUMO**
   **Proteção contra abuso ou negligência**
   *A obrigação do Estado de proteger as crianças de todo tipo de maus-tratos perpetrados pelos pais, parentes ou outros responsáveis pelo seu bem-estar, e a obrigação de apoiar programas e tratamentos preventivos para essas situações.*

## Artigo 20

1. As crianças privadas temporária ou permanentemente do seu meio familiar, ou cujo interesse maior exija que não permaneçam nesse meio, terão direito à proteção e à assistência especiais do Estado.
2. Os Estados-partes garantirão, de acordo com suas leis nacionais, cuidados alternativos para essas crianças.
3. Esses cuidados poderiam incluir, *inter alia*, a colocação em lares de adoção, a *Kafalah* do direito islâmico, a adoção ou, caso necessário, a colocação em instituições adequadas de proteção para as crianças. Ao serem consideradas as soluções, deve-se dar especial atenção à origem étnica, religiosa, cultural e lingüística da criança, bem como à conveniência da continuidade de sua educação.

   **RESUMO**
   **Proteção das crianças sem família**
   *A obrigação do Estado de prover proteção especial às crianças desprovidas do seu ambiente familiar e assegurar ambiente familiar alternativo apropriado ou colocação em instituição apropriada, sempre considerando o ambiente cultural da criança.*

**Artigo 21**

1. Os Estados-partes que reconhecem ou permitem o sistema de adoção atentarão para o fato de que a consideração primordial seja o interesse maior da criança. Dessa forma, atentarão para que:
   a) a adoção da criança seja autorizada apenas pelas autoridades competentes, as quais determinarão, consoante as leis e os procedimentos cabíveis e com base em todas as informações pertinentes e fidedignas, que a adoção é admissível em vista da situação jurídica da criança com relação a seus pais, parentes e representantes legais e que, caso solicitado, as pessoas interessadas tenham dado, com conhecimento de causa, seu consentimento à adoção, com base no assessoramento que possa ser necessário;
   b) a adoção efetuada em outro país possa ser considerada como outro meio de cuidar da criança, no caso em que a mesma não possa ser colocada em um lar sob guarda ou entregue a uma família adotiva ou não logre atendimento adequado em seu país de origem;
   c) a criança adotada em outro país goze de salvaguardas e normas equivalentes às existentes em seu país de origem com relação à adoção;
   d) todas as medidas apropriadas sejam adotadas, a fim de garantir que, em caso de adoção em outro país, a colocação não permita benefícios financeiros indevidos aos que dela participarem;
   e) quando necessário, promovam os objetivos do presente Artigo mediante ajustes ou acordos bilaterais ou multilaterais, e envidem esforços, nesse contexto, com vistas a assegurar que a colocação da criança em outro país seja levada a cabo por intermédio das autoridades ou organismos competentes.

   RESUMO
   Adoção
   *Em países onde a adoção é reconhecida e/ou permitida, só acontecerá quando no melhor interesse da criança, com todas as garantias necessárias à criança e com autorização das autoridades competentes.*

**Artigo 22**

1. Os Estados-partes adotarão medidas pertinentes para assegurar que a criança que tente obter a condição de refugiada, ou que seja considerada refugiada de acordo com o direito e os procedimentos internacionais ou internos aplicáveis, receba, tanto no caso de estar sozinha como no de estar acompanhada por seus pais ou por qualquer outra pessoa, a proteção e a assistência humanitária adequadas a fim de que possa usu-

fruir dos direitos enunciados na presente Convenção e em outros instrumentos internacionais de direitos humanos ou de caráter humanitário dos quais os citados Estados sejam parte.
2. Para tanto, os Estados-partes cooperarão, da maneira como julgarem apropriada, com todos os esforços das Nações Unidas e demais organizações intergovernamentais competentes, ou organizações não-governamentais que cooperem com as Nações Unidas, no sentido de proteger e ajudar a criança refugiada, e de localizar seus pais ou outros membros de sua família a fim de obter informações necessárias que permitam sua reunião com a família. Quando não for possível localizar nenhum dos pais ou membros da família, será concedida à criança a mesma proteção outorgada a qualquer outra criança privada permanente ou temporariamente de seu ambiente familiar, seja qual for o motivo, conforme o estabelecido na presente Convenção.

**Resumo**
**Crianças refugiadas**
*Proteção especial será dada às crianças refugiadas ou buscando status de refugiada, e será obrigação assisti-las.*

## Artigo 23

1. Os Estados-partes reconhecem que a criança portadora de deficiências físicas ou mentais deverá desfrutar de uma vida plena e decente em condições que garantam sua dignidade, favoreçam sua autonomia e facilitem sua participação ativa na comunidade.
2. Os Estados-partes reconhecem o direito da criança deficiente de receber cuidados especiais e, de acordo com os recursos disponíveis e sempre que a criança ou seus responsáveis reúnam as condições requeridas, estimularão e assegurarão a prestação da assistência solicitada que seja adequada ao estado da criança e às circunstâncias de seus pais ou das pessoas encarregadas de seus cuidados.
3. Atendendo às necessidades especiais da criança deficiente, a assistência prestada, conforme disposto no parágrafo 2º do presente Artigo, será gratuita sempre que possível, levando-se em consideração a situação econômica dos pais ou das pessoas que cuidam da criança, e visará a assegurar à criança deficiente o acesso efetivo à educação, à capacitação, aos serviços de saúde, aos serviços de reabilitação, à preparação para o emprego e às oportunidades de lazer, de maneira que a criança atinja a mais completa integração social possível e o maior desenvolvimento individual factível, inclusive seu desenvolvimento cultural e espiritual.
4. Os Estados-partes promoverão, com espírito de cooperação internacional, um intercâmbio adequado de informações nos campos da assistên-

cia médica preventiva e do tratamento médico, psicológico e funcional das crianças deficientes, inclusive a divulgação de informações a respeito dos métodos de reabilitação e dos serviços de ensino e formação profissional, bem como o acesso a essa informação, a fim de que os Estados-partes possam aprimorar sua capacidade e seus conhecimentos e ampliar sua experiência nesses campos. Nesse sentido, serão levadas especialmente em conta as necessidades dos países em desenvolvimento.

RESUMO
**Crianças deficientes**
*O direito das crianças deficientes a cuidados, educação e treinamento especiais para ajudá-las a conseguir a maior independência possível e a levar uma vida plena e ativa na sociedade.*

**Artigo 24**
1. Os Estados-partes reconhecem o direito da criança de gozar do melhor padrão possível de saúde e dos serviços destinados ao tratamento das doenças e à recuperação da saúde. Os Estados-partes envidarão esforços no sentido de assegurar que nenhuma criança se veja privada de seu direito de usufruir desses serviços sanitários.
2. Os Estados-partes garantirão a plena aplicação desse direito e, em especial, adotarão as medidas apropriadas com vistas a:
   a) reduzir a mortalidade infantil;
   b) assegurar a prestação de assistência médica e cuidados sanitários necessários a todas as crianças, dando ênfase aos cuidados de saúde;
   c) combater as doenças e a desnutrição dentro do contexto dos cuidados básicos de saúde mediante, *inter alia*, a aplicação de tecnologia disponível e o fornecimento de alimentos nutritivos e de água potável, tendo em vista os perigos e riscos da poluição ambiental;
   d) assegurar às mães adequada assistência pré-natal e pós-natal;
   e) assegurar que todos os setores da sociedade, e em especial os pais e as crianças, conheçam os princípios básicos de saúde e nutrição das crianças, as vantagens da amamentação, da higiene e do saneamento ambiental e das medidas de prevenção de acidentes, tenham acesso à educação pertinente e recebam apoio para a aplicação desses conhecimentos;
   i) desenvolver a assistência médica preventiva, a orientação aos pais e a educação e os serviços de planejamento familiar.
3. Os Estados-partes adotarão todas as medidas eficazes e adequadas para abolir práticas tradicionais que sejam prejudiciais à saúde da criança.

4. Os Estados-partes se comprometem a promover e incentivar a cooperação internacional com vistas a lograr, progressivamente, a plena efetivação do direito reconhecido no presente Artigo. Nesse sentido, será dada atenção especial às necessidades dos países em desenvolvimento.

> **Resumo**
> **Saúde e serviços relacionados**
> *O direito ao mais alto nível de saúde possível e acesso aos serviços médicos e de saúde, com ênfase especial na medicina preventiva, educação sobre saúde pública e redução da mortalidade infantil. A obrigação do Estado de trabalhar para a abolição de práticas tradicionais nocivas. Ênfase dada à necessidade de cooperação internacional para assegurar este direito.*

## Artigo 25

Os Estados-partes reconhecem o direito de uma criança que tenha sido internada em um estabelecimento pelas autoridades competentes para fins de atendimento, proteção ou tratamento de saúde física ou mental a um exame periódico de avaliação do tratamento ao qual está sendo submetida e de todos os demais aspectos relativos à sua internação.

> **Resumo**
> **Reavaliação periódica das crianças colocadas em famílias temporárias ou permanentes ou em instituições**
> *O direito das crianças colocadas pelo Estado em famílias temporárias ou permanentes, ou em instituições em virtude de melhores condições de cuidados, proteção ou tratamento, de terem esta colocação reavaliada regularmente.*

## Artigo 26

1. Os Estados-partes reconhecerão a todas as crianças o direito de usufruir da previdência social, inclusive do seguro social, e adotarão as medidas necessárias para lograr a plena consecução desse direito, em conformidade com sua legislação nacional.
2. Os benefícios deverão ser concedidos, quando pertinentes, levando-se em consideração os recursos e a situação da criança e das pessoas responsáveis pelo seu sustento, bem como qualquer outra consideração cabível no caso de uma solicitação de benefícios feita pela criança ou em seu nome.

> **Resumo**
> **Previdência social**
> *O direito das crianças de se beneficiarem da previdência social.*

## Artigo 27

1. Os Estados-partes reconhecem o direito de toda criança a um nível de vida adequado ao seu desenvolvimento físico, mental, espiritual, moral e social.
2. Cabe aos pais, ou a outras pessoas encarregadas, a responsabilidade primordial de propiciar, de acordo com suas possibilidades e seus meios financeiros, as condições de vida necessárias ao desenvolvimento da criança.
3. Os Estados-partes, de acordo com as condições nacionais e dentro de suas possibilidades, adotarão medidas apropriadas a fim de ajudar os pais e outras pessoas responsáveis pela criança a tornar efetivo esse direito e, caso necessário, proporcionarão assistência material e programas de apoio, especialmente no que diz respeito à nutrição, ao vestuário e à habitação.
4. Os Estados-partes tomarão todas as medidas adequadas para assegurar o pagamento da pensão alimentícia por parte dos pais ou de outras pessoas financeiramente responsáveis pela criança, quer residam no Estado-parte quer no exterior. Nesse sentido, quando a pessoa que detém responsabilidade financeira pela criança residir em Estado diferente daquele onde mora a criança, os Estados-partes promoverão a adesão a acordos internacionais ou a conclusão de tais acordos, bem como a adoção de outras medidas apropriadas.

> **RESUMO**
> **Padrão de vida**
> *O direito das crianças de se beneficiarem de um padrão de vida adequado, a responsabilidade primária dos pais em prover este padrão e o dever do Estado de assegurar que esta responsabilidade seja cumprível e cumprida.*

## Artigo 28

1. Os Estados-partes reconhecem o direito da criança à educação e, a fim de que ela possa exercer progressivamente e em igualdade de condições esse direito, deverão especialmente:
    a) tornar o ensino primário obrigatório e disponível gratuitamente para todos;
    b) estimular o desenvolvimento do ensino secundário em suas diferentes formas, inclusive o ensino geral e profissionalizante, tornando-o disponível e acessível a todas as crianças, e adotar medidas apropriadas tais como a implantação do ensino gratuito e a concessão de assistência financeira em caso de necessidade;

c) tornar o ensino superior acessível a todos com base na capacidade e por todos os meios adequados;
d) tornar a informação e a orientação educacionais e profissionais disponíveis e acessíveis a todas as crianças;
e) adotar medidas para estimular a freqüência regular às escolas e a redução do índice de evasão escolar.
2. Os Estados-partes adotarão todas as medidas necessárias para assegurar que a disciplina escolar seja ministrada de maneira compatível com a dignidade humana da criança e em conformidade com a presente Convenção.
3. Os Estados-partes promoverão e estimularão a cooperação internacional em questões relativas à educação, especialmente visando a contribuir para a eliminação da ignorância e do analfabetismo no mundo e facilitar o acesso aos conhecimentos científicos e técnicos e aos métodos modernos de ensino. A esse respeito, será dada atenção especial às necessidades dos países em desenvolvimento.

RESUMO
**Educação**
*O direito da criança à educação, e o dever do Estado de assegurar que ao menos a educação primária seja gratuita e compulsória. A administração da disciplina escolar deverá refletir a dignidade humana da criança. Ênfase na necessidade da cooperação internacional para assegurar este direito.*

## Artigo 29

1. Os Estados-partes reconhecem que a educação da criança deverá estar orientada no sentido de:
    a) desenvolver a personalidade, as aptidões e a capacidade mental e física da criança em todo o seu potencial;
    b) imbuir na criança o respeito aos direitos humanos e às liberdades fundamentais, bem como aos princípios consagrados na Carta das Nações Unidas;
    c) imbuir na criança o respeito aos seus pais, à sua própria identidade cultural, ao seu idioma e seus valores, aos valores nacionais do país em que reside, aos do eventual país de origem, e aos das civilizações diferentes da sua;
    d) preparar a criança para assumir uma vida responsável numa sociedade livre, com espírito de compreensão, paz, tolerância, igualdade de sexos e amizade entre todos os povos, grupos étnicos, nacionais e religiosos, e pessoas de origem indígena;
    e) imbuir na criança o respeito ao meio ambiente.

2. Nada do disposto no presente Artigo ou no Artigo 28 será interpretado de modo a restringir a liberdade dos indivíduos ou das entidades de criar e dirigir instituições de ensino, desde que sejam respeitados os princípios enunciados no parágrafo 1 do presente Artigo e que a educação ministrada em tais instituições esteja acorde com os padrões mínimos estabelecidos pelo Estado.

   RESUMO
   **Metas da educação**
   *O reconhecimento por parte do Estado de que a educação deverá ser dirigida ao desenvolvimento da personalidade e dos talentos da criança, preparando-a para uma vida adulta ativa, fomentando o respeito pelos direitos humanos básicos e pelos valores culturais e nacionais da própria criança assim como dos outros.*

### Artigo 30

1. Nos Estados-partes onde existam minorias étnicas, religiosas ou lingüísticas, ou pessoas de origem indígena, não será negado a uma criança que pertença a tais minorias ou que seja indígena o direito de, em comunidade com os demais membros de seu grupo, ter sua própria cultura, professar ou praticar sua própria religião ou utilizar seu próprio idioma.

   RESUMO
   **Crianças de populações minoritárias ou indígenas**
   *O direito de crianças de comunidades minoritárias e de populações indígenas de viver dentro de sua própria cultura e de praticar sua própria religião e sua própria língua.*

### Artigo 31

1. Os Estados-partes reconhecem o direito da criança ao descanso e ao lazer, ao divertimento e às atividades recreativas próprias da idade, bem como à livre participação na vida cultural e artística.
2. Os Estados-partes promoverão oportunidades adequadas para que a criança, em condições de igualdade, participe plenamente da vida cultural, artística, recreativa e de lazer.

   RESUMO
   **Lazer, recreação e atividades culturais**
   *O direito da criança ao lazer, à recreação e à participação em atividades culturais e artísticas.*

### Artigo 32

1. Os Estados-partes reconhecem o direito da criança de estar protegida contra a exploração econômica e contra o desempenho de qualquer tra-

balho que possa ser perigoso ou interferir em sua educação, ou que seja nocivo para sua saúde ou para seu desenvolvimento físico, mental, espiritual, moral ou social.

2. Os Estados-partes adotarão medidas legislativas, sociais e educacionais com vistas a assegurar a aplicação do presente Artigo. Com tal propósito, e levando em consideração as disposições pertinentes de outros instrumentos internacionais, os Estados-partes deverão, em particular:
a) estabelecer uma idade ou idades mínimas para a admissão em emprego;
b) estabelecer regulamentação apropriada relativa a horários e condições de emprego;
c) estabelecer penalidades ou outras sanções apropriadas a fim de assegurar o cumprimento efetivo do presente Artigo.

RESUMO
**Trabalho da criança**
*A obrigação do Estado de proteger a criança do trabalho que constitui uma ameaça à sua saúde, à sua educação ou ao seu desenvolvimento, de estabelecer idades mínimas para o emprego e de regulamentar as condições de trabalho.*

## Artigo 33

Os Estados-partes adotarão todas as medidas apropriadas, inclusive medidas legislativas, administrativas, sociais e educacionais, para proteger a criança contra o uso ilícito de drogas e substâncias psicotrópicas descritas nos tratados internacionais pertinentes e para impedir que crianças sejam utilizadas na produção e no tráfico ilícito dessas substâncias.

RESUMO
**Abuso de drogas**
*O direito da criança à proteção contra o uso de narcóticos e psicotrópicos, bem como contra o seu envolvimento na produção ou na distribuição deles.*

## Artigo 34

Os Estados-partes se comprometem a proteger a criança contra todas as formas de exploração e abuso sexual. Nesse sentido, os Estados-partes tomarão, em especial, todas as medidas de caráter nacional, bilateral e multilateral que sejam necessárias para impedir:
a) o incentivo ou a coação para que uma criança se dedique a qualquer atividade sexual ilegal;
b) a exploração da criança na prostituição ou em outras práticas sexuais ilegais;

c) a exploração da criança em espetáculos ou materiais pornográficos.

> **RESUMO**
> **Exploração sexual**
> *O direito da criança à proteção contra a exploração sexual e o abuso, incluídos a prostituição e o envolvimento em pornografia.*

**Artigo 35**

Os Estados-partes tomarão todas as medidas de caráter nacional, bilateral e multilateral que sejam necessárias para impedir o seqüestro, a venda ou o tráfico de crianças para qualquer fim ou sob qualquer forma.

> **RESUMO**
> **Venda, tráfico e seqüestro**
> *A obrigação do Estado de tomar todas as providências para evitar a venda, o tráfico e o seqüestro de crianças.*

**Artigo 36**

Os Estados-partes protegerão a criança contra todas as formas de exploração que sejam prejudiciais a qualquer aspecto de seu bem-estar.

> **RESUMO**
> **Outras formas de exploração**
> *O direito da criança à proteção contra todas as outras formas de exploração não cobertas pelos artigos 32, 33, 34 e 35.*

**Artigo 37**

Os Estados-partes zelarão para que:
a) nenhuma criança seja submetida a tortura nem a outros tratamentos ou penas cruéis, desumanos ou degradantes. Não será imposta a pena de morte nem a prisão perpétua sem possibilidade de livramento por delitos cometidos por menores de 18 anos de idade;
b) nenhuma criança seja privada de sua liberdade de forma ilegal ou arbitrária. A detenção, a reclusão ou a prisão de uma criança serão efetuada em conformidade com a lei e apenas como último recurso, e durante o mais breve período de tempo que for apropriado;
c) toda criança privada da liberdade seja tratada com a humanidade e o respeito que merece a dignidade inerente à pessoa humana, e levando-se em consideração as necessidades de uma pessoa de sua idade. Em especial, toda criança privada de sua liberdade ficará separada dos adultos, a não ser que tal fato seja considerado contrário aos melhores interesses da criança, e terá direito a manter contato com sua família por meio de correspondência ou de visitas, salvo em circunstâncias excepcionais;

d) toda criança privada de sua liberdade tenha direito a rápido acesso à assistência jurídica e a qualquer outra assistência adequada, bem como direito a impugnar a legalidade da privação de sua liberdade perante um tribunal ou outra autoridade competente, independente e imparcial e a uma rápida decisão a respeito de tal ação.

**Resumo**
**Tortura e privação da liberdade**
*A proibição de tortura, tratamento ou punição cruel, pena de morte, prisão perpétua, prisão ilegal ou privação da liberdade. Os princípios de tratamento apropriado, separação dos detentos adultos, contato com a família e o acesso à assistência legal ou outro tipo de assistência.*

## Artigo 38

1. Os Estados-partes se comprometem a respeitar e a fazer com que sejam respeitadas as normas do direito humanitário internacional aplicáveis em casos de conflito armado no que digam respeito às crianças.
2. Os Estados-partes adotarão todas as medidas possíveis a fim de assegurar que todas as pessoas que ainda não tenham completado 15 anos de idade não participem diretamente de hostilidades.
3. Os Estados-partes abster-se-ão de recrutar pessoas que não tenham completado 15 anos de idade para servir em suas forças armadas. Caso recrutem pessoas que tenham completado 15 anos mas que tenham menos de 18 anos, deverão procurar dar prioridade aos de mais idade.
4. Em conformidade com suas obrigações de acordo com o direito humanitário internacional para proteção da população civil durante os conflitos armados, os Estados-partes adotarão todas as medidas necessárias a fim de assegurar a proteção e o cuidado das crianças afetadas por um conflito armado.

**Resumo**
**Conflitos armados**
*A obrigação do Estado de respeitar e de fazer respeitar a lei humanitária com respeito às crianças. O principio de que nenhuma criança com menos de 15 anos tome parte, diretamente, em hostilidades ou seja convocada para as forças armadas, e de que as crianças afetadas pelo conflito armado recebam a proteção e os cuidados necessários.*

## Artigo 39

Os Estados-partes adotarão todas as medidas apropriadas para estimular a recuperação física e psicológica e a reintegração social de toda criança vítima de:

qualquer forma de abandono, exploração ou abuso; tortura ou outros tratamentos ou penas cruéis, desumanos ou degradantes; ou conflitos armados. Essa recuperação e essa reintegração serão efetuadas em ambiente que estimule a saúde, o respeito próprio e a dignidade da criança.

RESUMO
**Reabilitação**
*A obrigação do Estado de assegurar que as crianças vítimas de conflitos armados, torturas, negligência, maus-tratos ou exploração recebam tratamento apropriado à sua recuperação e à sua reintegração social.*

## Artigo 40

1. Os Estados-partes reconhecem o direito de toda criança, a quem se alegue ter infringido as leis penais ou a quem se acuse ou declare culpada de ter infringido as leis penais, de ser tratada de modo a promover e estimular seu sentido de dignidade e de valor, e fortalecerão o respeito da criança pelos direitos humanos e pelas liberdades fundamentais de terceiros, levando em consideração a idade da criança e a importância de se estimular sua reintegração e seu desempenho construtivo na sociedade.
2. Nesse sentido, e de acordo com as disposições pertinentes dos instrumentos internacionais, os Estados-partes assegurarão, em particular:
    a) que não se alegue que nenhuma criança tenha infringido as leis penais, nem se acuse ou declare culpada nenhuma criança de ter infringido essas leis, por atos ou omissões que não eram proibidos pela legislação nacional ou pelo direito internacional no momento em que foram cometidos;
    b) que toda criança de quem se alegue ter infringido as leis penais ou a quem se acuse de ter infringido essas leis goze, pelo menos, das seguintes garantias:
    i) ser considerada inocente enquanto não for comprovada sua culpabilidade conforme a lei;
    ii) ser informada sem demora e diretamente ou, quando for o caso, por intermédio de seus pais ou de seus representantes legais, das acusações que pesam contra ela, e dispor de assistência jurídica ou outro tipo de assistência apropriada para a preparação e a apresentação de sua defesa;
    iii) ter a causa decidida sem demora por autoridade ou órgão judicial competente, independente e imparcial, em audiência justa conforme a lei, com assistência jurídica ou outra assistência e, a não ser que seja considerado contrário aos melhores interesses da criança, levar

em consideração especialmente sua idade ou situação e a de seus pais ou representantes legais;

iv) não ser obrigada a testemunhar ou a se declarar culpada, e poder interrogar ou fazer com que sejam interrogadas as testemunhas de acusação, bem como poder obter a participação e o interrogatório de testemunhas em sua defesa, em igualdade de condições;

v) se for decidido que infringiu as leis penais, ter essa decisão e qualquer medida imposta em decorrência dela submetidas à revisão por autoridade ou órgão judicial superior competente, independente e imparcial, de acordo com a lei;

vi) contar com a assistência gratuita de um intérprete caso a criança não compreenda ou não fale o idioma utilizado;

vii) ter plenamente respeitada sua vida privada durante todas as fases do processo.

3. Os Estados-partes buscarão promover o estabelecimento de leis, procedimentos, autoridades e instituições específicas para as crianças de quem se alegue ter infringido as leis penais ou que sejam acusadas ou declaradas culpadas de tê-las infringido, e em particular:

a) o estabelecimento de uma idade mínima antes da qual se presumirá que a criança não tem capacidade para infringir as leis penais;

b) a adoção, sempre que conveniente e desejável, de medidas para tratar dessas crianças sem recorrer a procedimentos judiciais, contanto que sejam respeitados plenamente os direitos humanos e as garantias legais.

4. Diversas medidas, tais como ordens de guarda, orientação e supervisão, aconselhamento, liberdade vigiada, colocação em lares de adoção, programas de educação e formação profissional, bem como outras alternativas à internação em instituições, deverão estar disponíveis para garantir que as crianças sejam tratadas de modo apropriado ao seu bem-estar e de forma proporcional às circunstâncias e ao tipo de delito.

RESUMO
**Administração da justiça da infância e da juventude**
*O direito da criança, que suposta ou reconhecidamente infringiu a lei, ao respeito por seus direitos humanos e, em particular, de beneficiar-se de todos os aspectos de um adequado processo legal, incluindo assistência legal ou de outra natureza ao preparar e apresentar sua defesa. O princípio de que o recurso de procedimento legal e colocação em instituições deverá ser evitado sempre que possível e apropriado.*

# Artigo 41

Nada do estipulado na presente Convenção afetará disposições que sejam mais convenientes para a realização dos direitos da criança e que podem constar:

a) das leis de um Estado-parte;
b) das normas de direito internacional vigentes para esse Estado.

**Resumo**
**Respeito por padrões estabelecidos**
*O principio de que se houver um padrão na legislação nacional ou em outro instrumento internacional aplicável, mais alto que os estabelecidos nesta Convenção, o padrão mais alto será utilizado.*

## Parte II

### Artigo 42

Os Estados-partes se comprometem a dar aos adultos e às crianças amplo conhecimento dos princípios e disposições da Convenção, mediante a utilização de meios apropriados e eficazes.

*Resumo — implementação e vigor*

As disposições dos artigos 42 a 54 prevêem:
  i) a obrigação do Estado de divulgar amplamente para adultos e crianças os direitos contidos nesta Convenção;
 ii) o estabelecimento de uma Comissão dos Direitos das Crianças composta de dez especialistas, que considerarão os relatórios que os Estados partidários da Convenção deverão submeter dois anos após a ratificação, e a cada cinco anos. A Convenção entra em vigor e, conseqüentemente, a Comissão será estabelecida, a partir de sua ratificação por vinte países;
iii) Estados partidários colocarão seus relatórios à disposição do público;
 iv) a Comissão poderá propor que sejam feitos estudos especiais sobre assuntos específicos relacionados aos direitos das crianças, e poderá comunicar suas avaliações tanto ao país interessado como à Assembléia Geral das Nações Unidas;
  v) para "fomentar a implantação efetiva da Convenção e encorajar a cooperação internacional" as agências especializadas das Nações Unidas (tais como OIT, OMS e UNESCO) e o UNICEF poderão participar das reuniões da Comissão. Em conjunto com qualquer outra agência reconhecida como "competente", incluindo entidades não-governamentais com *status* de consultores das Nações Unidas ou de órgãos das Nações Unidas como a ACNUR, poderão submeter informações pertinentes à Comissão e ser convidadas a opinar sobre a otimização da implementação da Convenção.

## Artigo 43

1. A fim de examinar os progressos realizados no cumprimento das obrigações contraídas pelos Estados-partes na presente Convenção, deverá ser estabelecido um Comitê para os Direitos da Criança que desempenhará as funções a seguir determinadas.
2. O Comitê estará integrado por dez especialistas de reconhecida integridade moral e competência nas áreas cobertas pela presente Convenção. Os membros do Comitê serão eleitos pelos Estados-partes dentre seus nacionais e exercerão suas funções a título pessoal, tomando-se em devida conta a distribuição geográfica eqüitativa, bem como os principais sistemas jurídicos.
3. Os membros do Comitê serão escolhidos, em votação secreta, de uma lista de pessoas indicadas pelos Estados-partes. Cada Estado-parte poderá indicar uma pessoa dentre os cidadãos de seu país.
4. A eleição inicial para o Comitê será realizada, no mais tardar, seis meses após a entrada em vigor da presente Convenção e, posteriormente, a cada dois anos. No mínimo quatro meses antes da data marcada para cada eleição, o Secretário-Geral das Nações Unidas enviará uma carta aos Estados-partes convidando-os a apresentar suas candidaturas num prazo de dois meses. O Secretário-Geral elaborará posteriormente uma lista da qual farão parte, em ordem alfabética, todos os candidatos indicados e os Estados-partes que os designaram, e a submeterá aos Estados-partes presentes à Convenção.
5. As eleições serão realizadas em reuniões dos Estados-partes convocadas pelo Secretário-Geral na Sede das Nações Unidas. Nessas reuniões, para as quais o quórum será de dois terços dos Estados-partes, os candidatos eleitos para o Comitê serão aqueles que obtiverem o maior número de votos e a maioria absoluta de votos dos representantes dos Estados-partes presentes e votantes.
6. Os membros do Comitê serão eleitos para um mandato de quatro anos. Poderão ser reeleitos caso sejam apresentadas novamente suas candidaturas. O mandato de cinco dos membros eleitos na primeira eleição expirará ao término de dois anos; imediatamente após ter sido realizada a primeira eleição, o Presidente da reunião na qual ela se efetuou escolherá por sorteio os nomes desses cinco membros.
7. Caso um membro do Comitê venha a falecer ou renuncie ou declare que por qualquer outro motivo não poderá continuar desempenhando suas funções, o Estado-parte que indicou esse membro designará outro especialista, dentre seus cidadãos, para que exerça o mandato até seu término, sujeito à aprovação do Comitê.
8. O Comitê estabelecerá suas próprias regras de procedimento.

9. O Comitê elegerá a Mesa para um período de dois anos.
10. As reuniões do Comitê serão celebradas normalmente na Sede das Nações Unidas ou em qualquer outro lugar que o Comitê julgar conveniente. O Comitê se reunirá normalmente todos os anos. A duração das reuniões do Comitê será determinada e revista, se for o caso, em uma reunião dos Estados-partes da presente Convenção, sujeita à aprovação da Assembléia Geral.
11. O Secretário-Geral das Nações Unidas fornecerá o pessoal e os serviços necessários para o desempenho eficaz das funções do Comitê de acordo com a presente Convenção.
12. Com prévia aprovação da Assembléia Geral, os membros do Comitê estabelecido de acordo com a presente Convenção receberão emolumentos provenientes dos recursos das Nações Unidas, segundo os termos e condições determinados pela Assembléia.

**Artigo 44**

1. Os Estados-partes se comprometem a apresentar ao Comitê, por intermédio do Secretário-Geral das Nações Unidas, relatórios sobre as medidas que tenham adotado com vistas a tornar efetivos os direitos reconhecidos na Convenção e sobre os progressos alcançados no desempenho desses direitos:
   a) num prazo de dois anos a partir da data em que entrou em vigor para cada Estado-parte a presente Convenção;
   b) a partir de então, a cada cinco anos.
2. Os relatórios preparados em função do presente Artigo deverão indicar as circunstâncias e as dificuldades, caso existam, que afetam o grau de cumprimento das obrigações derivadas da presente Convenção. Deverão, também, conter informações suficientes para que o Comitê compreenda, com exatidão, a implementação da Convenção no país em questão.
3. Um Estado-parte que tenha apresentado um relatório inicial ao Comitê não precisará repetir, nos relatórios posteriores a serem apresentados conforme o estipulado no subitem (b) do parágrafo 1º do presente Artigo, a informação básica fornecida anteriormente.
4. O Comitê poderá solicitar aos Estados-partes maiores informações sobre a implementação da Convenção.
5. A cada dois anos, o Comitê submeterá relatórios sobre suas atividades à Assembléia Geral das Nações Unidas, por intermédio do Conselho Econômico e Social.
6. Os Estados-partes tornarão seus relatórios amplamente disponíveis ao público em seus respectivos países.

## Artigo 45

A fim de incentivar a efetiva implementação da Convenção e estimular a cooperação internacional nas esferas regulamentadas pela Convenção:
- a) os organismos especializadas, o Fundo das Nações Unidas para a Infância e outros órgãos das Nações Unidas terão o direito de estar representados quando for analisada a implementação das disposições da presente Convenção que estejam compreendidas no âmbito de seus mandatos. O Comitê poderá convidar as agências especializadas, o Fundo das Nações Unidas para a Infância e outros órgãos competentes que considere apropriados a fornecer assessoramento especializado sobre a implementação da Convenção em matérias correspondentes a seus respectivos mandatos. O Comitê poderá convidar as agências especializadas, o Fundo das Nações Unidas para a Infância e outros órgãos das Nações Unidas a apresentarem relatórios sobre a implementação das disposições da presente Convenção compreendidas no âmbito de suas atividades;
- b) conforme julgar conveniente, o Comitê transmitirá às agências especializadas, ao Fundo das Nações Unidas para a Infância e a outros órgãos competentes quaisquer relatórios dos Estados-partes que contenham um pedido de assessoramento ou de assistência técnica, ou nos quais se indique essa necessidade, juntamente com as observações e sugestões do Comitê, se houver, sobre esses pedidos ou indicações;
- c) o Comitê poderá recomendar à Assembléia Geral que solicite ao Secretário-Geral que efetue, em seu nome, estudos sobre questões concretas relativas aos direitos da criança;
- d) o Comitê poderá formular sugestões e recomendações gerais com base nas informações recebidas nos termos dos Artigos 44 e 45 da presente Convenção. Essas sugestões e recomendações gerais deverão ser transmitidas aos Estados-partes e encaminhadas à Assembléia Geral, juntamente com os comentários eventualmente apresentados pelos Estados-partes.

### Parte III

## Artigo 46

A presente Convenção está aberta à assinatura de todos os Estados.

## Artigo 47

A presente Convenção está sujeita a ratificação. Os instrumentos de ratificação serão depositados junto ao Secretário-Geral das Nações Unidas.

## Artigo 48

A presente Convenção permanecerá aberta à adesão de qualquer Estado. Os instrumentos de adesão serão depositados junto ao Secretário-Geral das Nações Unidas.

## Artigo 49

1. A presente Convenção entrará em vigor no trigésimo dia após a data em que tenha sido depositado o vigésimo instrumento de ratificação ou de adesão junto ao Secretário-Geral das Nações Unidas.
2. Para cada Estado que venha a ratificar a Convenção ou a aderir a ela após ter sido depositado o vigésimo instrumento de ratificação ou de adesão, a Convenção entrará em vigor no trigésimo dia após o depósito, por parte do Estado, de seu instrumento de ratificação ou de adesão.

## Artigo 50

1. Qualquer Estado-parte poderá propor uma emenda e registrá-la com o Secretário-Geral das Nações Unidas. O Secretário-Geral comunicará a emenda proposta aos Estados-partes, com a solicitação de que estes o notifiquem caso apóiem a convocação de uma Conferência de Estados-partes com o propósito de analisar as propostas e submetê-las à votação. Se, num prazo de quatro meses a partir da data dessa notificação, pelo menos um terço dos Estados-partes se declarar favorável a tal Conferência, o Secretário-Geral convocará a Conferência, sob os auspícios das Nações Unidas. Qualquer emenda adotada pela maioria dos Estados-partes presentes e votantes na Conferência será submetida pelo Secretário-Geral à Assembléia Geral para sua aprovação.
2. Uma emenda adotada em conformidade com o parágrafo 1 do presente Artigo entrará em vigor quando aprovada pela Assembléia Geral das Nações Unidas e aceita por uma maioria de dois terços dos Estados-partes.
3. Quando uma emenda entrar em vigor, ela será obrigatória para os Estados-partes que as tenham aceito, enquanto os demais Estados-partes permanecerão regidos pelas disposições da presente Convenção e pelas emendas anteriormente aceitas por eles.

## Artigo 51

1. O Secretário-Geral das Nações Unidas receberá e comunicará a todos os Estados-partes o texto das reservas feitas pelos Estados no momento da ratificação ou da adesão.

2. Não será permitida nenhuma reserva incompatível com o objetivo e o propósito da presente Convenção.

3. Quaisquer reservas poderão ser retiradas a qualquer momento mediante uma notificação nesse sentido dirigida ao Secretário-Geral das Nações Unidas, que informará a todos os Estados. Essa notificação entrará em vigor a partir da data de seu recebimento pelo Secretário-Geral.

**Artigo 52**

Um Estado-parte poderá denunciar a presente Convenção mediante notificação feita por escrito ao Secretário-Geral das Nações Unidas. A denúncia entrará em vigor um ano após a data em que a notificação tenha sido recebida pelo Secretário-Geral.

**Artigo 53**

Designa-se para depositário da presente Convenção o Secretário-Geral das Nações Unidas.

**Artigo 54**

O original da presente Convenção, cujos textos em árabe, chinês, espanhol, francês, inglês e russo são igualmente autênticos, será depositado em poder do Secretário-Geral das Nações Unidas.

Dando por fé o disposto neste texto, os Plenipotenciários abaixo assinados, devidamente autorizados por seus respectivos Governos, assinaram a presente Convenção.

## Estado de Ratificação pelo Brasil
## dos Principais Tratados de Direitos Humanos da ONU

| Tratado | Ratificação | Reservas |
|---|---|---|
| Pacto Internacional de Direitos Econômicos, Sociais e Culturais | 24 jan 1992 | Sem reservas |
| Pacto Internacional de Direitos Civis e Políticos | 24 jan 1992 | Sem reservas |
| Protocolo Facultativo 1 ao Pacto Internacional de Direitos Civis e Políticos | — | — |
| Protocolo Facultativo 2 ao Pacto Internacional de Direitos Civis e Políticos | — | — |
| Convenção sobre a Eliminação de Todas as Formas de Discriminação Racial | 27 mar 1968 | Sem reservas |
| Convenção sobre a Eliminação de Todas as Formas de Discriminação contra a Mulher | 1º fev 1984 | "... o Brasil não se considera obrigado a cumprir o artigo 29, parágrafo 1º, da mencionada Convenção" |
| Protocolo Facultativo à Convenção sobre a Eliminação de Todas as Formas de Discriminação contra a Mulher | 7 jun 2002 | Sem reservas |
| Convenção contra a Tortura e Outras Formas de Tratamento Cruéis ou Desumanas | 28 set 1989 | Sem reservas |
| Convenção sobre os Direitos da Criança | 25 set 1990 | Sem reservas |

# Alguns Modelos de Comunicação para Relatores Especiais ou Grupos de Trabalho da ONU

### RELATOR ESPECIAL SOBRE
### EXECUÇÕES ARBITRÁRIAS, SUMÁRIAS OU EXTRAJUDICIAIS

Enviar comunicação para:
**Office of the UN High Commissioner for Human Rights**
Special Rapporteur on Extrajudicial, Summary or Arbitrary Executions
Palais Wilson — CH 1211 Geneva 10 — Switzerland

São necessárias informações nos seguintes termos:
- Incidente: Data, local, descrição de como o incidente ocorreu. Em casos de supostas violações do direito à vida em conexão com a pena de morte, informações sobre falhas relacionadas às garantias de um julgamento justo. Em casos de violações iminentes do direito à vida, as razões pelas quais se teme que a vida da pessoa esteja em risco. Em casos de supostas violações iminentes ligadas à pena de morte, além da informação supramencionada, os recursos submetidos.
- Vítimas do incidente: O número de vítimas. Se conhecido, seu nome completo, idade, sexo, profissão e/ou atividades se relacionadas à (iminente) violação do direito à vida.
- Supostos autores: Se conhecidos, uma explicação das razões pelas quais suspeita-se que eles sejam responsáveis. Se os autores não forem agentes do Estado, detalhes sobre como estas forças ou indivíduos relacionam-se com o Estado (por exemplo cooperação com forças de segurança pública, incluindo informações sobre cadeias de comando; conivência com o Estado ou tolerância de suas operações etc.).

- A fonte da alegação: Nome e endereço completo da organização ou indivíduo que remete a alegação ao Relator Especial.

Outras informações de interesse do Relator Especial, se disponíveis:
- Informações adicionais sobre as vítimas do incidente que possam ajudar a identificá-las, por exemplo o local de sua residência ou origem; informações adicionais sobre os supostos autores: nomes, a unidade ou serviço ao qual eles pertencem, assim como seus postos e funções.
- Informações a respeito das medidas tomadas pelas vítimas e suas famílias e, em especial, sobre denúncias apresentadas, por quem, e perante qual órgão. Se não foi feita nenhuma denúncia, indicar as razões.
- Informações acerca das medidas tomadas pelas autoridades para investigar a suposta violação do direito à vida e/ou medidas adotadas para proteger as pessoas sob ameaça, bem como para prevenir incidentes similares no futuro, principalmente: se foram feitas denúncias, as ações tomadas pelo órgão competente ao recebê-las; o progresso e a situação da investigação à época do envio da alegação; no caso dos resultados da investigação serem considerados insatisfatórios, explicar o porquê.
- Mais informações gerais relacionadas ao direito à vida, por exemplo sobre recentes desdobramentos na legislação a respeito da pena de morte, leis de anistia, ou informação confiável indicando um padrão de impunidade também são bem-vindas pelo Relator Especial. Tais informações o tornam capaz de avaliar melhor a situação geral do direito à vida em determinados países.

### Relator Especial sobre Tortura

Enviar comunicação para:
**Office of the UN High Commissioner for Human Rights**
Special Rapporteur on Torture
Palais Wilson — CH 1211 Geneva 10 — Switzerland

- Identidade da(s) pessoa(s) submetida(s) à tortura: Sobrenome, prenome e outros nomes. Sexo (masculino, feminino). Data de nascimento ou idade. Nacionalidade, ocupação, número da carteira de identidade (se for o caso), atividades (sindicais, políticas, religiosas, humanitárias/solidárias, de imprensa etc.).
- Circunstâncias em que ocorreu a tortura: Data e local da prisão e conseqüente tortura. Identidade das forças que realizaram a detenção inicial e/ou a tortura (policiais, serviços de inteligência das forças armadas,

paramilitares, oficiais de prisões, outros). Pessoas como o advogado, parentes ou amigos tiveram permissão para ver a vítima durante a detenção? Se positivo, quanto tempo após a prisão? Descrever os métodos de tortura utilizados. Que lesões foram ocasionadas como resultado da tortura? Qual foi o suposto objetivo da tortura? A vítima foi examinada por um médico em algum momento durante ou após a tortura? A vítima recebeu tratamento médico apropriado para as lesões ocasionadas pela tortura? O exame médico foi feito de maneira a permitir que o médico detectasse evidências das lesões resultantes da tortura? Foram expedidos quaisquer relatórios ou certificados médicos? Se positivo, o que revelaram? Se a vítima morreu sob custódia, foi realizada uma autópsia ou exame forense? Quais foram os resultados?

- Ações reparadoras: Foram acionados quaisquer recursos internos pela vítima ou sua família ou representantes (denúncias junto às forças responsáveis, Poder Judiciário, órgãos políticos etc.)? Se positivo, quais os resultados?
- Informações a respeito do autor do presente relatório: Sobrenome, prenome. Relação com a vítima. Organização representada, se houver. Endereço atual completo.

**Notas re**. Comunicações com o relator Especial sobre Tortura:

(i) Embora seja importante fornecer tantos detalhes quanto possível, a falta de um relato compreensível não deve necessariamente impedir o envio de relatórios. No entanto, o Relator Especial só pode lidar com casos individuais claramente identificados que contenham os seguintes elementos mínimos de informação;

- Nome completo da vítima;
- Data em que o(s) incidente(s) de tortura ocorreu/ocorreram (pelo menos mês e ano);
- Local onde a pessoa foi detida (cidade, província etc.) e lugar onde a tortura foi realizada (se for de conhecimento da vítima);
- Indicação das forças que realizaram a tortura;
- Descrição da forma de tortura usada e lesões resultantes;
- Identidade da pessoa ou organização que envia o relatório (nome e endereço, que serão mantidos em sigilo).

(ii) Páginas adicionais devem ser anexadas onde os espaços não permitem uma apresentação completa da informação solicitada. Além disso, devem ser fornecidas cópias de qualquer documento comprovador que seja relevante, como registros médicos ou da polícia, no caso de tal informação contribuir para um relato mais completo do incidente. Devem ser enviadas somente cópias e não originais.

## GRUPO DE TRABALHO SOBRE DETENÇÃO ARBITRÁRIA

Enviar comunicação para:
**Office of the UN High Commissioner for Human Rights**
Working Group on Arbitrary Detention
Palais Wilson — CH 1211 Geneva 10 — Switzerland

- Identidade da pessoa presa ou detida: Sobrenome, prenome, sexo (masculino, feminino). Data de nascimento ou idade (quando da detenção). Nacionalidade(s). Ocupação, documento de identidade (emitido por...., data, número). Profissão e/ou atividades (se for relevante para a prisão/detenção). Endereço da residência de costume.
- Prisão: Data da prisão, local da prisão (o mais detalhado possível). Forças que realizaram a prisão ou que se acredita terem realizado. Foi apresentado um mandado ou outra determinação de uma autoridade pública? Autoridade que expediu o mandado ou determinação. Legislação relevante aplicável (se conhecida).
- Detenção: Data da detenção. Duração da detenção (se não conhecida, a duração provável). Forças que mantêm o detento sob custódia. Locais de detenção (indicar quaisquer transferências e local atual de detenção). Autoridades que ordenaram a detenção. Razões imputadas pelas autoridades para a detenção. Legislação relevante aplicável (se conhecida).
- Circunstâncias: Descrever as circunstâncias da prisão ou detenção e indicar as razões exatas pelas quais se considera que a prisão ou a detenção é arbitrária.
- Informações adicionais: Indicar as medidas internas, incluindo recursos jurisdicionais internos, especialmente os tomados junto às autoridades legais e administrativas, em particular com o propósito de estabelecer a detenção e, como apropriado, seus resultados ou as razões pelas quais tais medidas foram ineficazes ou não foram tomadas.
- Pessoa que envia a informação: Nome completo e endereço, telefone e fax.

Observações:
Neste modelo, "prisão" significa o ato inicial de capturar uma pessoa. "Detenção" inclui e refere-se à custódia antes, durante e após o julgamento. Portanto, haverá casos em que se tratará apenas de prisão ou apenas de detenção.
Pode-se incluir também cópias de documentos que comprovem a natureza arbitrária da prisão ou detenção, ou que ajudem a entender melhor as circunstâncias do caso ou qualquer outra informação importante.

## Relator Especial sobre Violência contra Mulheres

Enviar comunicação para:
**Office of the UN High Commissioner for Human Rights**
Special Rapporteur on Elimination of Violence Against Women
Palais Wilson — CH 1211 Geneva 10 — Switzerland

- Informante: Nome da pessoa/organização. Endereço: Fax/telefone/e-mail.
- Vítimas: Nome, endereço. Data de nascimento. Nacionalidade. Sexo. Ocupação. Descendência étnica (se relevante). Estado civil.
- Incidente: Data, hora, local/País. Número de agressores. O(s) agressor(es) é/são conhecido(s) da vítima? Descrição do(s) agressor(es) (incluir qualquer traço identificável). Descrição do incidente. A vítima acredita que ela foi escolhida especialmente por causa do sexo? Se positivo, por quê? O incidente foi relatado às autoridades estatais competentes? Se positivo, quais autoridades e quando? Ações tomadas pelas autoridades após o incidente.
- Testemunhas: Houve alguma testemunha? Nome/idade/relação com a vítima/endereço de contato.

## Grupo de Trabalho sobre Desaparecimentos Forçados ou Involuntários

Enviar comunicação para:
**Office of the UN High Commissioner for Human Rights**
Working Group on Enforced or Involuntary Disappearances
Palais Wilson — CH 1211 Geneva 10 — Switzerland

- Identidade da pessoa submetida ao desaparecimento forçado ou involuntário: Sobrenome, prenome, sexo. Data de nascimento ou idade (à época do desaparecimento). Nacionalidade(s). Estado civil (solteiro, casado etc.). N. do documento de identidade. Profissão. Endereço residencial. Atividades (sindicais, políticas, religiosas, humanitárias/solidárias, de imprensa etc.).
- Data do desaparecimento: Ano, mês e dia em que a pessoa desaparecida foi presa ou seqüestrada. Ano, mês, dia e hora quando a pessoa desaparecida foi vista pela última vez. Outras indicações relacionadas à data do desaparecimento.
- Local do desaparecimento (indicar o mais precisamente possível país, província, cidade, localidade etc. e se idênticos com o endereço residencial): Local onde a pessoa desaparecida foi presa ou seqüestrada. Local onde a pessoa desaparecida foi vista pela última vez. Se após o desapare-

cimento da pessoa foi recebida informação de que estava detida, por favor indicar, se possível, os lugares (oficiais ou outros) e o período de detenção, assim como a fonte de informação, particularmente testemunhas que tenham visto a pessoa desaparecida em cativeiro. Outras indicações acerca do local de desaparecimento.
- Forças que se acredita serem responsáveis pelo desaparecimento: Se a pessoa foi presa ou seqüestrada, por favor indicar quem realizou a prisão: militares, policiais, pessoas uniformizadas ou com roupas civis, agentes de serviços de segurança, pessoas não-identificadas; se estes agentes se identificaram (com que credenciais, oralmente etc.), se eles estavam armados, se pareciam agir com impunidade, se usavam algum veículo (oficial, com ou sem placas etc.). Se as forças ou agentes que realizaram a prisão ou o seqüestro não puderem ser identificadas, declare por que você acredita que autoridades governamentais ou pessoas ligadas a elas são responsáveis pelo desaparecimento. Se a prisão ou o seqüestro ocorreu na presença de testemunhas, indicar o nome das testemunhas; se elas não se identificarem ou quiserem guardar os seus nomes, indicar se são parentes, vizinhos, transeuntes etc. Se existe alguma prova escrita da prisão, por favor descrever (ordem de prisão, comunicados, notas oficiais, cartas etc.). Se houve uma busca na residência, escritório ou local de trabalho da pessoa desaparecida (ou de qualquer outra pessoa ligada a ele/ela), antes, durante ou depois do desaparecimento, favor indicar e descrever a busca. Se alguém foi interrogado a respeito da pessoa desaparecida por agentes de serviços de segurança, autoridades oficiais ou outras pessoas relacionadas a estas, antes ou depois da prisão (ou desaparecimento), favor indicar e fornecer informações disponíveis sobre o interrogatório.
- Ações nacionais (legais ou outras) em nome da pessoa desaparecida: *Habeas Corpus*, amparo ou similar: Natureza da ação, data, tribunal, resultado (data e natureza). Se existe uma decisão judicial favor indicar o seu conteúdo, se possível. Ações criminais: Natureza da ação, data, tribunal, resultado (data e natureza). Se existe uma decisão judicial favor indicar o seu conteúdo, se possível. Outras medidas tomadas em nível nacional: cartas, petições etc., ou medidas tomadas perante as autoridades civis ou militares.
- Medidas tomadas a nível internacional em nome da pessoa desaparecida: Organizações contatadas, data, resultado.
- Casos de prisão ou desaparecimento relacionados, em particular se a pessoa desaparecida tinha filhos: Faça uma relação narrativa indicando nomes, datas e locais relevantes. Se a pessoa desaparecida estava grávida à época do desaparecimento favor indicar a data do possível nascimento da criança.

- Informações relativas ao autor do presente relatório: Sobrenome, prenome, nacionalidade(s). Relacionamento com a pessoa desaparecida. Endereço atual, telefone.
- Confidencial: Favor declarar se o autor deste relatório deseja que sua identidade seja mantida em segredo (Imprimir a palavra "confidencial" ao lado do tópico relevante).
- Data e assinatura do autor.

Observações:
(i) Informações sobre desaparecimento forçado ou involuntário de uma pessoa variam muito em detalhes devido à natureza de cada caso e às circunstâncias que o cercam. Embora seja importante receber o máximo de informações possíveis, a falta de alguns detalhes não deve impedir o envio de relatórios. No entanto, o Grupo de Trabalho só pode lidar com casos individuais claramente identificados, contendo os seguintes elementos mínimos de informação:
- Ano, mês, dia do desaparecimento;
- Local da prisão ou seqüestro ou no qual a pessoa foi vista pela última vez;
- Indicação das pessoas que se crê terem realizado a prisão ou o seqüestro;
- Indicação das ações tomadas pelos parentes ou outros para localizar a pessoa desaparecida (averiguações com autoridades, pedidos de *habeas corpus* etc.);
- Identidade da pessoa ou organização que envia o relatório (nome e endereço, que serão mantidos em sigilo mediante manifestação).

(ii) Informações sobre o desaparecimento forçado ou involuntário de uma pessoa podem ser enviadas em qualquer forma escrita, em casos urgentes preferencialmente via telegrama ou telefax. Ao enviar tais relatórios, deve-se considerar a preparação de um resumo narrativo dos acontecimentos, contendo, na medida do possível, as informações relacionadas no formulário anexo. Uma fotografia da pessoa desaparecida e anexos, como pedidos de *habeas corpus* e declarações feitas por testemunhas, podem ser enviados com o formulário sugerido. Favor mandar somente cópias dos documentos, os originais devem permanecer em seus arquivos. A pessoa ou organização que prepara os relatórios deve ser claramente identificada e deve ser dado um endereço para contato. Se o autor do relatório não é parente da pessoa desaparecida, mas age, direta ou indiretamente, sob solicitação da família, ele deve permanecer em contato com a família, já que quaisquer respostas obtidas pelo Grupo de Trabalho sobre o destino ou o paradeiro da pessoa desaparecida são para exclusivo conhecimento dos familiares.

## Representante Especial sobre Defensores de Direitos Humanos

Enviar comunicação para:
**Office of the UN High Commissioner for Human Rights**
1211 Geneva 10, Switzerland FAX: (41 22) 917 90 06

OBS: Deve-se entender o termo "defensor de direitos humanos" de maneira abrangente, incluindo aqueles que lutam pela promoção, proteção e implementação dos direitos econômicos, sociais e culturais, assim como dos direitos civis e políticos. Incluem-se aqui, por exemplo, os que defendem o direito a um meio ambiente saudável, os que promovem os direitos dos povos indígenas, ou os envolvidos em atividades sindicais.

- Informação sobre a suposta vítima: nome completo; idade; sexo; profissão ou ocupação; residência (ou origem, se tal informação for relevante); se a vítima for filiada a alguma organização, associação ou grupo que trabalhe com direitos humanos, o nome desta, o nome da pessoa responsável por ela; natureza do trabalho de direitos humanos que a vítima realiza.
- Se a violação alegada é contra uma organização: nome da organização; natureza do trabalho ou atividade de direitos humanos à qual ela está engajada; área de abrangência do seu trabalho (nacional, regional, internacional); filiações a outras entidades de direitos humanos, se possuir; nome da(s) pessoa(s) que dirige(m) a organização.

Informações adicionais sobre a história do trabalho que o indivíduo ou a organização realiza/realizou, se submetidas, podem ser úteis para a análise das alegações.

- Natureza da violação alegada: devem ser enviadas todas as informações relevantes acerca da violação alegada cometida contra o defensor de direitos humanos, ou organização, associação ou grupo, incluindo: data em que ocorreu; lugar; descrição dos fatos/incidente; natureza da violação sofrida ou ameaçada.

As informações devem indicar a conexão das violações alegadas com as atividades realizadas.

- Se a violação envolve a detenção ou prisão de um indivíduo ou grupo de defensores de direitos humanos, pede-se informações sobre: a identidade da(s) autoridade(s) envolvidas(s) (cargo e departamento); data e lugar da prisão; quaisquer circunstâncias nas quais a prisão foi efetuada que sejam relevantes à violação; natureza das acusações, se existirem, e a sua tipificação penal; possível pena à qual o indivíduo ou grupo estará submetido; lugar da prisão, se conhecida; tempo de duração da detenção; informações sobre o acesso dado ou negado a advogado e membros da família; medidas tomadas para buscar providências administrativas ou judiciais, natureza das providências; órgão judicial perante o qual tais procedimentos estão sob análise, e o estágio atual ou resultado alcançado.

- Se o(s) defensor(es) está(ão) sendo processado(os) por alguma atividade em defesa dos direitos humanos ou atividades relacionadas: a data e o local do julgamento; o tribunal/juiz que está julgando o caso; os procedimentos recursais relevantes; e as penas às quais o grupo ou indíviduo pode ser submetido
- Agente(s) responsável(is) pela violação alegada: nome(s), se conhecido(s); se forem agentes de segurança pública, posto, funções, unidade ou divisão, etc. à qual pertencem; se forem membros de um grupo de defesa privado, paramilitar ou outras forças ou grupos armados, detalhar se e como estes grupos estão relacionados com o Estado (por exemplo, cooperação com as forças de segurança do Estado, incluindo informações sobre cadeias de comando, se possível, se há concordância ou discordância do Estado com as suas operações).
- Medidas tomadas pela vítima ou em benefício dela no sentido de buscar uma providência em nível nacional: se uma denúncia foi feita ou não; se foi, quando, onde, por quem, e perante qual autoridade.
- Medidas tomadas pelas autoridades em questão: se uma investigação, ou inquérito, sobre a violação foi iniciada ou não, e se já foi concluída; se iniciada, por qual autoridade ou departamento do Governo; progresso e estágio da investigação à época do envio da alegação; se a investigação resultou em denúncia formal ou outra ação judicial; se positivo, o porquê do resultado ser insatisfatório; as medidas, caso existam, tomadas para proteger a(s) pessoa(s) ameaçada(s).
- A violação alegada pode não ser o resultado de um fato/incidente isolado, mas sim uma situação de violação sistemática devida a condições, políticas, práticas ou leis que obstruem a promoção, a proteção e a implementação dos direitos humanos. Nesses casos, as comunicações devem incluir: todas as informações relevantes sobre tais condições, políticas, práticas ou leis; a natureza do prejuízo causado por elas ao indivíduo ou grupo trabalhando em defesa dos direitos humanos; os métodos usados para impedir o trabalho dos defensores de direitos humanos em função da sua adoção; as agências (estatais ou privadas) empregadas na perseguição, intimidação e/ou dano físico dos defensores de direitos humanos em função destas condições, leis, práticas e políticas; possíveis medidas para amenizar a situação; qualquer ação tomada pelos indivíduos ou grupos para reverter as condições, políticas e práticas ou para reformar as leis que são contrárias aos direitos internacionalmente reconhecidos

Favor indicar na comunicação se o nome da suposta vítima deve ou não ser informado ao governo. A identidade das supostas vítimas pode ser mantida em sigilo, se assim for requerido.

## Relator Especial sobre o Direito à Moradia Adequada[1]

Enviar comunicação para:
**Office of the UN High Commissioner for Human Rights**
1211 Geneva 10, Switzerland FAX: (41 22) 917 90 06

1. Identificação da(s) pessoa(s) sem moradia adequada (nome completo, sexo, raça/etnia, data de nascimento, nacionalidade, estado civil, documento de identidade, profissão, endereço, atividades habituais).
2. Descreva a situação geral da pessoa ou família sem moradia (condições de saúde, higiene, escolarização, visão política, bens de consumo próprios, envolvimentos com crimes etc).
3. Há crianças envolvidas na situação? Se sim, identificar por nomes e idades.
4. Lugar em que a pessoa exerce suas atividades habituais (país, estado, cidade, bairro).
5. Renda mensal habitual da família.
6. Benefícios sociais/governamentais porventura recebidos pela pessoa ou família (aposentadoria ou pensão, cesta básica, bolsa-escola), incluindo valores.
7. Data em que a pessoa sem moradia (e membros da família) tiveram o último emprego (se aplicável).
8. A pessoa ou família sem moradia (e membros da família) têm acesso fácil e freqüente a atendimento de saúde? Qual a última vez que teve/tiveram acesso a um médico? Que tipo de tratamento foi dispensado ao caso? Quais os principais problemas de saúde verificados no grupo familiar?
9. Testemunhas da violação (se existirem).
10. A situação de ausência de moradia está relacionada a alguma catástrofe natural ou dificuldade econômica/política de uma região específica?
11. Há registro de violência(s) praticada(s) contra a(s) vítima(s) pela sua situação de pobreza?
12. Há processos judiciais (ou ações políticas) no sentido de melhorar a situação da pessoa/família vítima da violação ao direito à moradia? (Se sim, identificar o procedimento processual ou de outra natureza e o seu resultado.)
13. Foram tomadas medidas internacionais em benefício da(s) pessoa(s) sem moradia? Se sim, quais, quando e qual o resultado?
14. Responsável pela informação (pessoa ou entidade autora da presente denúncia).

---

[1] Modelo elaborado pelo organizador da presente publicação, face à ausência de modelo oficial.

15. Há necessidade de manter a confidencialidade quanto à autoria da denúncia?
16. Lugar.
17. Data.
18. Assinatura.
19. Observações.

### Relator Especial sobre o Direito à Alimentação[2]

Enviar comunicação para:
**Office of the UN High Commissioner for Human Rights**
1211 Geneva 10, Switzerland FAX: (41 22) 917 90 06

1. Identificação da(s) vítima(s) de fome (nome completo, sexo, raça/etnia, data de nascimento, nacionalidade, estado civil, documento de identidade, profissão, endereço, atividades habituais).
2. Descreva a situação geral da pessoa ou família vítima de fome (condições de saúde, higiene, escolarização, visão política, bens de consumo próprios, envolvimentos com crimes etc.).
3. Há crianças envolvidas na situação de fome? Se sim, identificar por nomes e idades.
4. Lugar em que a pessoa exerce suas atividades habituais (país, estado, cidade, bairro).
5. Renda mensal habitual da família.
6. Benefícios sociais/governamentais porventura recebidos pela pessoa ou família (aposentadoria ou pensão, cesta básica, bolsa-escola), incluindo valores.
7. Data em que a pessoa vítima de fome (e membros da família) tiveram o último emprego (se aplicável).
8. A pessoa vítima de fome (e membros da família) têm acesso fácil e freqüente a atendimento de saúde? Qual a última vez que teve/tiveram acesso a um médico? Que tipo de tratamento foi dispensado ao caso? Quais os principais problemas de saúde verificados no grupo familiar?
9. Testemunhas da violação (se existirem).
10. A situação de fome está relacionada a alguma catástrofe natural ou dificuldade econômica de uma região específica?
11. Há registro de violência(s) praticadas contra a(s) vítima(s) pela sua situação de pobreza?
12. Há processos judiciais (ou ações políticas) no sentido de melhorar a situação de fome da pessoa/família vítima da violação ao direito à ali-

---

[2] Idem.

mentação? (Se sim, identificar o procedimento processual ou de outra natureza e o seu resultado.)
13. Foram tomadas medidas internacionais em benefício da(s) pessoa(s) vítima(s) de fome? Se sim, quais, quando e qual o resultado?
14. Responsável pela informação (pessoa ou entidade autora da presente denúncia).
15. Há necessidade de manter a confidencialidade quanto à autoria da denúncia?
16. Lugar.
17. Data.
18. Assinatura.
19. Observações.

# Principais Tratados de Direitos Humanos do Sistema Regional Sistema Interamericano

### DECLARAÇÃO AMERICANA DOS DIREITOS E DEVERES DO HOMEM

*Aprovada na Nona Conferência Internacional Americana, Bogotá, 1948*

A IX Conferência Internacional Americana,
   Considerando:
   Que os povos americanos dignificaram a pessoa humana e que suas constituições nacionais reconhecem que as instituições jurídicas e políticas, que regem a vida em sociedade, têm como finalidade principal a proteção dos direitos essenciais do homem e a criação de circunstâncias que lhe permitam progredir espiritual e materialmente e alcançar a felicidade;
   Que, em repetidas ocasiões, os Estados americanos reconheceram que os direitos essenciais do homem não derivam do fato de ser ele cidadão de determinado Estado, mas sim do fato dos direitos terem como base os atributos da pessoa humana;
   Que a proteção internacional dos direitos do homem deve ser a orientação principal do direito americano em evolução;
   Que a consagração americana dos direitos essenciais do homem, unida às garantias oferecidas pelo regime interno dos Estados, estabelece o sistema inicial de proteção que os Estados americanos consideram adequado às atuais circunstâncias sociais e jurídicas, não deixando de reconhecer, porém, que deverão fortalecê-lo cada vez mais no terreno internacional, à medida que essas circunstâncias se tornem mais propícias,
   Resolve adotar a seguinte Declaração Americana dos Direitos e Deveres do Homem:

**Preâmbulo**

Todos os homens nascem livres e iguais em dignidade e direitos e, como são dotados pela natureza de razão e consciência, devem proceder fraternalmente uns para com os outros.

O cumprimento do dever de cada um é exigência do direito de todos. Direitos e deveres integram-se correlativamente em toda a atividade social e política do homem. Se os direitos exaltam a liberdade individual, os deveres exprimem a dignidade dessa liberdade.

Os deveres de ordem jurídica dependem da existência anterior de outros de ordem moral, que apóiam os primeiros conceptualmente e os fundamentam.

É dever do homem servir o espírito com todas as suas faculdades e todos os seus recursos, porque o espírito é a finalidade suprema da existência humana e a sua máxima categoria.

É dever do homem exercer, manter e estimular a cultura por todos os meios ao seu alcance, porque a cultura é a mais elevada expressão social e histórica do espírito.

E, visto que a moral e as boas maneiras constituem a mais nobre manifestação da cultura, é dever de todo homem acatar-lhes os princípios.

### Capítulo Primeiro

#### Direitos

**Artigo I**

Todo ser humano tem direito à vida, à liberdade e à segurança de sua pessoa.

**Artigo II**

Todas as pessoas são iguais perante a lei e têm os direitos e deveres consagrados nesta declaração, sem distinção de raça, língua, crença, ou qualquer outra.

**Artigo III**

Toda a pessoa tem o direito de professar livremente uma crença religiosa e de manifestá-la e praticá-la pública e particularmente.

**Artigo IV**

Toda pessoa tem direito à liberdade de investigação, de opinião e de expressão e difusão do pensamento, por qualquer meio.

**Artigo V**

Toda pessoa tem direito à proteção da lei contra os ataques abusivos à sua honra, à sua reputação e à sua vida particular e familiar.

**Artigo VI**

Toda pessoa tem direito a constituir família, elemento fundamental da sociedade, e a receber proteção para ela.

**Artigo VII**

Toda mulher em estado de gravidez ou em época de lactação, assim como toda criança têm direito a proteção, cuidados e auxílios especiais.

**Artigo VIII**

Toda pessoa tem direito de fixar sua residência no território do Estado de que é nacional, de transitar por ele livremente e de não o abandonar senão por sua própria vontade.

**Artigo IX**

Toda pessoa tem direito à inviolabilidade do seu domicílio.

**Artigo X**

Toda pessoa tem o direito à inviolabilidade e circulação da sua correspondência.

**Artigo XI**

Toda pessoa tem direito a que sua saúde seja resguardada por medidas sanitárias e sociais relativas a alimentação, roupas, habitação e cuidados médicos correspondentes ao nível permitido pelos recursos públicos e os da coletividade.

**Artigo XII**

Toda pessoa tem direito à educação, que deve inspirar-se nos princípios de liberdade, moralidade e solidariedade humana.

Tem, outrossim, direito a que, por meio dessa educação, lhe seja proporcionado o preparo para subsistir de uma maneira digna, para melhorar o seu nível de vida e para poder ser útil à sociedade.

O direito à educação compreende o de igualdade de oportunidade em todos os casos, de acordo com os dons naturais, os méritos e o desejo de aproveitar os recursos que possam proporcionar a coletividade e o Estado.

Toda pessoa tem o direito de que lhe seja ministrada gratuitamente, pelo menos, a instrução primária.

## Artigo XIII

Toda pessoa tem o direito de tomar parte na vida cultural da coletividade, de gozar das artes e de desfrutar dos benefícios resultantes do progresso intelectual e, especialmente, das descobertas científicas.

Tem o direito, outrossim, de ser protegida em seus interesses morais e materiais no que se refere às invenções, obras literárias, científicas ou artísticas de sua autoria.

## Artigo XIV

Toda pessoa tem direito ao trabalho em condições dignas e o de seguir livremente sua vocação, na medida em que for permitido pelas oportunidades de emprego existentes.

Toda pessoa que trabalha tem o direito de receber uma remuneração que, em relação à sua capacidade de trabalho e habilidade, lhe garanta um nível de vida conveniente para si mesma e para sua família.

## Artigo XV

Toda pessoa tem direito ao descanso, ao recreio honesto e à oportunidade de aproveitar utilmente o seu tempo livre em benefício de seu melhoramento espiritual, cultural e físico.

## Artigo XVI

Toda pessoa tem direito à previdência social de modo a ficar protegida contra as conseqüências do desemprego, da velhice e da incapacidade que, provenientes de qualquer causa alheia à sua vontade, a impossibilitem física ou mentalmente de obter meios de subsistência.

## Artigo XVII

Toda pessoa tem direito a ser reconhecida, seja onde for, como pessoa com direitos e obrigações, e a gozar dos direitos civis fundamentais.

## Artigo XVIII

Toda pessoa pode recorrer aos tribunais para fazer respeitar os seus direitos. Deve poder contar, outrossim, com processo simples e breve, mediante o qual a justiça a proteja contra atos de autoridade que violem, em seu prejuízo, qualquer dos direitos fundamentais consagrados constitucionalmente.

## Artigo XIX

Toda pessoa tem direito à nacionalidade que legalmente lhe corresponda, podendo mudá-la, se assim o desejar, pela de qualquer outro país que estiver disposto a concedê-la.

## Artigo XX

Toda pessoa, legalmente capacitada, tem o direito de tomar parte no governo do seu país, quer diretamente, quer através de seus representantes, e de participar das eleições, que se processarão por voto secreto, de uma maneira genuína, periódica e livre.

## Artigo XXI

Toda pessoa tem o direito de se reunir pacificamente com outras, em manifestação pública, ou em assembléia transitória, em relação com seus interesses comuns, de qualquer natureza que sejam.

## Artigo XXII

Toda pessoa tem o direito de se associar com outras a fim de promover, exercer e proteger os seus interesses legítimos, de ordem política, econômica, religiosa, social, cultural, profissional, sindical ou de qualquer outra natureza.

## Artigo XXIII

Toda pessoa tem direito à propriedade particular correspondente às necessidades essenciais de uma vida decente, e que contribua a manter a dignidade da pessoa e do lar.

## Artigo XXIV

Toda pessoa tem o direito de apresentar petições respeitosas a qualquer autoridade competente, quer por motivo de interesse geral, quer de interesse particular, assim como o de obter uma solução rápida.

## Artigo XXV

Ninguém pode ser privado da sua liberdade, a não ser nos casos previstos pelas leis e segundo as praxes estabelecidas pelas leis já existentes.

Ninguém pode ser preso por deixar de cumprir obrigações de natureza claramente civil.

Todo indivíduo que tenha sido privado da sua liberdade tem o direito de que o juiz verifique sem demora a legalidade da medida, e de que o julgue sem protelação injustificada, ou, no caso contrário, de ser posto em liberdade. Tem também direito a um tratamento humano durante o tempo em que o privarem da sua liberdade.

**Artigo XXVI**

Parte-se do princípio que todo acusado é inocente, até provar-se-lhe a culpabilidade.

Toda pessoa acusada de um delito tem o direito de ser ouvida numa forma imparcial e pública, de ser julgada por tribunais já estabelecidos de acordo com leis preexistentes, e de que se lhe não inflijam penas cruéis, infamantes ou inusitadas.

**Artigo XXVII**

Toda pessoa tem o direito de procurar e receber asilo em território estrangeiro, em caso de perseguição que não seja motivada por delitos de direito comum, e de acordo com a legislação de cada país e com os convênios internacionais.

**Artigo XXVIII**

Os direitos do homem estão limitados pelos direitos do próximo, pela segurança de todos e pelas justas exigências do bem-estar geral e do desenvolvimento democrático.

Capítulo Segundo

Deveres

**Artigo XXXV**

Toda pessoa está obrigada a cooperar com o Estado e com a coletividade na assistência e na previdência sociais, de acordo com as suas possibilidades e com as circunstâncias.

**Artigo XXXVI**

Toda pessoa tem o dever de pagar os impostos estabelecidos pela Lei para a manutenção dos serviços públicos.

## Artigo XXXVII

Toda pessoa tem o dever de trabalhar, dentro das suas capacidades e possibilidades, a fim de obter os recursos para a sua subsistência ou em benefício da coletividade.

## Artigo XXXVIII

Todo estrangeiro tem o dever de se abster de tomar parte nas atividades políticas que, de acordo com a Lei, sejam privativas dos cidadãos do Estado onde se encontrar.

### CONVENÇÃO AMERICANA SOBRE DIREITOS HUMANOS

*Assinada na Conferência Especializada Interamericana sobre Direitos Humanos, San José, Costa Rica, em 22 de novembro de 1969*

### Preâmbulo

Os Estados americanos signatários da presente Convenção,

Reafirmando seu propósito de consolidar neste Continente, dentro do quadro das instituições democráticas, um regime de liberdade pessoal e de justiça social, fundado no respeito dos direitos essenciais do homem;

Reconhecendo que os direitos essenciais do homem não derivam do fato de ser ele nacional de determinado Estado, mas sim do fato de ter como fundamento os atributos da pessoa humana, razão por que justificam uma proteção internacional, de natureza convencional, coadjuvante ou complementar da que oferece o direito interno dos Estados americanos;

Considerando que esses princípios foram consagrados na Carta da Organização dos Estados Americanos, na Declaração Americana dos Direitos e Deveres do Homem e na Declaração Universal dos Direitos do Homem e que foram reafirmados e desenvolvidos em outros instrumentos internacionais, tanto de âmbito mundial como regional;

Reiterando que, de acordo com a Declaração Universal dos Direitos do Homem, só pode ser realizado o ideal do ser humano livre, isento do temor e da miséria, se forem criadas condições que permitam a cada pessoa gozar dos seus direitos econômicos, sociais e culturais, bem como dos seus direitos civis e políticos; e

Considerando que a Terceira Conferência Interamericana Extraordinária (Buenos Aires, 1967) aprovou a incorporação à própria Carta da Organização de normas mais amplas sobre direitos econômicos, sociais e educacionais e resolveu que uma convenção interamericana sobre direitos humanos determinasse a estrutura, a competência e o processo dos órgãos encarregados dessa matéria,

Convieram no seguinte:

# Parte I
## Deveres dos Estados e direitos protegidos

### Capítulo I
### Enumeração de deveres

### Artigo 1º
### Obrigação de respeitar os direitos

1. Os Estados-partes nesta Convenção comprometem-se a respeitar os direitos e liberdades nela reconhecidos e a garantir seu livre e pleno exercício a toda pessoa que esteja sujeita à sua jurisdição, sem discriminação alguma por motivo de raça, cor, sexo, idioma, religião, opiniões políticas ou de qualquer outra natureza, origem nacional ou social, posição econômica, nascimento ou qualquer outra condição social.
2. Para os efeitos desta Convenção, pessoa é todo ser humano.

### Artigo 2º
### Dever de adotar disposições de direito interno

Se o exercício dos direitos e liberdades mencionados no artigo 1 ainda não estiver garantido por disposições legislativas ou de outra natureza, os Estados-partes comprometem-se a adotar, de acordo com as suas normas constitucionais e com as disposições desta Convenção, as medidas legislativas ou de outra natureza que forem necessárias para tornar efetivos tais direitos e liberdades.

### Capítulo II
### Direitos civis e políticos

### Artigo 3º
### Direito ao reconhecimento da personalidade jurídica

Toda pessoa tem direito ao reconhecimento de sua personalidade jurídica.

### Artigo 4º
### Direito à vida

1. Toda pessoa tem o direito de que se respeite sua vida. Esse direito deve ser protegido pela lei e, em geral, desde o momento da concepção. Ninguém pode ser privado da vida arbitrariamente.

2. Nos países que não houverem abolido a pena de morte, esta só poderá ser imposta pelos delitos mais graves, em cumprimento de sentença final de tribunal competente e em conformidade com lei que estabeleça tal pena, promulgada antes de haver o delito sido cometido. Tampouco se estenderá sua aplicação a delitos aos quais não se aplique atualmente.
3. Não se pode restabelecer a pena de morte nos Estados que a hajam abolido.
4. Em nenhum caso pode a pena de morte ser aplicada por delitos políticos, nem por delitos comuns conexos com delitos políticos.
5. Não se deve impor a pena de morte a pessoa que, no momento da perpetração do delito, for menor de 18 anos, ou maior de 70, nem aplicá-la a mulher em estado de gravidez.
6. Toda pessoa condenada à morte tem direito a solicitar anistia, indulto ou comutação da pena, os quais podem ser concedidos em todos os casos. Não se pode executar a pena de morte enquanto o pedido estiver pendente de decisão ante a autoridade competente.

## Artigo 5º
### Direito à integridade pessoal

1. Toda pessoa tem o direito de que se respeite sua integridade física, psíquica e moral.
2. Ninguém deve ser submetido a torturas, nem a penas ou tratos cruéis, desumanos ou degradantes. Toda pessoa privada da liberdade deve ser tratada com o respeito devido à dignidade inerente ao ser humano.
3. A pena não pode passar da pessoa do delinqüente.
4. Os processados devem ficar separados dos condenados, salvo em circunstâncias excepcionais, e ser submetidos a tratamento adequado à sua condição de pessoas não condenadas.
5. Os menores, quando puderem ser processados, devem ser separados dos adultos e conduzidos a tribunal especializado, com a maior rapidez possível, para seu tratamento.
6. As penas privativas da liberdade devem ter por finalidade essencial a reforma e a readaptação social dos condenados.

## Artigo 6º
### Proibição da escravidão e da servidão

1. Ninguém pode ser submetido a escravidão ou a servidão, e tanto estas como o tráfico de escravos e o tráfico de mulheres são proibidos em todas as suas formas.
2. Ninguém deve ser constrangido a executar trabalho forçado ou obrigatório. Nos países em que se prescreve, para certos delitos, pena privativa

da liberdade acompanhada de trabalhos forçados, esta disposição não pode ser interpretada no sentido de que proíbe o cumprimento da dita pena, imposta por juiz ou tribunal competente. O trabalho forçado não deve afetar a dignidade nem a capacidade física e intelectual do recluso.
3. Não constituem trabalhos forçados ou obrigatórios para os efeitos deste artigo:
   a) os trabalhos ou serviços normalmente exigidos de pessoa reclusa em cumprimento de sentença ou resolução formal expedida pela autoridade judiciária competente. Tais trabalhos ou serviços devem ser executados sob vigilância e controle das autoridades públicas, e os indivíduos que os executarem não devem ser postos à disposição de particulares, companhias ou pessoas jurídicas de caráter privado;
   b) o serviço militar e, nos países onde se admite a isenção por motivos de consciência, o serviço nacional que a lei estabelecer em lugar daquele;
   c) o serviço imposto em casos de perigo ou calamidade que ameace a existência ou o bem-estar da comunidade; e
   d) o trabalho ou serviço que faça parte das obrigações cívicas normais.

**Artigo 7º**
**Direito à liberdade pessoal**
1. Toda pessoa tem direito à liberdade e à segurança pessoais.
2. Ninguém pode ser privado de sua liberdade física, salvo pelas causas e nas condições previamente fixadas pelas constituições políticas dos Estados-partes ou pelas leis de acordo com elas promulgadas.
3. Ninguém pode ser submetido a detenção ou encarceramento arbitrários.
4. Toda pessoa detida ou retida deve ser informada das razões da sua detenção e notificada, sem demora, da acusação ou das acusações formuladas contra ela.
5. Toda pessoa detida ou retida deve ser conduzida, sem demora, à presença de um juiz ou outra autoridade autorizada pela lei a exercer funções judiciais e tem direito a ser julgada dentro de um prazo razoável ou a ser posta em liberdade, sem prejuízo de que prossiga o processo. Sua liberdade pode ser condicionada a garantias que assegurem o seu comparecimento em juízo.
6. Toda pessoa privada da liberdade tem direito a recorrer a um juiz ou tribunal competente, a fim de que este decida, sem demora, sobre a legalidade de sua prisão ou detenção e ordene sua soltura se a prisão ou a detenção forem ilegais. Nos Estados-partes cujas leis prevêem que toda pessoa que se vir ameaçada de ser privada de sua liberdade tem direito a recorrer a um juiz ou tribunal competente a fim de que este decida so-

bre a legalidade de tal ameaça, tal recurso não pode ser restringido nem abolido. O recurso pode ser interposto pela própria pessoa ou por outra pessoa.
7. Ninguém deve ser detido por dívidas. Este princípio não limita os mandados de autoridade judiciária competente expedidos em virtude de inadimplemento de obrigação alimentar.

**Artigo 8º**
**Garantias judiciais**
1. Toda pessoa tem direito a ser ouvida, com as devidas garantias e dentro de um prazo razoável, por um juiz ou tribunal competente, independente e imparcial, estabelecido anteriormente por lei, na apuração de qualquer acusação penal formulada contra ela, ou para que se determinem seus direitos ou obrigações de natureza civil, trabalhista, fiscal ou de qualquer outra natureza.
2. Toda pessoa acusada de delito tem direito a que se presuma sua inocência enquanto não se comprove legalmente sua culpa. Durante o processo, toda pessoa tem direito, em plena igualdade, às seguintes garantias mínimas:
    a) direito do acusado de ser assistido gratuitamente por tradutor ou intérprete, se não compreender ou não falar o idioma do juízo ou tribunal;
    b) comunicação prévia e pormenorizada ao acusado da acusação formulada;
    c) concessão ao acusado do tempo e dos meios adequados para a preparação de sua defesa;
    d) direito do acusado de defender-se pessoalmente ou de ser assistido por um defensor de sua escolha e de comunicar-se, livremente e em particular, com seu defensor;
    e) direito irrenunciável de ser assistido por um defensor proporcionado pelo Estado, remunerado ou não, segundo a legislação interna, se o acusado não se defender ele próprio nem nomear defensor dentro do prazo estabelecido pela lei;
    f) direito da defesa de inquirir as testemunhas presentes no tribunal e de obter o comparecimento, como testemunhas ou peritos, de outras pessoas que possam lançar luz sobre os fatos;
    g) direito de não ser obrigado a depor contra si mesma, nem a declarar-se culpada; e
    h) direito de recorrer da sentença para juiz ou tribunal superior.
3. A confissão do acusado só é válida se feita sem coação de nenhuma natureza.

4. O acusado absolvido por sentença passada em julgado não poderá ser submetido a novo processo pelos mesmos fatos.
5. O processo penal deve ser público, salvo no que for necessário para preservar os interesses da justiça.

## Artigo 9º

### Princípio da legalidade e da retroatividade

Ninguém pode ser condenado por ações ou omissões que, no momento em que forem cometidas, não sejam delituosas, de acordo com o direito aplicável. Tampouco se pode impor pena mais grave que a aplicável no momento da perpetração do delito. Se depois da perpetração do delito a lei dispuser a imposição de pena mais leve, o delinqüente será por isso beneficiado.

## Artigo 10º

### Direito a indenização

Toda pessoa tem direito de ser indenizada conforme a lei, no caso de haver sido condenada em sentença passada em julgado, por erro judiciário.

## Artigo 11

### Proteção da honra e da dignidade

1. Toda pessoa tem direito ao respeito de sua honra e ao reconhecimento de sua dignidade.
2. Ninguém pode ser objeto de ingerências arbitrárias ou abusivas em sua vida privada, na de sua família, em seu domicílio ou em sua correspondência, nem de ofensas ilegais à sua honra ou reputação.
3. Toda pessoa tem direito à proteção da lei contra tais ingerências ou tais ofensas.

## Artigo 12

### Liberdade de consciência e de religião

1. Toda pessoa tem direito à liberdade de consciência e de religião. Esse direito implica a liberdade de conservar sua religião ou suas crenças, ou de mudar de religião ou de crenças, bem como a liberdade de professar e divulgar sua religião ou suas crenças, individual ou coletivamente, tanto em público como em privado.
2. Ninguém pode ser objeto de medidas restritivas que possam limitar sua liberdade de conservar sua religião ou suas crenças, ou de mudar de religião ou de crenças.

3. A liberdade de manifestar a própria religião e as próprias crenças está sujeita unicamente às limitações prescritas pela lei e que sejam necessárias para proteger a segurança, a ordem, a saúde ou a moral públicas ou os direitos ou liberdades das demais pessoas.
4. Os pais, e quando for o caso os tutores, têm direito a que seus filhos ou pupilos recebam a educação religiosa e moral que esteja acorde com suas próprias convicções.

## Artigo 13

### Liberdade de pensamento e de expressão

1. Toda pessoa tem direito à liberdade de pensamento e de expressão. Esse direito compreende a liberdade de buscar, receber e difundir informações e idéias de toda natureza, sem consideração de fronteiras, verbalmente ou por escrito, ou em forma impressa ou artística, ou por qualquer outro processo de sua escolha.
2. O exercício do direito previsto no inciso precedente não pode estar sujeito a censura prévia, mas a responsabilidades ulteriores, que devem ser expressamente fixadas pela lei e ser necessárias para assegurar:
   a) o respeito aos direitos ou à reputação das demais pessoas; ou
   b) a proteção da segurança nacional, da ordem pública, ou da saúde ou da moral públicas.
3. Não se pode restringir o direito de expressão por vias ou meios indiretos, tais como o abuso de controles oficiais ou particulares de papel de imprensa, de freqüências radioelétricas ou de equipamentos e aparelhos usados na difusão de informação, nem por quaisquer outros meios destinados a obstar a comunicação e a circulação de idéias e opiniões.
4. A lei pode submeter os espetáculos públicos a censura prévia, com o objetivo exclusivo de regular o acesso a eles, para proteção moral da infância e da adolescência, sem prejuízo do disposto no inciso 2.
5. A lei deve proibir toda propaganda a favor da guerra, bem como toda apologia ao ódio nacional, racial ou religioso que constitua incitação à discriminação, à hostilidade, ao crime ou à violência.

## Artigo 14

### Direito de retificação ou resposta

1. Toda pessoa atingida por informações inexatas ou ofensivas emitidas em seu prejuízo por meios de difusão legalmente regulamentados e que se dirijam ao público em geral tem direito a fazer, pelo mesmo órgão de difusão, sua retificação ou resposta, nas condições que estabeleça a lei.

2. Em nenhum caso a retificação ou a resposta eximirão das outras responsabilidades legais em que se houver incorrido.
3. Para a efetiva proteção da honra e da reputação, toda publicação ou empresa jornalística, cinematográfica, de rádio ou televisão deve ter uma pessoa responsável que não seja protegida por imunidades nem goze de foro especial.

## Artigo 15
### Direito de reunião

É reconhecido o direito de reunião pacífica e sem armas. O exercício de tal direito só pode estar sujeito às restrições previstas pela lei e que sejam necessárias, numa sociedade democrática, no interesse da segurança nacional, da segurança ou da ordem públicas, ou para proteger a saúde ou a moral públicas ou os direitos e liberdades das demais pessoas.

## Artigo 16
### Liberdade de associação

1. Todas as pessoas têm o direito de associar-se livremente com fins ideológicos, religiosos, políticos, econômicos, trabalhistas, sociais, culturais, desportivos ou de qualquer outra natureza.
2. O exercício de tal direito só pode estar sujeito às restrições previstas pela lei que sejam necessárias, numa sociedade democrática, no interesse da segurança nacional, da segurança ou da ordem públicas, ou para proteger a saúde ou a moral públicas ou os direitos e liberdades das demais pessoas.
3. O disposto neste artigo não impede a imposição de restrições legais, e mesmo a privação do exercício do direito de associação, aos membros das forças armadas e da polícia.

## Artigo 17
### Proteção da família

1. A família é o elemento natural e fundamental da sociedade e deve ser protegida pela sociedade e pelo Estado.
2. É reconhecido o direito do homem e da mulher de contraírem casamento e de fundarem uma família, se tiverem a idade e as condições para isso exigidas pelas leis internas, na medida em que não afetem estas o princípio da não-discriminação estabelecido nesta Convenção.
3. O casamento não pode ser celebrado sem o livre e pleno consentimento dos contraentes.

4. Os Estados-partes devem tomar medidas apropriadas no sentido de assegurar a igualdade de direitos e a adequada equivalência de responsabilidades dos cônjuges quanto ao casamento, durante o casamento e em caso de dissolução dele. Em caso de dissolução, serão adotadas disposições que assegurem a proteção necessária aos filhos, com base unicamente no interesse e na conveniência deles.
5. A lei deve reconhecer iguais direitos tanto aos filhos nascidos fora do casamento como aos nascidos dentro do casamento.

## Artigo 18

### Direito ao nome

Toda pessoa tem direito a um prenome e aos nomes de seus pais ou ao de um destes. A lei deve regular a forma de assegurar a todos esse direito, mediante nomes fictícios, se for necessário.

## Artigo 19

### Direitos da criança

Toda criança tem direito às medidas de proteção que a sua condição de menor requer por parte da sua família, da sociedade e do Estado.

## Artigo 20

### Direito à nacionalidade

1. Toda pessoa tem direito a uma nacionalidade.
2. Toda pessoa tem direito à nacionalidade do Estado em cujo território houver nascido, se não tiver direito a outra.
3. A ninguém se deve privar arbitrariamente de sua nacionalidade nem do direito de mudá-la.

## Artigo 21

### Direito à propriedade privada

1. Toda pessoa tem direito ao uso e gozo dos seus bens. A lei pode subordinar esse uso e gozo ao interesse social.
2. Nenhuma pessoa pode ser privada de seus bens, salvo mediante o pagamento de indenização justa, por motivo de utilidade pública ou de interesse social e nos casos e na forma estabelecidos pela lei.
3. Tanto a usura como qualquer outra forma de exploração do homem pelo homem devem ser reprimidas pela lei.

**Artigo 22**

**Direito de circulação e de residência**

1. Toda pessoa que se ache legalmente no território de um Estado tem direito de circular nele e de nele residir em conformidade com as disposições legais.
2. Toda pessoa tem o direito de sair livremente de qualquer país, inclusive do próprio.
3. O exercício dos direitos acima mencionados não pode ser restringido senão em virtude de lei, na medida indispensável, numa sociedade democrática, para prevenir infrações penais ou para proteger a segurança nacional, a segurança ou a ordem públicas, a moral ou a saúde públicas, ou os direitos e liberdades das demais pessoas.
4. O exercício dos direitos reconhecidos no inciso 1 pode também ser restringido pela lei, em zonas determinadas, por motivo de interesse público.
5. Ninguém pode ser expulso do território do Estado do qual for nacional, nem ser privado do direito de nele entrar.
6. O estrangeiro que se ache legalmente no território de um Estado-parte nesta Convenção só poderá dele ser expulso em cumprimento de decisão adotada de acordo com a lei.
7. Toda pessoa tem o direito de buscar e receber asilo em território estrangeiro, em caso de perseguição por delitos políticos ou comuns conexos com delitos políticos e de acordo com a legislação de cada Estado e com os convênios internacionais.
8. Em nenhum caso o estrangeiro pode ser expulso ou entregue a outro país, seja ou não de origem, onde seu direito à vida ou à liberdade pessoal esteja em risco de violação por causa de sua raça, nacionalidade, religião, condição social ou de suas opiniões políticas.
9. É proibida a expulsão coletiva de estrangeiros.

**Artigo 23**

**Direitos políticos**

1. Todos os cidadãos devem gozar dos seguintes direitos e oportunidades:
    a) de participar na direção dos assuntos públicos, diretamente ou por meio de representantes livremente eleitos;
    b) de votar e ser eleitos em eleições periódicas autênticas, realizadas por sufrágio universal e igual e por voto secreto que garanta a livre expressão da vontade dos eleitores; e
    c) de ter acesso, em condições gerais de igualdade, às funções públicas de seu país.

2. A lei pode regular o exercício dos direitos e oportunidades a que se refere o inciso anterior, exclusivamente por motivos de idade, nacionalidade, residência, idioma, instrução, capacidade civil ou mental, ou condenação, por juiz competente, em processo penal.

## Artigo 24
**Igualdade perante a lei**

Todas as pessoas são iguais perante a lei. Por conseguinte, têm direito, sem discriminação, a igual proteção da lei.

## Artigo 25
**Proteção judicial**

1. Toda pessoa tem direito a um recurso simples e rápido ou a qualquer outro recurso efetivo, perante os juízes ou tribunais competentes, que a proteja contra atos que violem seus direitos fundamentais reconhecidos pela constituição, pela lei ou pela presente Convenção, mesmo quando tal violação seja cometida por pessoas que estejam atuando no exercício de suas funções oficiais.
2. Os Estados-partes comprometem-se:
    a) a assegurar que a autoridade competente prevista pelo sistema legal do Estado decida sobre os direitos de toda pessoa que interpuser tal recurso;
    b) a desenvolver as possibilidades de recurso judicial; e
    c) a assegurar o cumprimento, pelas autoridades competentes, de toda decisão em que se tenha considerado procedente o recurso.

Capítulo III

Direitos econômicos, sociais e culturais

## Artigo 26
**Desenvolvimento progressivo**

Os Estados-partes comprometem-se a adotar providências, tanto no âmbito interno como mediante cooperação internacional, especialmente econômica e técnica, a fim de conseguir progressivamente a plena efetividade dos direitos que decorrem das normas econômicas, sociais e sobre educação, ciência e cultura, constantes da Carta da Organização dos Estados Americanos, reformada pelo Protocolo de Buenos Aires, na medida dos recursos disponíveis, por via legislativa ou por outros meios apropriados.

## Capítulo IV

### Suspensão de garantias, interpretação e aplicação

### Artigo 27
**Suspensão de garantias**

1. Em caso de guerra, de perigo público, ou de outra emergência que ameace a independência ou segurança do Estado-parte, este poderá adotar disposições que, na medida e pelo tempo estritamente limitados às exigências da situação, suspendam as obrigações contraídas em virtude desta Convenção, desde que tais disposições não sejam incompatíveis com as demais obrigações que lhe impõe o Direito Internacional e não encerrem discriminação alguma fundada em motivos de raça, cor, sexo, idioma, religião ou origem social.
2. A disposição precedente não autoriza a suspensão dos direitos determinados nos seguintes artigos: 3º (Direito ao reconhecimento da personalidade jurídica); 4º (Direito à vida); 5º (Direito à integridade pessoal); 6º (Proibição da escravidão e da servidão); 9º (Princípio da legalidade e da retroatividade); 12 (Liberdade de consciência e de religião); 17 (Proteção da família); 18 (Direito ao nome); 19 (Direitos da criança); 20 (Direito à nacionalidade) e 23 (Direitos políticos), nem das garantias indispensáveis para a proteção de tais direitos.
3. Todo Estado-parte que fizer uso do direito de suspensão deverá informar imediatamente os outros Estados-partes na presente Convenção, por intermédio do Secretário-Geral da Organização dos Estados Americanos, das disposições cuja aplicação haja suspendido, dos motivos determinantes da suspensão e da data em que haja dado por terminada tal suspensão.

### Artigo 28
**Cláusula federal**

1. Quando se tratar de um Estado-parte constituído como Estado federal, o governo nacional do aludido Estado-parte cumprirá todas as disposições da presente Convenção, relacionadas com as matérias sobre as quais exerce competência legislativa e judicial.
2. No tocante às disposições relativas às matérias que correspondem à competência das entidades componentes da federação, o governo nacional deve tomar imediatamente as medidas pertinente, em conformidade com sua constituição e suas leis, a fim de que as autoridades competentes

das referidas entidades possam adotar as disposições cabíveis para o cumprimento desta Convenção.

3. Quando dois ou mais Estados-partes decidirem constituir entre eles uma federação ou outro tipo de associação, diligenciarão no sentido de que o pacto comunitário respectivo contenha as disposições necessárias para que continuem sendo efetivas no novo Estado assim organizado as normas da presente Convenção.

## Artigo 29

**Normas de interpretação**

Nenhuma disposição desta Convenção pode ser interpretada no sentido de:
 a) permitir a qualquer dos Estados-partes, grupo ou pessoa, suprimir o gozo e exercício dos direitos e liberdades reconhecidos na Convenção ou limitá-los em maior medida do que a nela prevista;
 b) limitar o gozo e exercício de qualquer direito ou liberdade que possam ser reconhecidos de acordo com as leis de qualquer dos Estados-partes ou de acordo com outra convenção em que seja parte um dos referidos Estados;
 c) excluir outros direitos e garantias que são inerentes ao ser humano ou que decorrem da forma democrática representativa de governo; e
 d) excluir ou limitar o efeito que possam produzir a Declaração Americana dos Direitos e Deveres do Homem e outros atos internacionais da mesma natureza.

## Artigo 30

**Alcance das restrições**

As restrições permitidas, de acordo com esta Convenção, ao gozo e exercício dos direitos e liberdades nela reconhecidos não podem ser aplicadas senão de acordo com leis que forem promulgadas por motivo de interesse geral e com o propósito para o qual houverem sido estabelecidas.

## Artigo 31

**Reconhecimento de outros direitos**

Poderão ser incluídos no regime de proteção desta Convenção outros direitos e liberdades que forem reconhecidos de acordo com os processos estabelecidos nos artigos 76 e 77.

## Capítulo V

### Deveres das pessoas

**Artigo 32**

**Correlação entre deveres e direitos**

1. Toda pessoa tem deveres para com a família, a comunidade e a humanidade.
2. Os direitos de cada pessoa são limitados pelos direitos dos demais, pela segurança de todos e pelas justas exigências do bem comum, numa sociedade democrática.

## Parte II

### Meios e proteção

## Capítulo VI

### Órgãos competentes

**Artigo 33**

São competentes para conhecer dos assuntos relacionados com o cumprimento dos compromissos assumidos pelos Estados-partes nesta Convenção:
   a) a Comissão Interamericana de Direitos Humanos, doravante denominada a Comissão; e
   b) a Corte Interamericana de Direitos Humanos, doravante denominada a Corte.

## Capítulo VII

### Comissão Interamericana de Direitos Humanos

**Seção 1 — Organização**

**Artigo 34**

A Comissão Interamericana de Direitos Humanos compor-se-á de sete membros, que deverão ser pessoas de alta autoridade moral e de reconhecido saber em matéria de direitos humanos.

**Artigo 35**

A Comissão representa todos os membros da Organização dos Estados Americanos.

## Artigo 36

1. Os membros da Comissão serão eleitos a título pessoal, pela Assembléia Geral da Organização, de uma lista de candidatos propostos pelos governos dos Estados-membros.
2. Cada um dos referidos governos pode propor até três candidatos, nacionais do Estado que os propuser ou de qualquer outro Estado-membro da Organização dos Estados Americanos. Quando for proposta uma lista de três candidatos, pelo menos um deles deverá ser nacional de Estado diferente do proponente.

## Artigo 37

1. Os membros da Comissão serão eleitos por quatro anos e só poderão ser reeleitos uma vez, porém o mandato de três dos membros designados na primeira eleição expirará ao cabo de dois anos. Logo depois da referida eleição, serão determinados por sorteio, na Assembléia Geral, os nomes desses três membros.
2. Não pode fazer parte da Comissão mais de um nacional de um mesmo Estado.

## Artigo 38

As vagas que ocorrerem na Comissão que não se devam à expiração normal do mandato serão preenchidas pelo Conselho Permanente da Organização, de acordo com o que dispuser o Estatuto da Comissão.

## Artigo 39

A Comissão elaborará seu estatuto e submetê-lo-á à aprovação da Assembléia Geral e expedirá seu próprio regulamento.

## Artigo 40

Os serviços de secretaria da Comissão devem ser desempenhados pela unidade funcional especializada que faz parte da Secretaria Geral da Organização e devem dispor dos recursos necessários para cumprir as tarefas que lhe forem confiadas pela Comissão.

### Seção 2 — Funções

## Artigo 41

A Comissão tem a função principal de promover a observância e a defesa dos direitos humanos e, no exercício do seu mandato, tem as seguintes funções e atribuições:

a) estimular a consciência dos direitos humanos nos povos da América;
b) formular recomendações aos governos dos Estados-membros, quando o considerar conveniente, no sentido de que adotem medidas progressivas em prol dos direitos humanos no âmbito de suas leis internas e seus preceitos constitucionais, bem como disposições apropriadas para promover o devido respeito a esses direitos;
c) preparar os estudos ou relatórios que considerar convenientes para o desempenho de suas funções;
d) solicitar aos governos dos Estados-membros que lhe proporcionem informações sobre as medidas que adotarem em matéria de direitos humanos;
e) atender às consultas que, por meio da Secretaria Geral da Organização dos Estados Americanos, lhe formularem os Estados-membros sobre questões relacionadas com os direitos humanos e, dentro de suas possibilidades, prestar-lhes o assessoramento que eles lhe solicitarem;
f) atuar com respeito às petições e outras comunicações, no exercício de sua autoridade, de conformidade com o disposto nos artigos 44 a 51 desta Convenção; e
g) apresentar um relatório anual à Assembléia Geral da Organização dos Estados Americanos.

**Artigo 42**

Os Estados-partes devem remeter à Comissão cópia dos relatórios e estudos que, em seus respectivos campos, submetem anualmente às Comissões Executivas do Conselho Interamericano Econômico e Social e do Conselho Interamericano de Educação, Ciência e Cultura, a fim de que aquela vele por que se promovam os direitos decorrentes das normas econômicas, sociais e sobre educação, ciência e cultura, constantes da Carta da Organização dos Estados Americanos, reformada pelo Protocolo de Buenos Aires.

**Artigo 43**

Os Estados-partes obrigam-se a proporcionar à Comissão as informações que esta lhes solicitar sobre a maneira pela qual o seu direito interno assegura a aplicação efetiva de quaisquer disposições desta Convenção.

**Seção 3 — Competência**

**Artigo 44**

Qualquer pessoa ou grupo de pessoas, ou entidade não-governamental legalmente reconhecida em um ou mais Estados-membros da Organização, pode apresentar à Comissão petições que contenham denúncias ou queixas de violação desta Convenção por um Estado-parte.

## Artigo 45

1. Todo Estado-parte pode, no momento do depósito do seu instrumento de ratificação desta Convenção ou de adesão a ela, ou em qualquer momento posterior, declarar que reconhece a competência da Comissão para receber e examinar as comunicações em que um Estado-parte alegue haver outro Estado-parte incorrido em violações dos direitos humanos estabelecidos nesta Convenção.
2. As comunicações feitas em virtude deste artigo só podem ser admitidas e examinadas se forem apresentadas por um Estado-parte que haja feito uma declaração pela qual reconheça a referida competência da Comissão. A Comissão não admitirá nenhuma comunicação contra um Estado-parte que não haja feito tal declaração.
3. As declarações sobre reconhecimento de competência podem ser feitas para que esta vigore por tempo indefinido, por período determinado ou para casos específicos.
4. As declarações serão depositadas na Secretaria Geral da Organização dos Estados Americanos, a qual encaminhará cópia delas aos Estados-membros da referida Organização.

## Artigo 46

1. Para que uma petição ou comunicação apresentada de acordo com os artigos 44 ou 45 seja admitida pela Comissão, será necessário:
    a) que hajam sido interpostos e esgotados os recursos da jurisdição interna, de acordo com os princípios de direito internacional geralmente reconhecidos;
    b) que seja apresentada dentro do prazo de seis meses, a partir da data em que o presumido prejudicado em seus direitos tenha sido notificado da decisão definitiva;
    c) que a matéria da petição ou comunicação não esteja pendente de outro processo de solução internacional; e
    d) que, no caso do artigo 44, a petição contenha o nome, a nacionalidade, a profissão, o domicílio e a assinatura da pessoa ou pessoas ou do representante legal da entidade que submeter a petição.
2. As disposições das alíneas *a* e *b* do inciso 1 deste artigo não se aplicarão quando:
    a) não existir, na legislação interna do Estado de que se tratar, o devido processo legal para a proteção do direito ou direitos que se alegue tenham sido violados;

b) não se houver permitido ao presumido prejudicado em seus direitos o acesso aos recursos da jurisdição interna, ou houver sido ele impedido de esgotá-los; e
c) houver demora injustificada na decisão sobre os mencionados recursos.

**Artigo 47**

A Comissão declarará inadmissível toda petição ou comunicação apresentada de acordo com os artigos 44 ou 45 quando:
   a) não preencher algum dos requisitos estabelecidos no artigo 46;
   b) não expuser fatos que caracterizem violação dos direitos garantidos por esta Convenção;
   c) pela exposição do próprio peticionário ou do Estado, for manifestamente infundada a petição ou comunicação ou for evidente sua total improcedência; ou
   d) for substancialmente reprodução de petição ou comunicação anterior, já examinada pela Comissão ou por outro organismo internacional.

**Seção 4 — Processo**

**Artigo 48**

1. A Comissão, ao receber uma petição ou comunicação na qual se alegue violação de qualquer dos direitos consagrados nesta Convenção, procederá da seguinte maneira:
   a) se reconhecer a admissibilidade da petição ou comunicação, solicitará informações ao Governo do Estado ao qual pertença a autoridade apontada como responsável pela violação alegada e transcreverá as partes pertinentes da petição ou comunicação. As referidas informações devem ser enviadas dentro de um prazo razoável, fixado pela Comissão ao considerar as circunstâncias de cada caso;
   b) recebidas as informações, ou transcorrido o prazo fixado sem que sejam elas recebidas, verificará se existem ou subsistem os motivos da petição ou comunicação. No caso de não existirem ou não subsistirem, mandará arquivar o expediente;
   c) poderá também declarar a inadmissibilidade ou a improcedência da petição ou comunicação, com base em informação ou prova supervenientes;
   d) se o expediente não houver sido arquivado, e com o fim de comprovar os fatos, a Comissão procederá, com conhecimento das partes, a um exame do assunto exposto na petição ou comunicação. Se for necessário e conveniente, a Comissão procederá a uma investigação para

cuja eficaz realização solicitará, e os Estados interessados lhes proporcionarão todas as facilidades necessárias;

e) poderá pedir aos Estados interessados qualquer informação pertinente e receberá, se isso lhe for solicitado, as exposições verbais ou escritas que apresentarem os interessados; e

f) pôr-se-á à disposição das partes interessadas, a fim de chegar a uma solução amistosa do assunto, fundada no respeito aos direitos humanos reconhecidos nesta Convenção.

2. Entretanto, em casos graves e urgentes, pode ser realizada uma investigação, mediante prévio consentimento do Estado em cujo território se alegue haver sido cometida a violação, tão-somente com a apresentação de uma petição ou comunicação que reúna todos os requisitos formais de admissibilidade.

**Artigo 49**

Se se houver chegado a uma solução amistosa de acordo com as disposições do inciso 1, f, do artigo 48, a Comissão redigirá um relatório que será encaminhado ao peticionário e aos Estados-partes nesta Convenção e, posteriormente, transmitido, para sua publicação, ao Secretário-Geral da Organização dos Estados Americanos. O referido relatório conterá uma breve exposição dos fatos e da solução alcançada. Se qualquer das partes no caso o solicitar, ser-lhe-á proporcionada a mais ampla informação possível.

**Artigo 50**

1. Se não se chegar a uma solução, e dentro do prazo que for fixado pelo Estatuto da Comissão, esta redigirá um relatório no qual exporá os fatos e suas conclusões. Se o relatório não representar, no todo ou em parte, o acordo unânime dos membros da Comissão, qualquer deles poderá agregar ao referido relatório seu voto em separado. Também se agregarão ao relatório as exposições verbais ou escritas que houverem sido feitas pelos interessados em virtude do inciso 1, e, do artigo 48.
2. O relatório será encaminhado aos Estados interessados, aos quais não será facultado publicá-lo.
3. Ao encaminhar o relatório, a Comissão pode formular as proposições e recomendações que julgar adequadas.

**Artigo 51**

1. Se no prazo de três meses, a partir da remessa aos Estados interessados do relatório da Comissão, o assunto não houver sido solucionado ou

submetido à decisão da Corte pela Comissão ou pelo Estado interessado, aceitando sua competência, a Comissão poderá emitir, pelo voto da maioria absoluta dos seus membros, sua opinião e as conclusões sobre a questão submetida à sua consideração.
2. A Comissão fará as recomendações pertinentes e fixará um prazo dentro do qual o Estado deve tomar as medidas que lhe competirem para remediar a situação examinada.
3. Transcorrido o prazo fixado, a Comissão decidirá, pelo voto da maioria absoluta dos seus membros, se o Estado tomou ou não medidas adequadas e se publica ou não seu relatório.

## Capítulo VIII

### Corte Interamericana de Direitos Humanos

**Seção 1 — Organização**

**Artigo 52**

1. A Corte compor-se-á de sete juízes, nacionais dos Estados-membros da Organização, eleitos a título pessoal dentre juristas da mais alta autoridade moral, de reconhecida competência em matéria de direitos humanos, que reúnam as condições requeridas para o exercício das mais elevadas funções judiciais, de acordo com a lei do Estado do qual sejam nacionais, ou do Estado que os propuser como candidatos.
2. Não deve haver dois juízes da mesma nacionalidade.

**Artigo 53**

1. Os juízes da Corte serão eleitos, em votação secreta e pelo voto da maioria absoluta dos Estados-partes na Convenção, na Assembléia Geral da Organização, de uma lista de candidatos propostos pelos mesmos Estados.
2. Cada um dos Estados-partes pode propor até três candidatos, nacionais do Estado que os propuser ou de qualquer outro Estado-membro da Organização dos Estados Americanos. Quando se propuser uma lista de três candidatos, pelo menos um deles deverá ser nacional de Estado diferente do proponente.

**Artigo 54**

1. Os juízes da Corte serão eleitos por um período de seis anos e só poderão ser reeleitos uma vez. O mandato de três dos juízes designados na

primeira eleição expirará ao cabo de três anos. Imediatamente depois da referida eleição, determinar-se-ão por sorteio, na Assembléia Geral, os nomes desses três juízes.
2. O juiz eleito para substituir outro cujo mandato não haja expirado completará o período deste.
3. Os juízes permanecerão em funções até o término dos seus mandatos. Entretanto, continuarão funcionando nos casos de que já houverem tomado conhecimento e que se encontrem em fase de sentença, e para tais efeitos não serão substituídos pelos novos juízes eleitos.

## Artigo 55

1. O juiz que for nacional de algum dos Estados-partes no caso submetido à Corte conservará o seu direito de conhecer do caso.
2. Se um dos juízes chamados a conhecer do caso for de nacionalidade de um dos Estados-partes, outro Estado-parte no caso poderá designar uma pessoa de sua escolha para fazer parte da Corte na qualidade de juiz *ad hoc*.
3. Se, entre os juízes chamados a conhecer do caso, nenhum for da nacionalidade dos Estados-partes, cada um destes poderá designar um juiz *ad hoc*.
4. O juiz *ad hoc* deve reunir os requisitos indicados no artigo 52.
5. Se vários Estados-partes na Convenção tiverem o mesmo interesse no caso, serão considerados como uma só parte, para os fins das disposições anteriores. Em caso de dúvida, a Corte decidirá.

## Artigo 56

O quórum para as deliberações da Corte é constituído por cinco juízes.

## Artigo 57

A Comissão comparecerá em todos os casos perante a Corte.

## Artigo 58

1. A Corte terá sua sede no lugar que for determinado, na Assembléia Geral da Organização, pelos Estados-partes na Convenção, mas poderá realizar reuniões no território de qualquer Estado-membro da Organização dos Estados Americanos em que o considerar conveniente pela maioria dos seus membros e mediante prévia aquiescência do Estado respectivo. Os Estados-partes na Convenção podem, na Assembléia Geral, por dois terços dos seus votos, mudar a sede da Corte.

2. A Corte designará seu Secretário.
3. O Secretário residirá na sede da Corte e deverá assistir às reuniões que ela realizar fora da sede.

**Artigo 59**

A Secretaria da Corte será por esta estabelecida e funcionará sob a direção do Secretário da Corte, de acordo com as normas administrativas da Secretaria Geral da Organização em tudo o que não for incompatível com a independência da Corte. Seus funcionários serão nomeados pelo Secretário-Geral da Organização, em consulta com o Secretário da Corte.

**Artigo 60**

A Corte elaborará seu estatuto e submetê-lo-á à aprovação da Assembléia Geral e expedirá seu regimento.

**Seção 2 — Competência e funções**

**Artigo 61**

1. Somente os Estados-partes e a Comissão têm direito de submeter caso à decisão da Corte.
2. Para que a Corte possa conhecer de qualquer caso, é necessário que sejam esgotados os processos previstos nos artigos 48 a 50.

**Artigo 62**

1. Todo Estado-parte pode, no momento do depósito do seu instrumento de ratificação desta Convenção ou de adesão a ela, ou em qualquer momento posterior, declarar que reconhece como obrigatória, de pleno direito e sem convenção especial, a competência da Corte em todos os casos relativos à interpretação ou aplicação desta Convenção.
2. A declaração pode ser feita incondicionalmente, ou sob condição de reciprocidade, por prazo determinado ou para casos específicos. Deverá ser apresentada ao Secretário-Geral da Organização, que encaminhará cópias dela aos outros Estados-membros da Organização e ao Secretário da Corte.
3. A Corte tem competência para conhecer de qualquer caso relativo à interpretação e aplicação das disposições desta Convenção que lhe seja submetido, desde que os Estados-partes no caso tenham reconhecido ou reconheçam a referida competência, seja por declaração especial, como prevêem os incisos anteriores, seja por convenção especial.

## Artigo 63

1. Quando decidir que houve violação de um direito ou liberdade protegidos nesta Convenção, a Corte determinará que se assegure ao prejudicado o gozo do seu direito ou liberdade violados. Determinará também, se isso for procedente, que sejam reparadas as conseqüências da medida ou situação que haja configurado a violação desses direitos, bem como o pagamento de indenização justa à parte lesada.
2. Em casos de extrema gravidade e urgência, e quando se fizer necessário evitar danos irreparáveis às pessoas, a Corte, nos assuntos de que estiver conhecendo, poderá tomar as medidas provisórias que considerar pertinentes. Se se tratar de assuntos que ainda não estiverem submetidos ao seu conhecimento, poderá atuar a pedido da Comissão.

## Artigo 64

1. Os Estados-membros da Organização poderão consultar a Corte sobre a interpretação desta Convenção ou de outros tratados concernentes à proteção dos direitos humanos nos Estados americanos. Também poderão consultá-la, no que lhes compete, os órgãos enumerados no capítulo X da Carta da Organização dos Estados Americanos, reformada pelo Protocolo de Buenos Aires.
2. A Corte, a pedido de um Estado-membro da Organização, poderá emitir pareceres sobre a compatibilidade entre qualquer de suas leis internas e os mencionados instrumentos internacionais.

## Artigo 65

A Corte submeterá à consideração da Assembléia Geral da Organização, em cada período ordinário de sessões, um relatório sobre suas atividades no ano anterior. De maneira especial, e com as recomendações pertinentes, indicará os casos em que um Estado não tenha dado cumprimento a suas sentenças.

### Seção 3 — Procedimento

## Artigo 66

1. A sentença da Corte deve ser fundamentada.
2. Se a sentença não expressar no todo ou em parte a opinião unânime dos juízes, qualquer deles terá direito a que se agregue à sentença o seu voto dissidente ou individual.

## Artigo 67

A sentença da Corte será definitiva e inapelável. Em caso de divergência sobre o sentido ou alcance da sentença, a Corte interpretá-la-á, a pedido de qualquer das partes, desde que o pedido seja apresentado dentro de noventa dias a partir da data da notificação da sentença.

## Artigo 68

1. Os Estados-partes na Convenção comprometem-se a cumprir a decisão da Corte em todo caso em que forem partes.
2. A parte da sentença que determinar indenização compensatória poderá ser executada no país respectivo pelo processo interno vigente para a execução de sentenças contra o Estado.

## Artigo 69

A sentença da Corte deve ser notificada às partes no caso e transmitida aos Estados-partes na Convenção.

### Capítulo IV
#### Disposições comuns

## Artigo 70

1. Os juízes da Corte e os membros da Comissão gozam, desde o momento de sua eleição e enquanto durar o seu mandato, das imunidades reconhecidas aos agentes diplomáticos pelo Direito Internacional. Durante o exercício dos seus cargos gozam, além disso, dos privilégios diplomáticos necessários para o desempenho de suas funções.
2. Não se poderá exigir responsabilidade em tempo algum dos juízes da Corte, nem dos membros da Comissão, por votos e opiniões emitidos no exercício de suas funções.

## Artigo 71

Os cargos de juiz da Corte ou de membro da Comissão são incompatíveis com outras atividades que possam afetar sua independência ou imparcialidade conforme o que for determinado nos respectivos estatutos.

## Artigo 72

Os juízes da Corte e os membros da Comissão perceberão honorários e despesas de viagem na forma e nas condições que determinarem os seus estatutos, levando em conta a importância e independência de suas funções. Tais honorários e despesas de viagem serão fixados no orçamento-programa da Organização dos Estados Americanos, no qual devem ser incluídas, além disso, as despesas da Corte e da sua Secretaria. Para tais efeitos, a Corte elaborará o seu próprio projeto de orçamento e submetê-lo-á à aprovação da Assembléia Geral, por intermédio da Secretaria Geral. Esta última não poderá nele introduzir modificações.

**Artigo 73**

Somente por solicitação da Comissão ou da Corte, conforme o caso, cabe à Assembléia Geral da Organização resolver sobre as sanções aplicáveis aos membros da Comissão ou aos juízes da Corte que incorrerem nos casos previstos nos respectivos estatutos. Para expedir uma resolução, será necessária maioria de dois terços dos votos dos Estados-membros da Organização, no caso dos membros da Comissão; e, além disso, de dois terços dos votos dos Estados-partes na Convenção, se se tratar dos juízes da Corte.

### Parte III

#### Disposições gerais e transitórias

#### Capítulo X

##### Assinatura, ratificação, reserva, emenda, protocolo e denúncia

**Artigo 74**

1. Esta Convenção fica aberta à assinatura e à ratificação ou adesão de todos os Estados-membros da Organização dos Estados Americanos.
2. A ratificação desta Convenção ou a adesão a ela efetuar-se-á mediante depósito de um instrumento de ratificação ou de adesão na Secretaria Geral da Organização dos Estados Americanos. Esta Convenção entrará em vigor logo que onze Estados houverem depositado os seus respectivos instrumentos de ratificação ou de adesão. Com referência a qualquer outro Estado que a ratificar ou que a ela aderir ulteriormente, a Convenção entrará em vigor na data do depósito do seu instrumento de ratificação ou de adesão.
3. O Secretário-Geral informará todos os Estados-membros da Organização sobre a entrada em vigor da Convenção.

## Artigo 75

Esta Convenção só pode ser objeto de reservas em conformidade com as disposições da Convenção de Viena sobre o Direito dos Tratados, assinada em 23 de maio de 1969.

## Artigo 76

1. Qualquer Estado-parte, diretamente, e a Comissão ou a Corte, por intermédio do Secretário-Geral, podem submeter à Assembléia Geral, para o que julgarem conveniente, proposta de emenda a esta Convenção.
2. As emendas entrarão em vigor para os Estados que as ratificarem na data em que houver sido depositado o respectivo instrumento de ratificação que corresponda ao número de dois terços dos Estados-partes nesta Convenção. Quanto aos outros Estados-partes, entrarão em vigor na data em que depositarem eles os seus respectivos instrumentos de ratificação.

## Artigo 77

1. De acordo com a faculdade estabelecida no artigo 31, qualquer Estado-parte e a Comissão podem submeter à consideração dos Estados-partes reunidos por ocasião da Assembléia Geral projetos de protocolos adicionais a esta Convenção, com a finalidade de incluir progressivamente em seu regime de proteção outros direitos e liberdades.
2. Cada protocolo deve estabelecer as modalidades de sua entrada em vigor e será aplicado somente entre os Estados-partes dele constantes.

## Artigo 78

1. Os Estados-partes poderão denunciar esta Convenção depois de expirado um prazo de cinco anos, a partir da data da sua entrada em vigor e mediante aviso prévio de um ano, notificando o Secretário-Geral da Organização, o qual deve informar as outras partes.
2. Tal denúncia não terá o efeito de desligar o Estado-parte interessado das obrigações contidas nesta Convenção, no que diz respeito a qualquer ato que, podendo constituir violação dessas obrigações, houver sido cometido por ele anteriormente à data na qual a denúncia produzir efeito.

## Capítulo XI

### Disposições transitórias

### Seção 1 — Comissão Interamericana de Direitos Humanos

#### Artigo 79

Ao entrar em vigor esta Convenção, o Secretário-Geral pedirá por escrito a cada Estado-membro da Organização que apresente, dentro de um prazo de noventa dias, seus candidatos a membro da Comissão Interamericana de Direitos Humanos. O Secretário-Geral preparará uma lista por ordem alfabética dos candidatos apresentados e a encaminhará aos Estados-membros da Organização pelo menos trinta dias antes da Assembléia Geral seguinte.

#### Artigo 80

A eleição dos membros da Comissão far-se-á dentre os candidatos que figurem na lista a que se refere o artigo 79, por votação secreta da Assembléia Geral, e serão declarados eleitos os candidatos que obtiverem maior número de votos e a maioria absoluta dos votos dos representantes dos Estados-membros. Se, para eleger todos os membros da Comissão, for necessário realizar várias votações, serão eliminados sucessivamente, na forma que for determinada pela Assembléia Geral, os candidatos que receberem menor número de votos.

### Seção 2 — Corte Interamericana de Direitos Humanos

#### Artigo 81

Ao entrar em vigor esta Convenção, o Secretário-Geral solicitará por escrito a cada Estado-parte que apresente, dentro de um prazo de noventa dias, seus candidatos a juiz da Corte Interamericana de Direitos Humanos. O Secretário-Geral preparará uma lista por ordem alfabética dos candidatos apresentados e a encaminhará aos Estados-partes pelo menos trinta dias antes da Assembléia Geral seguinte.

#### Artigo 82

A eleição dos juízes da Corte far-se-á dentre os candidatos que figurem na lista a que se refere o artigo 81, por votação secreta dos Estados-partes, na Assembléia Geral, e serão declarados eleitos os candidatos que obtiverem maior número de votos e a maioria absoluta dos votos dos representantes do Estados-partes. Se, para eleger todos os juízes da Corte, for necessário realizar várias votações, serão eliminados sucessivamente, na forma que for determinada pelos Estados-partes, os candidatos que receberem menor número de votos.

## Convenção Americana sobre os Direitos Humanos
## "Pacto de San José de Costa Rica"

*Assinada em San José, Costa Rica, em 22 de novembro de 1969, durante a Conferência Especializada Interamericana sobre Direitos Humanos*

Início da vigência: 18 de julho de 1978, nos termos do artigo 74, inciso 2 da Convenção.
Depositário: Secretaria Geral da OEA (instrumento original e ratificações).
Texto: Série sobre Tratados, OEA, n. 36.
Registro na ONU: 27 de agosto de 1979, sob o n. 17 955.

| Países signatários | Depósito da ratificação | Data de aceitação da competência da corte |
|---|---|---|
| Argentina | 5 setembro 1984 | 5 setembro 1984 |
| Barbados | 27 novembro 1982 | |
| Bolívia | 19 julho 1979 | 27 julho 1993 |
| Brasil | 25 setembro 1992 | 10 dezembro 1998 |
| Colômbia | 31 julho 1973 | 21 junho 1985 |
| Costa Rica | 8 abril 1970 | 2 julho 1980 |
| Dominica | 3 junho 1993 | |
| Chile | 21 agosto 1990 | 21 agosto 1990 |
| Equador | 28 dezembro 1977 | 24 julho 1984 |
| El Salvador | 23 junho 1978 | 6 junho 1995 |
| Estados Unidos | | |
| Grenada | 18 julho 1978 | |
| Guatemala | 25 maio 1978 | 9 março 1987 |
| Haiti | 27 setembro 1977 | 3 março 1998 |
| Honduras | 8 setembro 1977 | 9 setembro 1981 |
| Jamaica | 7 agosto 1978 | |
| México | 3 abril 1982 | 16 dezembro 1998 |
| Nicarágua | 25 setembro 1979 | 12 febrero 1991 |
| Panamá | 22 junho 1978 | 3 maio 1990 |
| Paraguai | 24 agosto 1989 | 11 março 1993 |
| Peru | 28 julho 1978 | 21 janeiro 1981 |
| República Dominicana | 19 abril 1978 | 25 março 1999 |
| Suriname | 12 novembro 1987 | 12 novembro 1987 |
| Trinidad y Tobago | | |
| Uruguai | 19 abril 1985 | 19 abril 1985 |
| Venezuela | 9 agosto 1977 | 24 junho 1981 |

**Brasil** (declaração feita ao aderir à Convenção): o governo do Brasil entende que os artigos 43 e 48, alínea d, não incluem o direito automático de visitas e investigações *in loco* da Comissão Interamericana de Direitos Humanos, sendo elas dependentes da anuência expressa do Estado.

## Protocolo à Convenção Americana referente à Pena de Morte

**Preâmbulo**

Os Estados-partes neste Protocolo,

Considerando:

Que o artigo 4 da Convenção Americana sobre Direitos Humanos reconhece o direito à vida e restringe a aplicação da pena de morte;

Que toda pessoa tem o direito inalienável de que se respeite sua vida, não podendo este direito ser suspenso por motivo algum;

Que a tendência dos Estados americanos é favorável à abolição da pena de morte;

Que a aplicação da pena de morte produz conseqüências irreparáveis que impedem sanar o erro judicial e eliminam qualquer possibilidade de emenda e de reabilitação do processado;

Que a abolição da pena de morte contribui para assegurar proteção mais efetiva do direito à vida;

Que é necessário chegar a acordo internacional que represente um desenvolvimento progressivo da Convenção Americana sobre Direitos Humanos;

Que Estados-partes na Convenção Americana sobre Direitos Humanos expressaram seu propósito de se comprometer mediante acordo internacional a fim de consolidar a prática da não-aplicação da pena de morte no continente americano,

Convieram em assinar o seguinte

## Protocolo à Convenção Americana sobre Direitos Humanos, referente à abolição da Pena de Morte

**Artigo 1º**

Os Estados-partes neste Protocolo não aplicarão em seu território a pena de morte a nenhuma pessoa submetida a sua jurisdição.

**Artigo 2º**

1. Não será admitida reserva alguma a este Protocolo. Entretanto, no momento de ratificação ou adesão, os Estados-partes neste instrumento poderão declarar que se reservam o direito de aplicar a pena de morte em tempo de guerra, de acordo com o Direito Internacional, por delitos sumamente graves de caráter militar.
2. O Estado-parte que formular essa reserva deverá comunicar ao Secretário-Geral da Organização dos Estados Americanos, no momento da ratificação ou adesão, as disposições pertinentes de sua legislação nacional aplicáveis em tempo de guerra a que se refere o parágrafo anterior.

3. Esse Estado-parte notificará o Secretário-Geral da Organização dos Estados Americanos de todo início ou fim de um estado de guerra aplicável ao seu território.

## Artigo 3º

1. Este Protocolo fica aberto à assinatura e ratificação ou adesão de todo Estado-parte na Convenção Americana sobre Direitos Humanos.
2. A ratificação deste Protocolo ou a adesão a ele será feita mediante o depósito do instrumento de ratificação ou adesão na Secretaria Geral da Organização dos Estados Americanos.

## Artigo 4º

Este Protocolo entrará em vigor, para os Estados que o ratificarem ou a ele aderirem, a partir do depósito do respectivo instrumento de ratificação ou adesão na Secretaria Geral da Organização dos Estados Americanos.

### PROTOCOLO À CONVENÇÃO AMERICANA SOBRE DIREITOS HUMANOS, REFERENTE À ABOLIÇÃO DA PENA DE MORTE

*Aprovado em Assunção, Paraguai, em 8 de junho de 1990, no Vigésimo Período Ordinário de Sessões da Assembléia Geral*

Início da vigência: 28 de agosto de 1991
Depositário: Secretaria Geral da OEA (instrumento original e ratificações).
Texto: Série sobre Tratados, OEA, n. 73.
Registro na ONU:

| Países signatários | Depósito da ratificação |
|---|---|
| Brasil (7) | 13 agosto 1996 (a) |
| Costa Rica (6) | 26 maio 1998 |
| Equador (1) | 15 abril 1998 |
| Nicarágua (2) | 9 novembro 1999 |
| Panamá (5) | 28 agosto 1991 |
| Uruguai (4) | 4 abril 1994 |
| Venezuela (3) | 6 outubro 1993 |

1. Assinou em 27 de agosto de 1990, na Secretaria Geral da OEA.
2. Assinou em 30 de agosto de 1990, na Secretaria Geral da OEA.
3. Assinou em 25 de setembro de 1990, na Secretaria Geral da OEA.
4. Assinou em 2 de outubro de 1990, na Secretaria Geral da OEA.
5. Assinou em 26 de novembro de 1990, na Secretaria Geral da OEA.
6. Assinou em 28 de outubro de 1991, na Secretaria Geral da OEA.
7. Assinou em 7 de junho de 1994 no Vigésimo Quarto Período Ordinário de Sessões da Assembléia Geral
a. Brasil

## Reservas e/ou decalarações no momento de assinar

"Ao ratificar o Protocolo sobre a Abolição da Pena de Morte, adotado em Assunção, em 8 de Junho de 1990, declaro, devido a imperativos constitucionais, que consigno a reserva, nos termos estabelecidos no Artigo II do Protocolo em questão, no qual se assegura aos Estados-partes o direito de aplicar a pena de morte em tempo de guerra, de acordo com o direito internacional, por delitos sumamente graves de caráter militar."

## PROTOCOLO ADICIONAL À CONVENÇÃO AMERICANA SOBRE DIREITOS HUMANOS EM MATÉRIA DE DIREITOS ECONÔMICOS, SOCIAIS E CULTURAIS, (PROTOCOLO DE SAN SALVADOR)

### Preâmbulo

Os Estados-partes na Convenção Americana sobre Direitos Humanos, "Pacto de San José da Costa Rica",

Reafirmando seu propósito de consolidar neste Continente, dentro do quadro das instituições democráticas, um regime de liberdade pessoal e de justiça social, fundado no respeito dos direitos essenciais do homem;

Reconhecendo que os direitos essenciais do homem não derivam do fato de ser ele nacional de determinado Estado, mas sim do fato de ter como fundamento os atributos da pessoa humana, razão por que justificam uma proteção internacional, de natureza convencional, coadjuvante ou complementar da que oferece o direito interno dos Estados americanos;

Considerando a estreita relação que existe entre a vigência dos direitos econômicos, sociais e culturais e a dos direitos civis e políticos, porquanto as diferentes categorias de direito constituem um todo indissolúvel que encontra sua base no reconhecimento da dignidade da pessoa humana, pelo qual exigem uma tutela e promoção permanente, com o objetivo de conseguir sua vigência plena, sem que jamais possa justificar-se a violação de uns a pretexto da realização de outros;

Reconhecendo os benefícios decorrentes do fomento e do desenvolvimento da cooperação entre os Estados e das relações internacionais;

Recordando que, de acordo com a Declaração Universal dos Direitos do Homem e a Convenção Americana sobre Direitos Humanos, só pode ser realizado o ideal do ser humano livre, isento de temor e da miséria, se forem criadas condições que permitam a cada pessoa gozar de seus direitos econômicos, sociais e culturais, bem como de seus direitos civis e políticos;

Levando em conta que, embora os direitos econômicos, sociais e culturais fundamentais tenham sido reconhecidos em instrumentos internacionais anteriores, tanto de âmbito universal como regional, é muito importante que esses direitos sejam reafirmados, desenvolvidos, aperfeiçoados e protegidos, a fim de consolidar na América, com base no respeito pleno dos direitos da pessoa, o regime democrático representativo de governo, bem como o direito de seus povos ao desenvolvimento, à livre determinação e a dispor livremente de suas riquezas e de seus recursos naturais; e

Considerando que a Convenção Americana sobre Direitos Humanos estabelece que podem ser submetidos à consideração dos Estados-partes, reunidos por ocasião da Assembléia Geral da Organização dos Estados Americanos, projetos de protocolos adicionais a essa Convenção, com a finalidade de incluir progressivamente em seu regime de proteção outros direitos e liberdades,

Convieram no seguinte Protocolo Adicional à Convenção Americana sobre Direitos Humanos, "Protocolo de San Salvador":

## Artigo 1º
### Obrigação de adotar medidas

Os Estados-partes neste Protocolo Adicional à Convenção Americana sobre Direitos Humanos comprometem-se a adotar as medidas necessárias, tanto de ordem interna como por meio da cooperação entre os Estados, especialmente econômica e técnica, até o máximo dos recursos disponíveis e levando em conta seu grau de desenvolvimento, a fim de conseguir, progressivamente e de acordo com a legislação interna, a plena efetividade dos direitos reconhecidos neste Protocolo.

## Artigo 2º
### Obrigação de adotar disposições de direito interno

Se o exercício dos direitos estabelecidos neste Protocolo ainda não estiver garantido por disposições legislativas ou de outra natureza, os Estados-partes comprometem-se a adotar, de acordo com suas normas constitucionais e com as disposições deste Protocolo, as medidas legislativas ou de outra natureza que forem necessárias para tornar efetivos esses direitos.

## Artigo 3º
### Obrigação de não-discriminação

Os Estados-partes neste Protocolo comprometem-se a garantir o exercício dos direitos nele enunciados, sem discriminação alguma por motivo de raça, cor, sexo, idioma, religião, opiniões políticas ou de qualquer outra natureza, origem nacional ou social, posição econômica, nascimento ou qualquer outra condição social.

## Artigo 4º
### Não-admissão de restrições
Não se poderá restringir ou limitar qualquer dos direitos reconhecidos ou vigentes num Estado em virtude de sua legislação interna ou de convenções internacionais, sob pretexto de que este Protocolo não os reconhece ou os reconhece em menor grau.

## Artigo 5º
### Alcance das restrições e limitações
Os Estados-partes só poderão estabelecer restrições e limitações ao gozo e ao exercício dos direitos estabelecidos neste Protocolo mediante leis promulgadas com o objetivo de preservar o bem-estar geral dentro de uma sociedade democrática, na medida em que não contrariem o propósito e a razão de tais direitos.

## Artigo 6º
### Direito ao trabalho
1. Toda pessoa tem direito ao trabalho, o que inclui a oportunidade de obter os meios para levar uma vida digna e decorosa por meio do desempenho de uma atividade lícita, livremente escolhida ou aceita.
2. Os Estados-partes comprometem-se a adotar medidas que garantam plena efetividade do direito ao trabalho, especialmente as referentes à consecução do pleno emprego, à orientação vocacional e ao desenvolvimento de projetos de treinamento técnico-profissional, particularmente os destinados aos deficientes. Os Estados-partes comprometem-se também a executar e a fortalecer programas que coadjuvem um adequado atendimento da família, a fim de que a mulher tenha real possibilidade de exercer o direito ao trabalho.

## Artigo 7º
### Condições justas, eqüitativas e satisfatórias de trabalho
Os Estados-partes neste Protocolo reconhecem que o direito ao trabalho, a que se refere o artigo anterior, pressupõe que toda pessoa goze dele em condições justas, eqüitativas e satisfatórias, para o que esses Estados garantirão em suas legislações, de maneira particular:
    a) Remuneração que assegure, no mínimo, a todos os trabalhadores condições de subsistência digna e decorosa para eles e para suas famílias e salário eqüitativo e igual por trabalho igual, sem nenhuma distinção;

b) O direito de todo trabalhador de seguir sua vocação e de dedicar-se à atividade que melhor atenda a suas expectativas e a trocar de emprego de acordo com a respectiva regulamentação nacional;
c) O direito do trabalhador à promoção ou avanço no trabalho, para o qual serão levadas em conta suas qualificações, competência, probidade e seu tempo de serviço;
d) Estabilidade dos trabalhadores em seus empregos, de acordo com as características das indústrias e profissões e com as causas de justa separação. Nos casos de demissão injustificada, o trabalhador terá direito a uma indenização ou à readmissão no emprego ou a quaisquer outras prestações previstas pela legislação nacional;
e) Segurança e higiene no trabalho;
f) Proibição de trabalho noturno ou em atividades insalubres ou perigosas para os menores de 18 anos e, em geral, de todo trabalho que possa pôr em perigo sua saúde, segurança ou moral. Quando se tratar de menores de 16 anos, a jornada de trabalho deverá subordinar-se às disposições sobre ensino obrigatório e em nenhum caso poderá constituir impedimento à assistência escolar ou limitação para beneficiar-se da instrução recebida;
g) Limitação razoável das horas de trabalho, tanto diárias como semanais. As jornadas serão de menor duração quando se tratar de trabalhos perigosos, insalubres ou noturnos;
h) Repouso, gozo do tempo livre, férias remuneradas, bem como remuneração nos feriados nacionais.

## Artigo 8º
**Direitos sindicais**

1. Os Estados-partes garantirão:
   a) O direito dos trabalhadores de organizar sindicatos e de filiar-se ao de sua escolha, para proteger e promover seus interesses. Como projeção desse direito, os Estados-partes permitirão aos sindicatos formar federações e confederações nacionais e associar-se às já existentes, bem como formar organizações sindicais internacionais e associar-se à de sua escolha. Os Estados-partes também permitirão que os sindicatos, federações e confederações funcionem livremente;
   b) O direito de greve.
2. O exercício dos direitos enunciados acima só pode estar sujeito às limitações e restrições previstas pela lei que sejam próprias a uma sociedade democrática e necessárias para salvaguardar a ordem pública e proteger a saúde ou a moral pública, e os direitos ou liberdades dos demais. Os

membros das forças armadas e da polícia, bem como de outros serviços públicos essenciais, estarão sujeitos às limitações e restrições impostas pela lei.
3. Ninguém poderá ser obrigado a pertencer a um sindicato.

**Artigo 9º**

**Direito à previdência social**

1. Toda pessoa tem direito à previdência social que a proteja das conseqüências da velhice e da incapacitação que a impossibilite, física ou mentalmente, de obter os meios de vida digna e decorosa. No caso de morte do beneficiário, as prestações da previdência social beneficiarão seus dependentes.
2. Quando se tratar de pessoas em atividade, o direito à previdência social abrangerá pelo menos o atendimento médico e o subsídio ou pensão em caso de acidentes de trabalho ou de doença profissional e, quando se tratar da mulher, licença remunerada para a gestante, antes e depois do parto.

**Artigo 10º**

**Direito à saúde**

1. Toda pessoa tem direito à saúde, entendida como o gozo do mais alto nível de bem-estar físico, mental e social.
2. A fim de tornar efetivo o direito à saúde, os Estados-partes comprometem-se a reconhecer a saúde como bem público e, especialmente, a adotar as seguintes medidas para garantir este direito:
   a) Atendimento primário de saúde, entendendo-se como tal a assistência médica essencial colocada ao alcance de todas as pessoas e famílias da comunidade;
   b) Extensão dos benefícios dos serviços de saúde a todas as pessoas sujeitas à jurisdição do Estado;
   c) Total imunização contra as principais doenças infecciosas;
   d) Prevenção e tratamento das doenças endêmicas, profissionais e de outra natureza;
   e) Educação da população sobre prevenção e tratamento dos problemas da saúde; e
   f) Satisfação das necessidades de saúde dos grupos de mais alto risco e que, por sua situação de pobreza, sejam mais vulneráveis.

## Artigo 11
**Direito a um meio ambiente sadio**
1. Toda pessoa tem direito a viver em meio ambiente sadio e a contar com os serviços públicos básicos.
2. Os Estados-partes promoverão a proteção, a preservação e o melhoramento do meio ambiente.

## Artigo 12
**Direito à alimentação**
1. Toda pessoa tem direito a uma nutrição adequada que assegure a possibilidade de gozar do mais alto nível de desenvolvimento físico, emocional e intelectual.
2. A fim de tornar efetivo esse direito e de eliminar a desnutrição, os Estados-partes comprometem-se a aperfeiçoar os métodos de produção, abastecimento e distribuição de alimentos, para o que se comprometem a promover maior cooperação internacional com vistas a apoiar as políticas nacionais sobre o tema.

## Artigo 13
**Direito à educação**
1. Toda pessoa tem direito à educação.
2. Os Estados-partes neste Protocolo convêm em que a educação deverá orientar-se para o pleno desenvolvimento da personalidade humana e do sentido de sua dignidade e deverá fortalecer o respeito pelos direitos humanos, pelo pluralismo ideológico, pelas liberdades fundamentais, pela justiça e pela paz. Convêm, também, em que a educação deve capacitar todas as pessoas para participar efetivamente de uma sociedade democrática e pluralista, conseguir uma subsistência digna, favorecer a compreensão, a tolerância e a amizade entre todas as nações e todos os grupos raciais, étnicos ou religiosos e promover as atividades em prol da manutenção da paz.
3. Os Estados-partes neste Protocolo reconhecem que, a fim de conseguir o pleno exercício do direito à educação:
   a) O ensino de primeiro grau deve ser obrigatório e acessível a todos gratuitamente;
   b) O ensino de segundo grau, em suas diferentes formas, inclusive o ensino técnico e profissional de segundo grau, deve ser generalizado e tornar-se acessível a todos, pelos meios que forem apropriados e, especialmente, pela implantação progressiva do ensino gratuito;

c) O ensino superior deve tornar-se igualmente acessível a todos, de acordo com a capacidade de cada um, pelos meios que forem apropriados e, especialmente, pela implantação progressiva do ensino gratuito;
d) Deve-se promover ou intensificar, na medida do possível, o ensino básico para as pessoas que não tiverem recebido ou terminado o ciclo completo de instrução do primeiro grau;
e) Deverão ser estabelecidos programas de ensino diferenciado para os deficientes, a fim de proporcionar instrução especial e formação a pessoas com impedimentos físicos ou deficiência mental.
4. De acordo com a legislação interna dos Estados-partes, os pais terão direito a escolher o tipo de educação a ser dada aos seus filhos, desde que esteja de acordo com os princípios enunciados acima.
5. Nada do disposto neste Protocolo poderá ser interpretado como restrição da liberdade dos particulares e entidades de estabelecer e dirigir instituições de ensino, de acordo com a legislação interna dos Estados-partes.

## Artigo 14
### Direito aos benefícios da cultura
1. Os Estados-partes neste Protocolo reconhecem o direito de toda pessoa a:
   a) Participar na vida cultural e artística da comunidade;
   b) Gozar dos benefícios do progresso científico e tecnológico;
   c) Beneficiar-se da proteção dos interesses morais e materiais que lhe caibam em virtude das produções científicas, literárias ou artísticas de que for autora.
2. Entre as medidas que os Estados-partes neste Protocolo deverão adotar para assegurar o pleno exercício deste direito, figurarão as necessárias para a conservação, o desenvolvimento e a divulgação da ciência, da cultura e da arte.
3. Os Estados-partes neste Protocolo comprometem-se a respeitar a liberdade indispensável para a pesquisa científica e a atividade criadora.
4. Os Estados-partes neste Protocolo reconhecem os benefícios que decorrem da promoção e do desenvolvimento da cooperação e das relações internacionais em assuntos científicos, artísticos e culturais e, nesse sentido, comprometem-se a propiciar maior cooperação internacional nesse campo.

## Artigo 15
### Direito à constituição e proteção da família
1. A família é o elemento natural e fundamental da sociedade e deve ser protegida pelo Estado, que deverá velar pelo melhoramento de sua situação moral e material.

2. Toda pessoa tem direito a constituir família, o qual exercerá de acordo com as disposições da legislação interna correspondente.
3. Os Estados-partes comprometem-se, mediante este Protocolo, a proporcionar adequada proteção ao grupo familiar e, especialmente, a:
    a) Dispensar atenção e assistência especiais à mãe, por um período razoável, antes e depois do parto;
    b) Garantir às crianças alimentação adequada, tanto no período de lactação como durante a idade escolar;
    c) Adotar medidas especiais de proteção dos adolescentes, a fim de assegurar o pleno amadurecimento de suas capacidades físicas, intelectuais e morais;
    d) Executar programas especiais de formação familiar, a fim de contribuir para a criação de ambiente estável e positivo no qual as crianças percebam e desenvolvam os valores de compreensão, solidariedade, respeito e responsabilidade.

## Artigo 16
### Direito da criança

Toda criança, seja qual for sua filiação, tem direito às medidas de proteção que sua condição de menor requer por parte da sua família, da sociedade e do Estado. Toda criança tem direito de crescer ao amparo e sob a responsabilidade de seus pais; salvo em circunstâncias excepcionais, reconhecidas judicialmente, a criança de tenra idade não deve ser separada de sua mãe. Toda criança tem direito à educação gratuita e obrigatória, pelo menos no nível básico, e a continuar sua formação em níveis mais elevados do sistema educacional.

## Artigo 17
### Proteção de pessoas idosas

Toda pessoa tem direito a proteção especial na velhice. Nesse sentido, os Estados-partes comprometem-se a adotar de maneira progressiva as medidas necessárias a fim de pôr em prática este direito e, especialmente, a:
    a) Proporcionar instalações adequadas, bem como alimentação e assistência médica especializada, às pessoas de idade avançada que careçam delas e não estejam em condições de provê-las por seus próprios meios;
    b) Executar programas trabalhistas específicos destinados a dar a pessoas idosas a possibilidade de realizar atividade produtiva adequada às suas capacidades, respeitando sua vocação ou seus desejos;
    c) Promover a formação de organizações sociais destinadas a melhorar a qualidade de vida das pessoas idosas.

## Artigo 18
**Proteção de deficientes**

Toda pessoa afetada por diminuição de suas capacidades físicas e mentais tem direito a receber atenção especial, a fim de alcançar o máximo desenvolvimento de sua personalidade. Os Estados-partes comprometem-se a adotar as medidas necessárias para esse fim e, especialmente, a:
   a) Executar programas específicos destinados a proporcionar aos deficientes os recursos e o ambiente necessário para alcançar esse objetivo, inclusive programas trabalhistas adequados a suas possibilidades e que deverão ser livremente aceitos por eles ou, se for o caso, por seus representantes legais;
   b) Proporcionar formação especial às famílias dos deficientes, a fim de ajudá-las a resolver os problemas de convivência e convertê-las em elementos atuantes no desenvolvimento físico, mental e emocional destes;
   c) Incluir, de maneira prioritária, em seus planos de desenvolvimento urbano a consideração de soluções para os requisitos específicos decorrentes das necessidades deste grupo;
   d) Promover a formação de organizações sociais nas quais os deficientes possam desenvolver uma vida plena.

## Artigo 19
**Meios de proteção**

1. Os Estados-partes neste Protocolo comprometem-se a apresentar, de acordo com o disposto por este artigo e pelas normas pertinentes que a propósito deverão ser elaboradas pela Assembléia Geral da Organização dos Estados Americanos, relatórios periódicos sobre as medidas progressivas que tiverem adotado para assegurar o devido respeito aos direitos consagrados no mesmo Protocolo.
2. Todos os relatórios serão apresentados ao Secretário-Geral da Organização dos Estados Americanos, que os transmitirá ao Conselho Interamericano Econômico e Social e ao Conselho Interamericano de Educação, Ciência e Cultura, a fim de que os examinem de acordo com o disposto neste artigo. O Secretário-Geral enviará cópia desses relatórios à Comissão Interamericana de Direitos Humanos.
3. O Secretário-Geral da Organização dos Estados Americanos transmitirá também aos organismos especializados do Sistema Interamericano, dos quais sejam membros os Estados-partes neste Protocolo, cópias dos relatórios enviados ou das partes pertinentes deles, na medida em que tenham relação com matérias que sejam da competência dos referidos organismos, de acordo com seus instrumentos constitutivos.

4. Os organismos especializados do Sistema Interamericano poderão apresentar ao Conselho Interamericano Econômico e Social e ao Conselho Interamericano de Educação, Ciência e Cultura relatórios sobre o cumprimento das disposições deste Protocolo, no campo de suas atividades.
5. Os relatórios anuais que o Conselho Interamericano Econômico e Social e o Conselho Interamericano de Educação, Ciência e Cultura apresentarem à Assembléia Geral conterão um resumo da informação recebida dos Estados-partes neste Protocolo e dos organismos especializados sobre as medidas progressivas adotadas a fim de assegurar o respeito dos direitos reconhecidos no Protocolo e das recomendações de caráter geral que a respeito considerarem pertinentes.
6. Caso os direitos estabelecidos na alínea a do artigo 8º, e no artigo 13, forem violados por ação imputável diretamente a um Estado-parte deste Protocolo, essa situação poderia dar lugar, mediante participação da Comissão Interamericana de Direitos Humanos e, quando cabível, da Corte Interamericana de Direitos Humanos, à aplicação do sistema de petições individuais regulado pelos artigos 44 a 51 e 61 a 69 da Convenção Americana sobre Direitos Humanos.
7. Sem prejuízo do disposto no parágrafo anterior, a Comissão Interamericana de Direitos Humanos poderá formular as observações e recomendações que considerar pertinentes sobre a situação dos direitos econômicos, sociais e culturais estabelecidos neste Protocolo em todos ou em alguns dos Estados-partes, as quais poderá incluir no Relatório Anual à Assembléia Geral ou num relatório especial, conforme considerar mais apropriado.
8. No exercício das funções que lhes confere este artigo, os Conselhos e a Comissão Interamericana de Direitos Humanos deverão levar em conta a natureza progressiva da vigência dos direitos objeto da proteção deste Protocolo.

## Artigo 20

**Reservas**

Os Estados-partes poderão formular reservas sobre uma ou mais disposições específicas deste Protocolo no momento de aprová-lo, assiná-lo, ratificá-lo ou a ele aderir, desde que não sejam incompatíveis com o objetivo e o fim do Protocolo.

## Artigo 21

**Assinatura, ratificação ou adesão. Entrada em vigor**

1. Este Protocolo fica aberto à assinatura e à ratificação ou adesão de todo Estado-parte na Convenção Americana sobre Direitos Humanos.

2. A ratificação deste Protocolo ou a adesão ao mesmo será efetuada mediante depósito de um instrumento de ratificação ou de adesão na Secretaria Geral da Organização dos Estados Americanos.
3. O Protocolo entrará em vigor tão logo onze Estados tiverem depositado seus respectivos instrumentos de ratificação ou de adesão.
4. O Secretário-Geral informará a todos os Estados membros da Organização a entrada em vigor do Protocolo.

## Artigo 22
**Incorporação de outros direitos e ampliação dos reconhecidos**

1. Qualquer Estado-parte e a Comissão Interamericana de Direitos Humanos poderão submeter à consideração dos Estados-partes, reunidos por ocasião da Assembléia Geral, propostas de emendas com o fim de incluir o reconhecimento de outros direitos e liberdades, ou outras destinadas a estender ou ampliar os direitos e liberdades reconhecidos neste Protocolo.
2. As emendas entrarão em vigor para os Estados ratificantes das mesmas na data em que tiverem depositado o respectivo instrumento de ratificação que corresponda a dois terços do número de Estados-partes neste Protocolo. Quanto aos demais Estados-partes, entrarão em vigor na data em que depositarem seus respectivos instrumentos de ratificação.

---

**PROTOCOLO ADICIONAL À CONVENÇÃO AMERICANA SOBRE DIREITOS HUMANOS EM MATÉRIA DE DIREITOS ECONÔMICOS, SOCIAIS E CULTURAIS, "PROTOCOLO DE SAN SALVADOR"**

*Assinado em San Salvador, El Salvador, em 17 de novembro de 1988, no Décimo Oitavo Período Ordinário de Sessões da Assembléia Geral*

Início da vigência: Tão logo onze Estados tenham efetuado o depósito dos respectivos instrumentos de ratificação ou adesão.
Depositário: Secretaria Geral da OEA (instrumento original e ratificações).
Texto: Série sobre Tratados, OEA, n. 69.
Registro na ONU

| Países signatários | Depósito da ratificação |
|---|---|
| Argentina | |
| Bolívia | |
| Brasil | 21 agosto 1996 |
| Colômbia | 23 dezembro 1997 |

| Costa Rica | 16 novembro 1999 |
|---|---|
| Equador | 25 março 1993 |
| El Salvador | 6 junho 1995 |
| Guatemala | |
| Haiti | |
| México (3) | 16 abril 1996 (b) |
| Nicarágua | |
| Panamá | 18 fevereiro 1993 |
| Paraguai | 3 junho 1997 |
| Peru | 4 junho 1995 |
| República Dominicana | |
| Suriname | 10 julho 1990 (a) |
| Uruguai (2) | 2 abril 1996 |
| Venezuela (1) | |

Todos os Estados que figuram na lista assinaram o Protocolo em 17 de novembro de 1988, com exceção dos que são indicados nas notas abaixo.
1. Assinou em 27 de janeiro de 1989, na Secretaria Geral da OEA.
a. Adesão.
2. Assinou em 2 de abril de 1996 na Secretaria Geral da OEA.
3. Assinou em 16 de abril de 1996 na Secretaria Geral da OEA.

## CONVENÇÃO INTERAMERICANA PARA PREVENIR E PUNIR A TORTURA

Os Estados Americanos signatários da presente Convenção,

Conscientes do disposto na Convenção Americana sobre Direitos Humanos, no sentido de que ninguém deve ser submetido a torturas, nem a penas ou tratamentos cruéis, desumanos ou degradantes;

Reafirmando que todo ato de tortura ou outros tratamentos ou penas cruéis, desumanos ou degradantes constituem uma ofensa à dignidade humana e uma negação dos princípios consagrados na Carta da Organização dos Estados Americanos e na Carta das Nações Unidas, e são violatórios aos direitos humanos e liberdades fundamentais proclamados na Declaração Americana dos Direitos e Deveres do Homem e na Declaração Universal dos Direitos do Homem;

Assinalando que, para tornar efetivas as normas pertinentes contidas nos instrumentos universais e regionais aludidos, é necessário elaborar uma convenção interamericana que previna e puna a tortura;

Reiterando seu propósito de consolidar neste Continente as condições que permitam o reconhecimento e o respeito da dignidade inerente à pessoa humana e assegurem o exercício pleno das suas liberdades e dos seus direitos fundamentais,

Convieram no seguinte:

## Artigo 1º

Os Estados-partes obrigam-se a prevenir e a punir a tortura, nos termos desta Convenção.

## Artigo 2º

Para os efeitos desta Convenção, entender-se-á por tortura todo ato pelo qual são infligidos intencionalmente a uma pessoa penas ou sofrimentos físicos ou mentais, com fins de investigação criminal, como meio de intimidação, como castigo pessoal, como medida preventiva, como pena ou com qualquer outro fim. Entender-se-á também como tortura a aplicação sobre uma pessoa de métodos tendentes a anular a personalidade da vítima, ou a diminuir sua capacidade física ou mental, embora não causem dor física ou angústia psíquica.

Não estarão compreendidos no conceito de tortura as penas ou os sofrimentos físicos ou mentais que sejam conseqüência de medidas legais ou inerentes a elas, contanto que não incluam a realização dos atos ou a aplicação dos métodos a que se refere este artigo.

## Artigo 3º

Serão responsáveis pelo delito de tortura:
    a) Os empregados ou funcionários públicos que, atuando nesse caráter, ordenem sua comissão ou instiguem ou induzam a ele, cometam-no diretamente ou, podendo impedi-lo, não o façam;
    b) As pessoas que, por instigação dos funcionários ou empregados públicos a que se refere a alínea a, ordenem sua comissão, instiguem ou induzam a ele, cometam-no diretamente ou nele sejam cúmplices.

## Artigo 4º

O fato de haver agido por ordens superiores não eximirá da responsabilidade penal correspondente.

## Artigo 5º

Não se invocará nem admitirá como justificativa do delito de tortura a existência de circunstâncias tais como o estado de guerra, a ameaça de guerra, o estado de sítio ou de emergência, a comoção ou conflito interno, a suspensão das garantias constitucionais, a instabilidade política interna, ou outras emergências ou calamidades públicas.

Nem a periculosidade do detido ou condenado, nem a insegurança do estabelecimento carcerário ou penitenciário podem justificar a tortura.

## Artigo 6º

Em conformidade com o disposto no artigo 1, os Estados-partes tomarão medidas efetivas a fim de prevenir e punir a tortura no âmbito de sua jurisdição.

Os Estados-partes assegurar-se-ão de que todos os atos de tortura e as tentativas de praticar atos dessa natureza sejam considerados delitos em seu direito penal, estabelecendo penas severas para sua punição, que levem em conta sua gravidade.

Os Estados-partes obrigam-se também a tomar medidas efetivas para prevenir e punir outros tratamentos ou penas cruéis, desumanos ou degradantes, no âmbito de sua jurisdição.

## Artigo 7º

Os Estados-partes tomarão medidas para que, no treinamento de agentes de polícia e de outros funcionários públicos responsáveis pela custódia de pessoas privadas de liberdade, provisória ou definitivamente, e nos interrogatórios, detenções ou prisões, se ressalte de maneira especial a proibição do emprego da tortura.

Os Estados-partes tomarão também medidas semelhantes para evitar outros tratamentos ou penas cruéis, desumanos ou degradantes.

## Artigo 8º

Os Estados-partes assegurarão a qualquer pessoa que denunciar haver sido submetida a tortura, no âmbito de sua jurisdição, o direito de que o caso seja examinado de maneira imparcial.

Quando houver denúncia ou razão fundada para supor que haja sido cometido ato de tortura no âmbito de sua jurisdição, os Estados-partes garantirão que suas autoridades procederão de ofício e imediatamente à realização de uma investigação sobre o caso e iniciarão, se for cabível, o respectivo processo penal.

Uma vez esgotado o procedimento jurídico interno do Estado e os recursos que este prevê, o caso poderá ser submetido a instâncias internacionais, cuja competência tenha sido aceita por esse Estado.

## Artigo 9º

Os Estados-partes comprometem-se a estabelecer, em suas legislações nacionais, normas que garantam compensação adequada para as vítimas do delito de tortura.

Nada do disposto neste artigo afetará o direito que possa ter a vítima ou outras pessoas de receber compensação em virtude da legislação nacional existente.

## Artigo 10º

Nenhuma declaração que se comprove haver sido obtida mediante tortura poderá ser admitida como prova num processo, salvo em processo instaurado contra a pessoa ou pessoas acusadas de havê-la obtido mediante atos de tortura e unicamente como prova de que, por esse meio, o acusado obteve tal declaração.

## Artigo 11

Os Estados-partes tomarão as medidas necessárias para conceder a extradição de toda pessoa acusada de delito de tortura ou condenada por esse delito, de conformidade com suas legislações nacionais sobre extradição e suas obrigações internacionais nessa matéria.

## Artigo 12

Todo Estado-parte tomará as medidas necessárias para estabelecer sua jurisdição sobre o delito descrito nesta Convenção, nos seguintes casos:
    a) quando a tortura houver sido cometida no âmbito de sua jurisdição;
    b) quando o suspeito for nacional do Estado-parte de que se trate;
    c) quando a vítima for nacional do Estado-parte de que se trate e este o considerar apropriado.

Todo Estado-parte tomará também as medidas necessárias para estabelecer sua jurisdição sobre o delito descrito nesta Convenção, quando o suspeito se encontrar no âmbito de sua jurisdição e o Estado não o extraditar, de conformidade com o artigo 11.

Esta Convenção não exclui a jurisdição penal exercida de conformidade com o direito interno.

## Artigo 13

O delito a que se refere o artigo 2º será considerado incluído entre os delitos que são motivo de extradição em todo tratado de extradição celebrado entre Estados-partes. Os Estados-partes comprometem-se a incluir o delito de tortura como caso de extradição em todo tratado de extradição que celebrarem entre si no futuro.

Todo Estado-parte que sujeitar a extradição à existência de um tratado poderá, se receber de outro Estado-parte, com o qual não tiver tratado, uma solicitação de extradição, considerar esta Convenção como a base jurídica necessária para a extradição referente ao delito de tortura. A extradição estará sujeita às demais condições exigíveis pelo direito do Estado requerido.

Os Estados-partes que não sujeitarem a extradição à existência de um tratado reconhecerão esses delitos como casos de extradição entre eles, respeitando as condições exigidas pelo direito do Estado requerido.

Não se concederá a extradição nem se procederá à devolução da pessoa requerida quando houver suspeita fundada de que corre perigo sua vida, de que será submetida à tortura, tratamento cruel, desumano ou degradante, ou de que será julgada por tribunais de exceção ou *ad hoc*, no Estado requerente.

### Artigo 14

Quando um Estado-parte não conceder a extradição, submeterá o caso às suas autoridades competentes, como se o delito houvesse sido cometido no âmbito de sua jurisdição, para fins de investigação e, quando for cabível, de ação penal, de conformidade com sua legislação nacional. A decisão tomada por essas autoridades será comunicada ao Estado que houver solicitado a extradição.

### Artigo 15

Nada do disposto nesta Convenção poderá ser interpretado como limitação do direito de asilo, quando for cabível, nem como modificação das obrigações dos Estados-partes em matéria de extradição.

### Artigo 16

Esta Convenção deixa a salvo o disposto pela Convenção Americana sobre Direitos Humanos, por outras convenções sobre a matéria e pelo Estatuto da Comissão Interamericana de Direitos Humanos com relação ao delito de tortura.

### Artigo 17

Os Estados-partes comprometem-se a informar a Comissão Interamericana de Direitos Humanos sobre as medidas legislativas, judiciais, administrativas ou de outra natureza que adotarem em aplicação desta Convenção.

De conformidade com suas atribuições, a Comissão Interamericana de Direitos Humanos procurará analisar, em seu relatório anual, a situação prevalecente nos Estados-membros da Organização dos Estados Americanos, no que diz respeito à prevenção e à supressão da tortura.

### Artigo 18

Esta Convenção estará aberta à assinatura dos Estados-membros da Organização dos Estados Americanos.

## Artigo 19

Esta Convenção estará sujeita a ratificação. Os instrumentos de ratificação serão depositados na Secretaria Geral da Organização dos Estados Americanos.

## Artigo 20

Esta Convenção ficará aberta à adesão de qualquer outro Estado Americano. Os instrumentos de adesão serão depositados na Secretaria Geral da Organização dos Estados Americanos.

## Artigo 21

Os Estados-partes poderão formular reservas a esta Convenção no momento de aprová-la, assiná-la, ratificá-la ou a ela aderir, contanto que não sejam incompatíveis com o objeto e o fim da Convenção e versem sobre uma ou mais disposições específicas.

## Artigo 22

Esta Convenção entrará em vigor no trigésimo dia a partir da data em que tenha sido depositado o segundo instrumento de ratificação. Para cada Estado que ratificar a Convenção ou a ela aderir depois de haver sido depositado o segundo instrumento de ratificação, a Convenção entrará em vigor no trigésimo dia a partir da data em que esse Estado tenha depositado seu instrumento de ratificação ou adesão.

## Artigo 23

Esta Convenção vigorará indefinidamente, mas qualquer dos Estados-partes poderá denunciá-la. O instrumento de denúncia será depositado na Secretaria Geral da Organização dos Estados Americanos. Transcorrido um ano, contado a partir da data de depósito do instrumento de denúncia, a Convenção cessará em seus efeitos para o Estado denunciante, ficando subsistente para os demais Estados-partes.

## Artigo 24

O instrumento original desta Convenção, cujos textos em português, espanhol, francês e inglês são igualmente autênticos, será depositado na Secretaria Geral da Organização dos Estados Americanos, que enviará cópia autenticada do seu texto para registro e publicação à Secretaria das Nações Unidas, de conformidade com o artigo 102 da Carta das Nações Unidas. A Secretaria Geral da Organização dos Estados Americanos comunicará aos Estados-membros da referida

Organização e aos Estados que tenham aderido à Convenção as assinaturas e os depósitos de instrumentos de ratificação, adesão e denúncia, bem como as reservas que houver.

## CONVENÇÃO INTERAMERICANA PARA PREVENIR E PUNIR A TORTURA

*Assinada em Cartagena das Índias, Colômbia, em 9 de dezembro de 1985, no Décimo Quinto Período Ordinário de Sessões da Assembléia Geral*

Início da vigência: 28 de fevereiro de 1987, nos termos do artigo 22 da Convenção.
Depositário: Secretaria Geral da OEA (Instrumento original e ratificações).
Texto: Série sobre Tratados, OEA, n. 67.
Registro na ONU

| Países signatários | Depósito da ratificação |
|---|---|
| Argentina (4) | 31 março 1989 |
| Bolívia (1) | |
| Brasil (3) | 20 julho 1989 |
| Chile (11) | 30 setembro 1988 |
| Colômbia (1) | 19 janeiro 1999 |
| Costa Rica (9) | 8 fevereiro 2000 |
| El Salvador (13) | 5 dezembro 1994 |
| Equador (7) | |
| Guatemala (10) | 29 janeiro 1987 |
| Haiti (8) | |
| Honduras (5) | |
| México (4) | 22 junho 1987 |
| Nicarágua (12) | |
| Panamá (4) | 28 agosto 1991 |
| Paraguai (15) | 9 março 1990 |
| Peru (2) | 28 março 1991 |
| República Dominicana (6) | 29 janeiro 1987 |
| Suriname (14) | 12 novembro 1987 |
| Uruguai (14) | 11 novembro 1992 |
| Venezuela (1) | 26 agosto 1991 |

1. Assinaram em 9 de dezembro de 1985, no Décimo Quinto Período Ordinário de Sessões da Assembléia Geral.
2. Assinou em 10 de janeiro de 1986, na Secretaria Geral da OEA.
3. Assinou em 24 de janeiro de 1986, na Secretaria Geral da OEA.
4. Assinou em 10 de fevereiro de 1986, na Secretaria Geral da OEA.
5. Assinou em 11 de março de 1986, na Secretaria Geral da OEA.
6. Assinou em 31 de março de 1986, na Secretaria Geral da OEA.
7. Assinou em 30 de maio de 1986, na Secretaria Geral da OEA.
8. Assinou em 13 de junho de 1986, na Secretaria Geral da OEA.
9. Assinou em 31 de julho de 1986, na Secretaria Geral da OEA.

10. Assinou em 27 de outubro de 1986, na Secretaria Geral da OEA.
11. Assinou em 24 de setembro de 1987, na Secretaria Geral da OEA.
12. Assinou em 29 de setembro de 1987, na Secretaria Geral da OEA.
13. Assinou em 16 de outubro de 1987, na Secretaria Geral da OEA.
14. Assinou em 12 de novembro de 1987, na Secretaria Geral da OEA.
15. Assinou em 25 de outubro de 1987, na Secretaria Geral da OEA.

## CONVENÇÃO INTERAMERICANA PARA PREVENIR, PUNIR E ERRADICAR A VIOLÊNCIA CONTRA A MULHER (CONVENÇÃO DE BELÉM DO PARÁ)

Os Estados-partes nesta convenção,

Reconhecendo que o respeito irrestrito aos direitos humanos foi consagrado na Declaração Americana dos Direitos e Deveres do Homem e na Declaração Universal dos Direitos Humanos e reafirmado em outros instrumentos internacionais e regionais;

Afirmando que a violência contra a mulher constitui violação dos direitos humanos e liberdades fundamentais e limita total ou parcialmente a observância, o gozo e o exercício de tais direitos e liberdades;

Preocupados, porque a violência contra a mulher constitui ofensa contra a dignidade humana e é manifestação das relações de poder historicamente desiguais entre mulheres e homens;

Recordando a Declaração para a Erradicação da Violência contra a Mulher, aprovada na Vigésima Quinta Assembléia de Delegadas da Comissão Interamericana de Mulheres, e afirmando que a violência contra a mulher permeia todos os setores da sociedade, independentemente de classe, raça ou grupo étnico, renda, cultura, nível educacional, idade ou religião, e afeta negativamente suas próprias bases;

Convencidos de que a eliminação da violência contra a mulher é condição indispensável para seu desenvolvimento individual e social e sua plena e igualitária participação em todas as esferas de vida; e

Convencidos de que a adoção de uma convenção para prevenir, punir e erradicar todas as formas de violência contra a mulher, no âmbito da Organização dos Estados Americanos, constitui positiva contribuição no sentido de proteger os direitos da mulher e eliminar as situações de violência contra ela,

Convieram no seguinte:

### CAPÍTULO I

#### DEFINIÇÃO E ÂMBITO DE APLICAÇÃO

### Artigo 1º

Para os efeitos desta Convenção, entender-se-á por violência contra a mulher qualquer ato ou conduta baseada no gênero que cause morte, dano ou sofrimento físico, sexual ou psicológico à mulher, tanto na esfera pública como na esfera privada.

**Artigo 2º**

Entende-se que a violência contra a mulher abrange a violência física, sexual e psicológica:
   a) ocorrida no âmbito da família ou unidade doméstica ou em qualquer relação interpessoal, quer o agressor compartilhe, tenha compartilhado ou não a sua residência, incluindo-se, entre outras formas, estupro, maus-tratos e abuso sexual;
   b) ocorrida na comunidade e cometida por qualquer pessoa, incluindo, entre outras formas, estupro, abuso sexual, tortura, tráfico de mulheres, prostituição forçada, seqüestro e assédio sexual no local de trabalho, bem como em instituições educacionais, serviços de saúde ou qualquer outro local; e
   c) perpetrada ou tolerada pelo Estado ou seus agentes, onde quer que ocorra.

CAPÍTULO II

DIREITOS PROTEGIDOS

**Artigo 3º**

Toda mulher tem direito a ser livre de violência, tanto na esfera pública como na esfera privada.

**Artigo 4º**

Toda mulher tem direito ao reconhecimento, ao desfrute, ao exercício e à proteção de todos os direitos humanos e liberdades consagrados em todos os instrumentos regionais e internacionais relativos aos direitos humanos. Estes direitos abrangem, entre outros:
   a) direito a que se respeite sua vida;
   b) direito a que se respeite sua integridade física, mental e moral;
   c) direito à liberdade e à segurança pessoais;
   d) direito a não ser submetida a tortura;
   e) direito a que se respeite a dignidade inerente à sua pessoa e a que se proteja sua família;
   f) direito a igual proteção perante a lei e da lei;
   g) direito a recurso simples e rápido perante tribunal competente que a proteja contra atos que violem seus direitos;
   h) direito de livre associação;

i) direito à liberdade de professar a própria religião e as próprias crenças, de acordo com a lei; e
j) direito a ter igualdade de acesso às funções públicas de seu país e a participar nos assuntos públicos, inclusive na tomada de decisões.

**Artigo 5º**

Toda mulher poderá exercer livre e plenamente seus direitos civis, políticos, econômicos, sociais e culturais e contará com a total proteção desses direitos consagrados nos instrumentos regionais e internacionais sobre direitos humanos. Os Estados-partes reconhecem que a violência contra a mulher impede e anula o exercício desses direitos.

**Artigo 6º**

O direito de toda mulher a ser livre de violência abrange, entre outros:
a) o direito da mulher a ser livre de todas as formas de discriminação; e
b) o direito da mulher a ser valorizada e educada livre de padrões estereotipados de comportamento e costumes sociais e culturais baseados em conceitos de inferioridade ou subordinação.

**Capítulo III**
**Deveres do Estado**

**Artigo 7º**

Os Estados-partes condenam todas as formas de violência contra a mulher e convêm em adotar, por todos os meios apropriados e sem demora, políticas destinadas a prevenir, punir e erradicar tal violência e a empenhar-se em:
a) abster-se de qualquer ato ou prática de violência contra a mulher e velar por que as autoridades, seus funcionários e pessoal, bem como agentes e instituições públicos ajam de conformidade com essa obrigação;
b) agir com o devido zelo para prevenir, investigar e punir a violência contra a mulher;
c) incorporar na sua legislação interna normas penais, civis, administrativas e de outra natureza que sejam necessárias para prevenir, punir e erradicar a violência contra a mulher, bem como adotar as medidas administrativas adequadas que forem aplicáveis;
d) adotar medidas jurídicas que exijam do agressor que se abstenha de perseguir, intimidar e ameaçar a mulher ou de fazer uso de qualquer método que danifique ou ponha em perigo sua vida ou integridade ou danifique sua propriedade;

e) tomar todas as medidas adequadas, inclusive legislativas, para modificar ou abolir leis e regulamentos vigentes ou modificar práticas jurídicas ou consuetudinárias que respaldem a persistência e a tolerância da violência contra a mulher;
f) estabelecer procedimentos jurídicos justos e eficazes para a mulher sujeitada a violência, inclusive, entre outros, medidas de proteção, juízo oportuno e efetivo acesso a tais processos;
g) estabelecer mecanismos judiciais e administrativos necessários para assegurar que a mulher sujeitada a violência tenha efetivo acesso a restituição, reparação do dano e outros meios de compensação justos e eficazes;
h) adotar as medidas legislativas ou de outra natureza necessárias à vigência desta Convenção.

## Artigo 8º

Os Estados-partes convêm em adotar, progressivamente, medidas específicas, inclusive programas destinados a:
  a) promover o conhecimento e a observância do direito da mulher a uma vida livre de violência e o direito da mulher a que se respeitem e protejam seus direitos humanos;
  b) modificar os padrões sociais e culturais de conduta de homens e mulheres, inclusive a formulação de programas formais e não-formais adequados a todos os níveis do processo educacional, a fim de combater preconceitos e costumes e todas as outras práticas baseadas na premissa da inferioridade ou superioridade de qualquer dos gêneros ou nos papéis estereotipados para o homem e a mulher, que legitimem ou exacerbem a violência contra a mulher;
  c) promover a educação e o treinamento de todo o pessoal judiciário e policial e demais funcionários responsáveis pela aplicação da lei, bem como do pessoal encarregado da implementação de políticas de prevenção, punição e erradicação da violência contra a mulher;
  d) prestar serviços especializados apropriados à mulher sujeitada a violência, por intermédio de entidades dos setores público e privado, inclusive abrigos, serviços de orientação familiar, quando for o caso, e atendimento e custódia dos menores afetados;
  e) promover e apoiar programas de educação governamentais e privados, destinados a conscientizar o público para os problemas da violência contra a mulher, recursos jurídicos e reparação relacionados com essa violência;
  f) proporcionar à mulher sujeitada a violência acesso a programas eficazes de reabilitação e treinamento que lhe permitam participar plenamente da vida pública, privada e social;

g) incentivar os meios de comunicação a que formulem diretrizes adequadas de divulgação, que contribuam para a erradicação da violência contra a mulher em todas as suas formas e enalteçam o respeito pela dignidade da mulher;

h) assegurar a pesquisa e coleta de estatísticas e outras informações relevantes concernentes às causas, conseqüências e freqüência da violência contra a mulher, a fim de avaliar a eficiência das medidas tomadas para prevenir, punir e erradicar a violência contra a mulher, bem como formular e implementar as mudanças necessárias; e

i) promover a cooperação internacional para o intercâmbio de idéias e experiências, bem como a execução de programas destinados à proteção da mulher sujeitada a violência.

**Artigo 9º**

Para a adoção das medidas a que se refere este capítulo, os Estados-partes levarão especialmente em conta a situação da mulher vulnerável a violência por sua raça, origem étnica ou condição de migrante, de refugiada ou de deslocada, entre outros motivos. Também será considerada sujeitada a violência a gestante, deficiente, menor, idosa ou em situação socioeconômica desfavorável, afetada por situações de conflito armado ou de privação da liberdade.

CAPÍTULO IV

MECANISMOS INTERAMERICANOS DE PROTEÇÃO

**Artigo 10º**

A fim de proteger o direito de toda mulher a uma vida livre de violência, os Estados-partes deverão incluir nos relatórios nacionais à Comissão Interamericana de Mulheres informações sobre as medidas adotadas para prevenir e erradicar a violência contra a mulher, para prestar assistência à mulher afetada pela violência, bem como sobre as dificuldades que observarem na aplicação de tais medidas e os fatores que contribuam para a violência contra a mulher.

**Artigo 11**

Os Estados-partes nesta Convenção e a Comissão Interamericana de Mulheres poderão solicitar à Corte Interamericana de Direitos Humanos parecer sobre a interpretação desta Convenção.

**Artigo 12**

Qualquer pessoa ou grupo de pessoas, ou qualquer entidade não-governamental juridicamente reconhecida em um ou mais Estados-membros da Organização, poderá apresentar à Comissão Interamericana de Direitos Humanos petições referentes a denúncias ou queixas de violação do artigo 7º desta Convenção por um Estado-parte, devendo a Comissão considerar tais petições de acordo com as normas e os procedimentos estabelecidos na Convenção Americana sobre Direitos Humanos e no Estatuto e Regulamento da Comissão Interamericana de Direitos Humanos, para a apresentação e consideração de petições.

## Capítulo V

### Disposições gerais

**Artigo 13**

Nenhuma das disposições desta Convenção poderá ser interpretada no sentido de restringir ou limitar a legislação interna dos Estados-partes que ofereça proteções e garantias iguais ou maiores para os direitos da mulher, bem como salvaguardas para prevenir e erradicar a violência contra a mulher.

**Artigo 14**

Nenhuma das disposições desta Convenção poderá ser interpretada no sentido de restringir ou limitar as da Convenção Americana sobre Direitos Humanos ou de qualquer outra convenção internacional que ofereça proteção igual ou maior nesta matéria.

**Artigo 15**

Esta Convenção fica aberta à assinatura de todos os Estados-membros da Organização dos Estados Americanos.

**Artigo 16**

Esta Convenção está sujeita a ratificação. Os instrumentos de ratificação serão depositados na Secretaria Geral da Organização dos Estados Americanos.

**Artigo 17**

Esta Convenção fica aberta à adesão de qualquer outro Estado. Os instrumentos de adesão serão depositados na Secretaria Geral da Organização dos Estados Americanos.

**Artigo 18**

Os Estados poderão formular reservas a esta Convenção no momento de aprová-la, assiná-la, ratificá-la ou a ela aderir, desde que tais reservas:

a) não sejam incompatíveis com o objetivo e o propósito da Convenção;
b) não sejam de caráter geral e se refiram especificamente a uma ou mais de suas disposições.

**Artigo 19**

Qualquer Estado-parte poderá apresentar à Assembléia Geral, por intermédio da Comissão Interamericana de Mulheres, propostas de emenda a esta Convenção.

As emendas entrarão em vigor para os Estados que as ratifiquem na data em que dois terços dos Estados-partes tenham depositado seus respectivos instrumentos de ratificação. Para os demais Estados-partes, entrarão em vigor na data em que depositarem seus respectivos instrumentos de ratificação.

**Artigo 20**

Os Estados-partes que tenham duas ou mais unidades territoriais em que vigorem sistemas jurídicos diferentes relacionados com as questões de que trata esta Convenção poderão declarar, no momento de assiná-la, de ratificá-la ou de a ela aderir, que a Convenção se aplicará a todas as suas unidades territoriais ou somente a uma ou mais delas.

Tal declaração poderá ser modificada, em qualquer momento, mediante declarações ulteriores, que indicarão expressamente a unidade ou as unidades territoriais a que se aplicará esta Convenção. Essas declarações ulteriores serão transmitidas à Secretaria Geral da Organização dos Estados Americanos e entrarão em vigor trinta dias depois de recebidas.

**Artigo 21**

Esta Convenção entrará em vigor no trigésimo dia a partir da data em que for depositado o segundo instrumento de ratificação. Para cada Estado que ratificar a Convenção ou a ela aderir após haver sido depositado o segundo instrumento de ratificação, entrará em vigor no trigésimo dia a partir da data em que esse Estado houver depositado seu instrumento de ratificação ou adesão.

**Artigo 22**

O Secretário-Geral informará a todos os Estados membros da Organização dos Estados Americanos a entrada em vigor da Convenção.

**Artigo 23**

O Secretário-Geral da Organização dos Estados Americanos apresentará um relatório anual aos Estados membros da Organização sobre a situação desta

Convenção, inclusive sobre as assinaturas e os depósitos de instrumentos de ratificação, adesão e declaração, bem como sobre as reservas que os Estados-partes tiverem apresentado e, conforme o caso, um relatório sobre elas.

**Artigo 24**

Esta Convenção vigorará por prazo indefinido, mas qualquer Estado-parte poderá denunciá-la mediante o depósito na Secretaria Geral da Organização dos Estados Americanos de instrumento que tenha essa finalidade. Um ano após a data do depósito do instrumento de denúncia, cessarão os efeitos da Convenção para o Estado denunciante, mas subsistirão para os demais Estados-partes.

**Artigo 25**

O instrumento original desta Convenção, cujos textos em português, espanhol, francês e inglês são igualmente autênticos, será depositado na Secretaria Geral da Organização dos Estados Americanos, que enviará cópia autenticada de seu texto ao Secretariado das Nações Unidas para registro e publicação, de acordo com o artigo 102 da Carta das Nações Unidas.

Por dar fé do disposto neste texto, os plenipotenciários abaixo-assinados, devidamente autorizados por seus respectivos governos, assinam esta Convenção, que se denominará Convenção Interamericana para Prevenir, Punir e Erradicar a Violência contra a Mulher, "Convenção de Belém do Pará".

Expedida na cidade de Belém do Pará, Brasil, no dia nove de junho de mil novecentos e noventa e quatro.

### CONVENÇÃO INTERAMERICANA PARA PREVENIR, PUNIR E ERRADICAR A VIOLÊNCIA CONTRA A MULHER, "CONVENÇÃO DE BELÉM DO PARÁ"

*Adotada em Belém do Pará, Brasil, em 9 de junho de 1994, no Vigésimo Quarto Período Ordinário de Sessões da Assembléia Geral*

Início da Vigência: 5 de março de 1995
Depositário: Secretaria Geral da OEA (instrumento original e ratificações).

| Países signatários | Depósito da ratificação |
|---|---|
| Argentina (1) | 5 julho 1996 |
| Antigua y Barbuda | 19 novembro 1998 |
| Bahamas (15) | 16 maio 1995 |
| Barbados (16) | 16 maio 1995 |
| Belize (26) | 25 novembro 1996 |
| Bolívia (2) | 5 dezembro 1994 |
| Brasil (3) | 27 novembro 1995 |
| Costa Rica (4) | 12 julho 1995 |
| Colômbia (27) | 15 novembro 1996 |
| Chile (5) | 15 novembro 1996 |
| Dominica (17) | 6 junho 1995 |
| El Salvador (19) | 28 fevereiro 1996 |
| Equador (18) | 2 junho 1997 |
| Guatemala (6) | 15 setembro 1995 |
| Guiana (20) | 26 janeiro 1996 |
| Haiti (28) | 4 abril 1995 |
| Honduras (7) | 12 julho 1995 |
| México (21) | |
| Nicarágua (8) | 12 dezembro 1995 |
| Panamá (9) | 12 julho 1995 |
| Paraguai (22) | 18 outubro 1995 |
| Peru (23) | 4 junho 1996 |
| República Dominicana (10) | 7 março 1996 |
| São Vicente e Granadinas (24) | 12 junho 1995 |
| Santa Lúcia (12) | 31 maio 1996 |
| St. Kitts e Nevis (11) | 4 abril 1995 |
| Trinidad e Tobago (25) | 8 maio 1996 |
| Uruguai (13) | 2 abril 1996 |
| Venezuela (14) | 3 fevereiro 1995 |

1. Assinou em 10 de junho de 1994.
2. Assinou em 14 de setembro de 1994.
3. Assinou em 9 de junho de 1994.
4. Assinou em 9 de junho de 1994.
5. Assinou em 17 de outubro de 1994.
6. Assinou em 24 de junho de 1994.
7. Assinou em 10 de junho de 1994.
8. Assinou em 9 de junho de 1994.
9. Assinou em 5 de outubro de 1994.
10. Assinou em 9 de junho de 1994.
11. Assinou em 9 de junho de 1994.
12. Assinou em 11 de novembro de 1994.
13. Assinou em 30 de junho de 1994.
14. Assinou em 9 de junho de 1994.
15. Assinou em 16 de maio de 1995.
16. Assinou em 16 de maio de 1995.
17. Assinou em 6 de junho de 1995.
18. Assinou em 10 de janeiro de 1995.
19. Assinou em 14 de agosto de 1995.
20. Assinou em 10 de janeiro de 1995.
21. Assinou em 4 de junho de 1995.
22. Assinou em 18 de outubro de 1995.
23. Assinou em 12 de julho de 1995.
24. Assinou em 5 de março de 1995.
25. Assinou em 3 de novembro de 1995.
26. Assinou em 15 de novembro de 1996.
27. Assinou em 3 de outubro de 1996.
28. Assinou em 7 de abril de 1997.

# Modelo de Denúncia a ser apresentada à Comissão Interamericana de Direitos Humanos

As denúncias devem ser enviadas para:

Secretário Executivo
Comissão Interamericana de Direitos Humanos
1889 F Rua, N. W. Washington, D.C. 20006
Tel: (202) 458-6002
Fax: (202) 458-3992

Segundo o artigo 32 do regulamento da Comissão Interamericana de Direitos Humanos, são requisitos das petições:
   a. Nome, nacionalidade, profissão e ocupação, residência ou domicílio, e a assinatura da pessoa ou das pessoas denunciantes; na hipótese do peticionário ser uma entidade não-governamental, seu domicílio, o nome e a assinatura de seu representante ou representantes legais.
   b. Uma relação do fato ou situação que se denuncia, especificando o lugar e a data das violações alegadas, e se possível o nome de suas vítimas, assim como de qualquer autoridade pública que haja tomado conhecimento do fato ou situação denunciada.
   c. A indicação do Estado aludido que o peticionário considera responsável, pela ação ou pela omissão, da violação de algum dos direitos humanos consagrados na Convenção Americana sobre Direito Humanos, no caso dos Estados-partes nela, mesmo que não haja uma referência específica ao artigo violado.
   d. Uma informação sobre a circunstância de haver feito uso ou não dos recursos de jurisdição interna ou sobre a impossibilidade de fazê-lo.

## Vítima

Nome: .................................................................... Idade: ..............
Nacionalidade: ............................... Ocupação: ...................
Estado civil: ......................................................................
Documento de identidade n. ............................................
Domicílio: ..........................................................................
Telefone: ............................................................................
Número de filhos: .............................................................
Governo acusado de violação: .........................................

## Violação de direitos humanos alegada

Explique o ocorrido com todos os detalhes possíveis, informando o lugar e a data da violação:
..........................................................................................
..........................................................................................
..........................................................................................
..........................................................................................
..........................................................................................
..........................................................................................

Artigo (ou artigos) da Declaração ou Convenção Americana que hajam sido violados: ..............................................................................
..........................................................................................
..........................................................................................
..........................................................................................

Nomes e cargos das pessoas (autoridades) que cometeram a violação:
Testemunho da violação: ..................................................
..........................................................................................
..........................................................................................

Domicílio e números de telefones das testemunhas: ...........
..........................................................................................
..........................................................................................

Documentos/provas (por exemplo cartas, documentos jurídicos, fotos, autópsia, gravações etc.): .......................................................
..........................................................................................

Recursos internos que tenham sido esgotados (por exemplo, cópias de *Habeas Corpus* ou de *Amparo*): .....................................................
..........................................................................................
..........................................................................................
..........................................................................................

Ações jurídicas a impetrar: ..............................................................................
..........................................................................................................................

Indique se sua identidade deve ser mantida em segredo pela Comissão:
SIM ........... NÃO ...............

## Denunciantes
Nome: ....................................................................................................................
Domicílio: ..............................................................................................................
Telefone: ................................................................................................................
Fax: .........................................................................................................................
Número do Documento de Identidade: ...............................................................
Representante legal, se houver: ............................................................................
O seu representante legal é um advogado? SIM ......... NÃO ............
Domicílio: ..............................................................................................................
Telefone: ................................................................................................................
Fax: .........................................................................................................................

Adiante o poder outorgado ao advogado designado como representante legal.

Assinatura: ............................................................................................................
Data: .......................................................................................................................

# *Sites* para mais informações

### Sistema Global de Proteção de Direitos Humanos

Organização das Nações Unidas
www.un.org

Alto Comissariado de Direitos Humanos
www.unhchr.ch/spanish/hchr_um_sp.htm

Comissão de DH da ONU
www.unhchr.ch/spanish/html/menu2/2/chr_sp.htm

Tratados da ONU
www.unhchr.ch/spanish/html/intlinst_sp.htm

Tribunal Penal Internacional
www.ur.org/law/icc

International Law Commission
*www.un.org/law/ilc*

### Sistema Interamericano de Proteção de Direitos Humanos

Organização dos Estados Americanos
www.oas.org/defaultpt.htm

Comissão Interamericana de DH
www.cidh.oas.org/comissao.htm

Corte Interamericana de DH
www.corteidh.or.cr

### Organizações internacionais de proteção dos direitos humanos

Centro pela Justiça e o Direito Internacional (Cejil)
www.cejil.org/portuguese/index.shtml

Human Rights Internet
www.hri.ca

Amnesty International
www.amnesty.org

Human Rights Watch
www.hrw.org/portuguese/

Coalition for the International Criminal Court
www.iccnow.org

Human Rights Education Associates
www.hrea.org

Interights
www.interights.org

International Human Rights Law Group
www.hrlawgroup.org

**Organizações envolvidas no programa dhINTERNACIONAL**

Gabinete de Assessoria Jurídica às Organizações Populares (Gajop)
www.gajop.org.br

Movimento Nacional de Direitos Humanos (MNDH)
www.mndh.org.br

Catholic Relief Services (CRS)
www.catholicrelief.org

Fundação Ford
www.fordfound.org

Plataforma DhESC Brasil
www.dhescbrasil.org.br

**Bibliotecas**

Human Rights Library – Universidade de Minnesota (EUA)
*www1.umn.edu/humanrts/index.html*

Biblioteca Virtual de Direitos Humanos — Universidade de São Paulo
www.direitoshumanos.usp.br

DHnet
www.dhnet.org.br

**Edições Loyola**
Editoração, Impressão e Acabamento
Rua 1822, n. 347 • Ipiranga
04216-000 SÃO PAULO, SP
Tel.: (0**11) 6914-1922